Das war 82

STERN JAHRBUCH

das war 82

Herausgeber:	Rolf Gillhausen, Peter Koch, Felix Schmidt
Redaktion:	Hans-Joachim Maass, Text
	Gerhard O. Aeckerle, Bild
Gestaltung:	Franz Epping
Produktion:	Bernd Bartmann
Lithografie:	Bütehorn, Hannover
Druck:	Mohndruck, Gütersloh

1. Auflage 1983
ISBN: 3-570-07028-X

Zu diesem Buch

Das sechste STERN-Jahrbuch liegt vor: wieder ein Abbild eines Jahres, das – wie wir hoffen – vor den Augen des Lesers bestehen kann. Wieder haben STERN-Reporter aufgezeichnet und Fotografen eingefangen, was für die Zukunft festgehalten werden sollte. Sie zeigen, wie die Welt sich von Jahr zu Jahr verändert – und 1982 verstärkte sich eine Entwicklung, die in Ansätzen schon früher zu erkennen war: die abnehmende Bereitschaft zum Kompromiß.

Für jedermann überdeutlich zeigte sich das bei dem wohl unerwartetsten Konflikt des Jahres 1982 – dem Krieg um die Falkland-Inseln im Südatlantik. Alle Vermittlungsversuche schlugen fehl, weder Briten noch Argentinier mochten nachgeben. Chauvinismus und Unvernunft siegten. Der Krieg ist beendet – nach großen Opfern auf beiden Seiten –, aber der Konflikt ist nach wie vor ungelöst: Argentinien erhält seinen Anspruch auf die Inseln aufrecht.

In anderen Weltregionen zeigte sich die gleiche Verbissenheit bei der Durchsetzung der eigenen Interessen: im Golfkrieg zwischen Irak und Iran sowie im Libanon nach dem Einmarsch israelischer Truppen. Wo Israels Verteidigungsminister Sharon mit der PLO am liebsten kurzen Prozeß gemacht hätte, ermöglichte erst ein Machtwort des amerikanischen Präsidenten Reagan einen Waffenstillstand und den Abzug der PLO.

In Polen zeigten die herrschenden Militärs, daß Macht vor Recht geht. Um der Interessen der Sowjetunion und einer kleinen Führungsclique willen wurde der Freiheitswille der Polen auf unabsehbare Zeit erstickt. Nun macht sich auch in Polen wieder die in Osteuropa gewohnte Resignation der Bevölkerung breit.

Die fehlende Bereitschaft, die Interessen anderer anzuerkennen, zeigte sich jedoch nicht nur bei den politischen und militärischen Auseinandersetzungen des vergangenen Jahres. Seitdem die Weltwirtschaft krankt, verfallen immer mehr Staaten in die noch vor wenigen Jahren totgeglaubten Zeiten des Protektionismus zurück. Die USA, einst der größte Befürworter des freien Welthandels, sperren sich zunehmend gegen Importe. Die Amerikaner ließ es auch kalt, daß ihre Hochzinspolitik die Weltwirtschaft noch tiefer in die Rezession trieb. Selbst in der Europäischen Gemeinschaft ist vom Geist der Römischen Verträge immer weniger zu spüren. Frankreich wehrt sich gegen den Import italienischen Weins und behindert die Einfuhr deutscher und japanischer Videogeräte mit ausgeklügelten Importbestimmungen.

Auch über die Fischereirechte in EG-Gewässern können sich die Europäer nicht einigen. Wäre es aber nicht besser, man machte sich über die Erhaltung der Fischbestände Gedanken, statt sich darum zu streiten, wer die Nordsee als erster leerfischen darf?

So bedenklich diese Tendenzen auch stimmen mögen – sie haben das Jahr 1982 nicht allein geprägt. Die erfreulicheren Seiten des Lebens kommen in diesem Buch nicht zu kurz: Sehen Sie selbst. Freizeit, Sport, Mode, Kunst, Kultur – auch unter diesen Stichworten hat sich 1982 einiges ereignet.

Zur Chronistenpflicht der Jahrbuch-Redaktion gehört es auch, der prominenten Toten des Jahres zu gedenken. Im vergangenen Jahr waren es so viele, daß wir eine andere Form der Würdigung gewählt haben, um allen gerecht zu werden.

Was hat uns im vergangenen Jahr noch beschäftigt? Der Regierungswechsel in Bonn, natürlich. Ob er Bestand hat, wird dieses Jahr zeigen.

Eine Bemerkung noch für diejenigen, die das STERN-Jahrbuch noch nicht kennen: Die Ereignisse sind nicht chronologisch, sondern nach Stichworten geordnet. Am Ende des Bandes findet sich eine synchronoptische Tabelle mit Kurznachrichten aus Deutschland, dem Ausland, aus Kultur/Wissenschaft und Sport.

Hamburg, im Januar 1983

Die Redaktion

Nachdem er weite Teile der Mannheimer Innenstadt in eine Knautschzone verwandelt hatte, steuerte der US-Soldat Charles S. Keefer seinen Kampfpanzer vom Typ M 60 auf die Kurpfalz-Brücke und stoppte mitten über dem Neckar. Drohend schwenkte er die Kanone des Ungetüms auf drei Wohntürme am südlichen Neckar-Ufer. Hausbewohner wurden starr vor Schreck bei dem Gedanken, daß der Mann im Tank auf den Auslöser der Kanone drücken könnte. Die Army beruhigte später: Der Panzer habe zwar scharfe Munition an Bord gehabt – die Möglichkeit, sie abzufeuern, sei aber blockiert gewesen.

Der unheimlich nasse Abgang des Gefreiten Keefer dauerte nur wenige Sekunden. Nachdem er korrekt den Turm seines Kampfpanzers in Marschposition gebracht hatte – Kanone nach hinten, legte er den Vorwärtsgang ein und gab Gas. Das Geländer der Kurpfalz-Brükke hatte dem Koloß keinen ernsthaften Widerstand entgegenzusetzen. An der tiefsten Stelle des Neckars, exakt zwischen den beiden Brückenmarken für die Binnenschiffahrt, platschte der Tank auf das Wasser und war fast im selben Augenblick versunken. Ob Keefer noch versucht hat, aus dem sinken-

Die letzte Fahrt des Gefreiten Keefer

„Die Hitze muß den Kerl erwischt haben", das war die einzige Erklärung der Vorgesetzten für die Amokfahrt des Gefreiten Charles S. Keefer. Am 10. Juli hatte er sich in seinen Kampfpanzer vom Typ M 60 gesetzt und war von der Sullivan-Kaserne in Mannheim-Käfertal in die Innenstadt gewalzt. Umgelegte Verkehrsampeln, demolierte Gebäude, schrottreife Autos und verängstigte Straßenpassanten säumten die Route des 50-Tonnen-Ungetüms. Die unheimlichste Begegnung hatte eine Straßenbahn der Linie 4 mit dem Stahlkoloß: Die haltende Tram wurde im hinteren Teil meterbreit aufgeschlitzt. Verletzte gab's zum Glück nicht.

Am Ende steuerte Gefreiter Keefer sich und sein schweres Gefährt direkt in den Neckar. Daheim in Berwick, Pennsylvania, machten Keefers Eltern die Offiziere der amerikanischen Armee für den ungewöhnlichen Selbstmord ihres Sohnes Charles verantwortlich. Sie hätten rechtzeitig erkennen müssen, daß Charles unter schwerem Streß gelitten habe und behandlungsbedürftig gewesen sei. Ihr anklagender Vorwurf: „Die Vorgesetzten in der Army kümmern sich nicht genug um ihre Untergebenen."

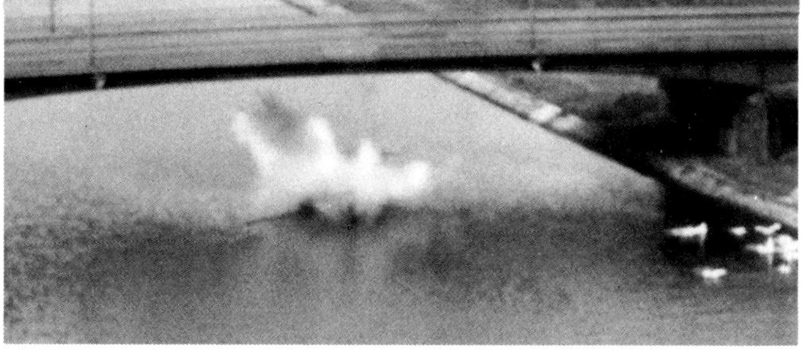

den Koloß herauszukommen, ist zweifelhaft: Der Soldat hatte wahrscheinlich den Streß in der Army nicht mehr ertragen und auf diese spektakuläre Weise Selbstmord begehen wollen – glauben zumindest seine Eltern. Die Führung der US-Army in Deutschland hat als erste Gegenmaßnahme angeordnet, daß kein Panzerfahrer ohne seinen Kommandanten mehr den Fuhrpark betreten darf.

Disneys größter Traum

Nach den Plänen des Mickymaus-Erfinders ist in Florida ein gigantischer Vergnügungspark gebaut worden. Exakt nachgebildete Sehenswürdigkeiten aus aller Welt werden überragt vom Wahrzeichen des „Epcot-Center": einer Aluminium-Kugel von 45 Meter Durchmesser. In ihr wird gezeigt, wie sich Amerikaner die Welt von morgen vorstellen.

Der Regenbogen-Korridor ist die Attraktion des Pavillons „Reise in die Phantasie”. Beim ersten Schritt in den Tunnel leuchtet eine bestimmte Farbe auf und begleitet von nun an den Besucher auf seinem ganzen Weg durch die Lichtröhre. Andere Pavillons der Ausstellung zeigen die Entstehungsgeschichte der Erde oder demonstrieren an Unterwassermodellen, wie Menschen in der Zukunft auf dem Meeresboden leben können. Nach dem Wunsch seiner Erbauer soll der Freizeitpark, der über eine Milliarde Dollar gekostet hat, durch Unterhaltung weiterbilden.

Arbeitsplatz Rennwagen

Eingepfercht zwischen den Vorderrad-aufhängungen müssen die Rennwagen-Piloten bremsen und kuppeln – vor allem aber Gas geben. Die Pedale werden – wie auch die Schuhe – nach Maß gefertigt und der Größe des Fahrers angepaßt. Damit er sich zwischen Gaspedal, dem wichtigsten Instrument der Vollgas-Artisten, und Bremse nicht in dem engen Raum verhakeln kann, ist das Bremspedal nach unten gebogen. Ein Metallsteg soll außerdem ein Abrutschen verhindern. Die Beine der Piloten sind bei einem Unfall kaum geschützt – der menschliche Körper wird zur Knautschzone.

Ruhender Verkehr

Unerwartete Ehre wurde 60 Auto-Wracks in Frankreich zuteil. Statt in die Schrottpresse wanderten sie vor das Zentrum für Zeitgenössische Kunst in Jouy-en-Josas südlich von Paris. Schöpfer des umstrittenen Kunstwerks ist der Bildhauer Armand Fernandez. Der Künstler brauchte zwei Monate und vermauerte 1500 Tonnen Beton, bis seine 18 Meter hohe Auto-Säule stand.

Der Zug richtete den Bus senkrecht auf . . .

47 Kinder aus dem württembergischen Ort Schönaich bei Böblingen haben seit dem 12. September 1982 keine Eltern mehr: Die „Barrierefrau" – schweizerisch für Schrankenwärterin – hatte die Schranke der eingleisigen Lokalbahn in Pfäffikon bei Zürich nicht geschlossen.
Um 14.55 Uhr am Sonntag prallte der Ausflugsbus mit 41 Mitgliedern des Fußballvereins TSV Schönaich auf den Triebwagen. 39 bis dahin fröhliche Ausflügler starben. Darunter fast die ganze Altherrenmannschaft.
Ein Augenzeuge: „Mir stockte der Atem. Ich sah den Bus zu einem Drittel auf den Gleisen und den Zug von links heranbrausen. Er richtete den Bus für Sekundenbruchteile auf und zerschmetterte ihn dann.
Im gleichen Moment schoß eine Feuergarbe gegen den Himmel...
Dann war es ganz ruhig. Nur weit entfernt hörten wir eine Frau wimmern."
„Viele", so ein Feuerwehrmann, „müssen lebendig verbrannt sein."
Für die Kinder wurden in Schönaich Spendenkonten eingerichtet.

RENAULT 14 R
4893 JV 92

Bei Dunkelheit und Regen: ein Wettrennen in den Tod

Die Kinder aus zwei Pariser Vororten schliefen in ihren Sitzen. Sie merkten nichts davon, daß die Fahrer der beiden Ferienbusse sich in unverantwortlichem Leichtsinn auf der regennassen Autobahn ein Wettrennen lieferten. 130 Stundenkilometer, so berichteten Augenzeugen später, mußten es wohl gewesen sein.

Am Morgen des 31. Juli sollten die Kinder in einem Ferienlager in den Savoyer Alpen ankommen. Kurz vor zwei Uhr nachts, südlich des Weinorts Beaune, passierte es dann: ein Auffahrunfall, der zur größten Verkehrskatastrophe in der Geschichte Frankreichs wurde. Beim Übergang von drei auf zwei Spuren mußte ein deutscher Reisebus bremsen. Zwei Personenwagen dahinter rammten ihn. Der erste Ferienbus krachte in die Personenwagen hinein, und der zweite zerquetschte zwei weitere Wagen, die zwischen den beiden Bussen fuhren. Sekunden später schlugen Flammen aus den ineinander verkeilten Wracks. Weil die Vordertür im letzten Bus klemmte, drängten die Kinder in Panik zur Hintertür. Doch nur 15 konnten das Fahrzeug verlassen. 44 verbrannten bei lebendigem Leibe, dazu noch neun Erwachsene. Die Unfallstelle gilt seit Jahren als gefährlichster Engpaß im französischen Autobahnnetz. Verkehrsexperten hatten immer wieder vor Unfällen gewarnt.

Auf der Autobahn südlich des französischen Weinorts Beaune steht ein Omnibus in Flammen. 44 Kinder, die in ein Ferienlager fahren sollten, sind nach einer Massenkarambolage bei lebendigem Leib verbrannt.
Der grausigste Verkehrsunfall in der Geschichte Frankreichs fordert insgesamt 53 Menschenleben.

Der Geist aus dem Spucknapf

Als „Chopper", der Geist aus dem Spucknapf, foppte Claudia Judemann, eine 17jährige Zahnarzthelferin, ein Jahr lang Polizei, Post und Parapsychologen. Zusammen mit ihrem Chef, dem Zahnarzt Kurt Bachseitz, 60, rülpste und schimpfte sie in der Praxis in Neutraubling bei Regensburg mit verstellter Stimme in Telefone und – scheinbar – aus Toiletten, Waschbekken und Speischalen. Spezialisten von Post und Polizei fahndeten vergebens mit Peilsendern und Fangschaltungen nach dem Geist. Pendler und Parapsychologen standen vor „einem Rätsel". Als ein umfassendes Geständnis Claudias den Spuk beendete, lachte ganz Deutschland. Die Zahnarztpraxis wurde geschlossen, und Claudia durfte nicht mehr die Ehrenjungfrau beim Feuerwehrball in Neutraubling sein.

Die Patienten waren gewarnt. Bevor der Zahnarzt Kurt Bachseitz den Bohrer ansetzte, klärte er seine Patienten auf: „Es könnte sein, daß fremde Stimmen zu Ihnen sprechen. Beachten Sie die nicht." Mit dem Geist „Chopper" ging es in der Praxis aufwärts. Bis sich herausstellte, daß der Zahnarzt an dem Spuk selbst beteiligt war. Mit Mutterwitz und Phantasie überlistete die Zahnarzthelferin Claudia Judemann Fangschaltungen und Peilgeräte. Für sie war es ein „Jux", den Poltergeist „Chopper" zu spielen.

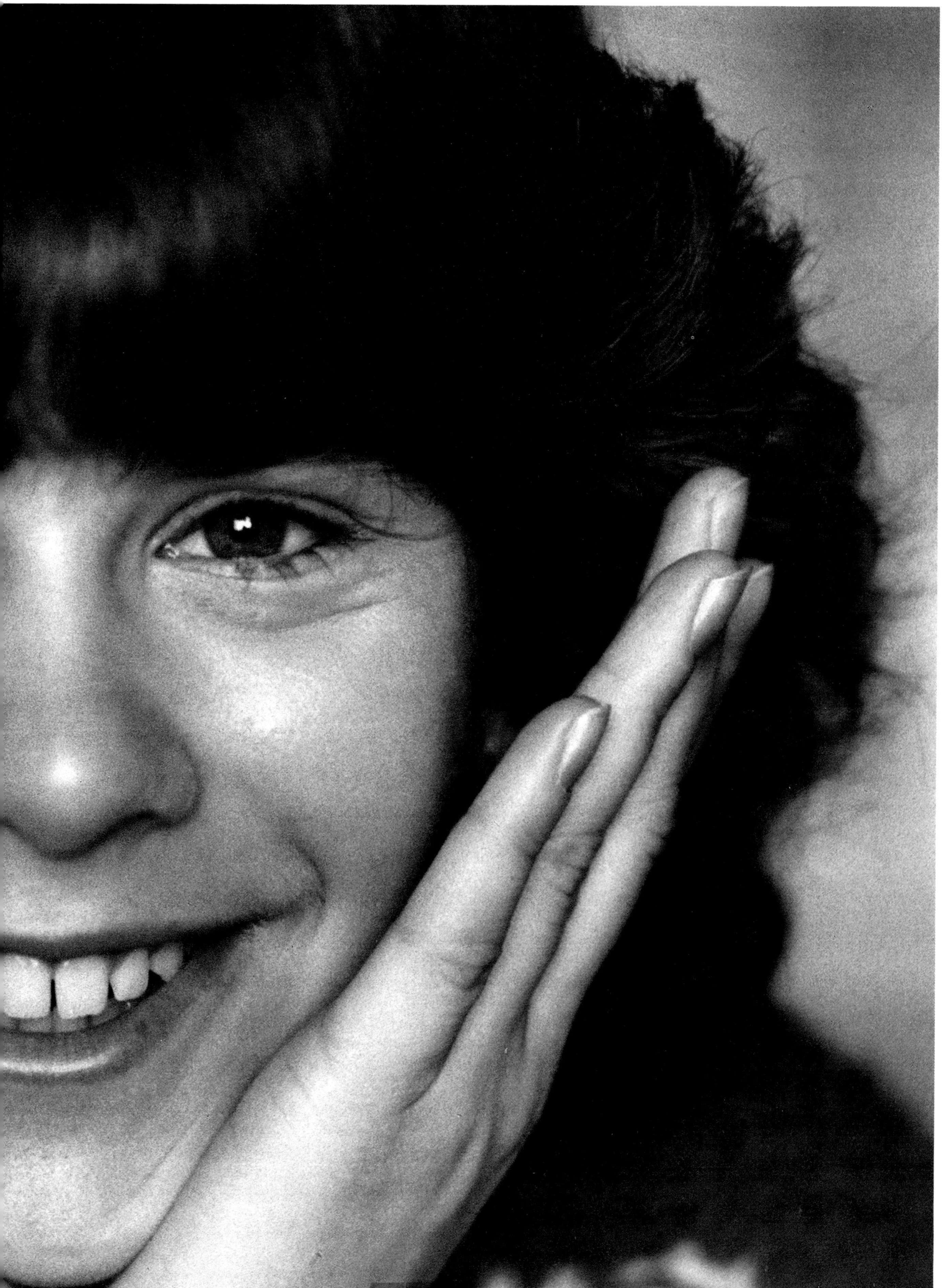

„Frieden schaffen – ohne Waffen" – „Schwerter zu Pflugscharen" hießen 1982 auch in der DDR die Schlagworte der Friedensbewegung. Am 13. Februar, zum Jahrestag der Zerstörung Dresdens, und zu Ostern gab es Gottesdienste und spontane Treffen, auf denen sich die Gegner von Aufrüstung und Wehrpropaganda deutlicher artikulierten als je zuvor. Die SED sah meist zu, es gab nur hier und da kleine Schikanen. Denn die Partei hatte 1982 noch andere Probleme – vor allem mit der Lebensmittel- und Energieversorgung. Zum 33. Gründungstag der DDR sah man in so manchem Schaufenster zwar Fähnchen mit Hammer

und Zirkel, aber keine Waren. Vor allem an Fleisch und Wurst mangelte es, während Brot meist im Überfluß vorhanden war.

Zwischen Friedenssehnsucht und Versorgungskrise

„Sie werden ihre Schwerter zu Pflugscharen und ihre Spieße zu Sicheln machen. Es wird kein Volk wider das andere ein Schwert aufheben und werden nicht mehr kriegen lernen." Die Worte aus Kapitel 4, 3 des Propheten Micha sind in der DDR nicht anders als in der Bundesrepublik zum Motto der Friedensbewegung geworden. Und zum Symbol wurde jenes Denkmal vor dem UN-Gebäude, das von der Sowjetunion gestiftet wurde; es zeigt einen Mann, der ein Schwert zum Pflug umschmiedet.

Dieses Symbol und die Worte des alttestamentarischen Propheten sehen die DDR-Behörden nicht gern. Doch teils heimlich, teils offen zeigen es die Anhänger der Friedensbewegung im SED-Staat ebenso wie die Todesrune der Ostermarschierer. Im Jahr 1982 haben sich in der DDR offen wie nie zuvor junge Menschen zu dieser Bewegung bekannt und zugleich Waffenverherrlichung in ihrem Staat kritisiert. Am 13. Februar trafen sich zum Jahrestag der Zerstörung Dresdens in den Trümmern der Frauenkirche rund tausend Jugendliche zum stillen Gedenken. Mit brennenden Kerzen in der Hand sangen sie „We shall overcome" und „Sag mir, wo die Blumen sind". Der Staatssicherheitsdienst hielt sich im Hintergrund. Zuvor hatten 4500 Gläubige an einer Christvesper mit anschließender Podiumsdiskussion teilgenommen. Junge Menschen hatten das Motto „Frieden schaffen – ohne Waffen" auf ihre Stirnbänder geschrieben. Vertreter der Kirche forderten Abrüstung in Ost und West, ja sogar einseitige Abrüstungsvorleistungen des Warschauer Pakts. Die konkreten Probleme, derer sich die evangelische Kirche der DDR angenommen hat, ohne dabei den Konflikt zu scheuen: zum einen der Wehrkundeunterricht in den Schulen, zum anderen die fehlende Möglichkeit zu wirklicher Wehrdienstverweigerung. Zwar ist es möglich, den Dienst mit der Waffe zu verweigern, doch der Ersatzdienst bei den Bausoldaten ist praktisch auch militärisch und kein „Friedensdienst", wie ihn Kirche und Friedensbewegung fordern. Überzeugten Wehrdienstgegnern bleibt nur der Weg, der Einberufung nicht zu folgen und sich damit harte Gefängnisstrafen einzuhandeln. Der Jenaer Bildhauer Michael Blumhagen riskierte diesen Weg; und während er in Haft saß, riß man sein Haus mit dem Atelier ab. Blumhagen, den Behörden allzu unbequem geworden, wurde Ende November 1982 in die Bundesrepublik abgeschoben.

Die evangelische Kirche freilich geht offiziell nicht so weit wie ihre engagierten Mitglieder, voran der Pfarrer Reiner Eppelmann, Initiator des „Berliner Appells", in dem es unter anderem heißt: „Es ist höchste Zeit, klare Stellung zu beziehen, die politisch Verantwortlichen zu drängen, dem Wettrüsten ein Ende zu setzen. Wir müssen laut werden, denn ein eventueller Nuklearkrieg wird auch vor uns 17 Millionen DDR-Bürgern nicht haltmachen. Wir machen uns mitschuldig an dieser erschreckenden Situation. Unsere Angst im Frieden wird uns dazu bringen, daß morgen unser Leben ausgelöscht wird." Der „Berliner Appell" kursierte allen Bemühungen des Staatssicherheitsdienstes zum Trotz überall in der DDR, über tausend Bürger unterschrieben ihn. Ostern 1982 beteten wiederum Tausende junger Christen in Berlin, Potsdam und Halle für den Frieden.

Pfarrer Eppelmann arbeitete mit dem prominentesten Dissidenten der DDR zusammen: Mit Robert Havemann. Der „deutsche Kommunist", der 14 Jahre lang der DDR-Volkskammer angehörte und Direktor des Physikalisch-chemischen Instituts der Humboldt-Universität war, ist 1964 mit einer Vorlesungsreihe, in der er die Widersprüche zwischen Anspruch und Wirklichkeit des DDR-Kommunismus offenlegte, in Ungnade gefallen und lebte seither, meist mit „Stasi"-Bewachung, in seinem Haus in Grünheide. Havemann, jahrelang Hoffnungsträger der DDR-Opposition, starb am 9. April 1982. Einen ebenbürtigen Nachfolger hat er nicht gefunden – auch nicht in Eppelmann.

Die DDR-Führung hatte 1982 aber nicht nur mit jenen kritischen Stimmen ihre Not, die aus der Friedensbewegung und ihrem Umfeld kamen. Sie mußte auch wachsenden Unmut gegen die zunehmenden Versorgungsprobleme registrieren. Namentlich in der Le-

Die deutsch-deutschen Beziehungen stagnierten 1982. Ein Besuch des DDR-Staatsratsvorsitzenden Erich Honecker in der Bundesrepublik kam nicht zustande. Immerhin kam es am 15. November 1982 am Rande der Trauerfeierlichkeiten für den verstorbenen Staats- und Parteichef der UdSSR, Leonid Breschnjew, in Moskau zu einer Begegnung zwischen Honecker und Bundespräsident Karl Carstens. Der Wunsch, der Visite von Bundeskanzler Helmut Schmidt in der DDR (Dezember 1981) einen Gegenbesuch folgen zu lassen, wurde bekräftigt. Die Erwartungen, daß etwas für die Menschen in der DDR dabei herauskommt, werden nicht mehr sehr hoch angesetzt. Einer, der die Widersprüche eines Staates, der seinen Bürgern die Freizügigkeit verwehrt, schonungslos aufdeckte, starb am 9. April 1982: Robert Havemann. Sein Freund Wolf Biermann, der am 17. November 1976 selbst vom DDR-Regime ausgebürgert worden war, während er in der Bundesrepublik Konzerte gab, durfte Havemann noch einmal am Krankenbett besuchen.

bensmittelversorgung gab es große Engpässe; Fleisch, Wurst, Butter waren oft nur rationiert, gar nicht oder in schlechter Qualität zu bekommen. Eine der Ursachen: Seit die polnische Regierung am 13. Dezember 1981 das Kriegsrecht ausgerufen hatte, wurden alle Ostblock-Staaten, vor allem aber die DDR, von der Sowjetunion verpflichtet, Polen vor dem totalen ökonomischen Zusammenbruch zu bewahren und damit dem Regime Jaruzelski zum Erfolg zu verhelfen. Auch Lebensmittel mußte die DDR an den ungeliebten Nachbarn im Osten abtreten. Dies war nicht einfach, weil man gleichzeitig darauf angewiesen war, Fleisch und andere Lebensmittel in die Bundesrepublik zu exportieren, um die notwendigen Devisen hereinzuholen und die Verschuldung gegenüber dem Westen nicht noch größer werden zu lassen. Gleichzeitig grassierte in den nördlichen Bezirken der DDR aber die Maul- und Klauenseuche, und so gab es noch weniger Fleisch.

Der andere Problemfaktor, mit dem die DDR-Wirtschaft 1982 kaum noch zurechtkam: die Energieversorgung. Erdöl wurde für die DDR nicht nur teurer, es gingen auch die Lieferungen aus der Sowjetunion zurück. Für den Privatmann mit seinem „Trabant" bedeutete dies Schlangestehen nach teurem Benzin, für das Transportwesen rigorose Einschränkungen im Ölverbrauch. So durften Lkw in der Regel nicht weiter als 150 Kilometer im Umkreis fahren, und es wurde kein Mittel ausgelassen, Erdöl durch eigene Energie – Strom aus Braunkohlekraftwerken – zu ersetzen. So wurden in Berlin und Potsdam nachts Güter auf dem Straßenbahnnetz transportiert.

Einschränkungen dieser Art und Devisenmangel, wenn es um den Kauf von Investitionsgütern aus dem Westen geht, haben die DDR-Wirtschaft in einen Teufelskreis geführt: Wegen fehlender Materialien und Ersatzteile konnten Industriekapazitäten oft nicht genutzt werden, deren Produkte für den Export wichtig sind, also wiederum Devisen einbringen. Und das Bemühen, irgendwo die raren Lebensmittel aufzutreiben und nach ihnen Schlange zu stehen, wurde für die Menschen wichtiger als die Pflichterfüllung am Arbeitsplatz. Im Herbst 1982 wurde die Krise immer deutlicher, die Unruhe wuchs. Erst in der Vorweihnachtszeit gab es wieder mehr zu kaufen. Ein wichtiger Beitrag zur Verbesserung ihrer Devisenbilanz war für die DDR das Abkommen mit der Bundesrepublik über den Bau einer Transitautobahn zwischen Hamburg und Berlin. Bonn zahlte dafür rund 1,2 Milliarden Mark. Am 20. November 1982 wurde der neue Grenzübergang Gudow-Zarrenthin eröffnet und die Autobahn damit ihrer Bestimmung übergeben. Aus diesem Anlaß kam es zu einer Begegnung zwischen den Verkehrsministern der Bundesrepublik und der DDR, Werner Dollinger und Otto Arndt. Dabei kam die Sprache auch auf weitere deutsch-deutsche Verkehrsprojekte. Vornean steht dabei die Elektrifizierung der Eisenbahnstrecke Berlin-Helmstedt, die es ermöglichen würde, Westberlin an das bundesdeutsche Intercity-Netz anzuschließen.

Nicht nur in diesem Fall zeigte es sich Ende 1982, daß der Regierungswechsel in Bonn keineswegs eine neue Eiszeit zwischen beiden deutschen Staaten eingeläutet hat. Schon bald nach der Amtsübernahme von Helmut Kohl besuchten die Minister für innerdeutsche Beziehungen, Rainer Barzel, Kanzleramtsminister Philipp Jenninger, Wohnungsbauminister Oscar Schneider und der Hamburger CDU-Politiker Walther Leisler Kiep die DDR.

Die Regierungskontakte also wurden aufrechterhalten, doch mit den erwünschten „menschlichen Erleichterungen" ging es nicht voran. Am 12./13. Dezember 1981 war es zu der denkwürdigen Begegnung zwischen Bundeskanzler Helmut Schmidt und dem DDR-Staatsratsvorsitzenden Erich Honecker am Werbellinsee gekommen. Die Hoffnung, daß die DDR alsbald die Erhöhung des Mindestumtausches für DDR-Besucher in Höhe von 25 Mark rückgängig machen würde, war trügerisch. Die Ostberliner Regierung erleichterte im Frühjahr 1982 lediglich ihren eigenen Bürgern den Verwandtenbesuch im Westen bei wichtigen Familienfeiern; das Reisealter wurde indes nicht herabgesetzt. Unter diesen Voraussetzungen und angesichts des anhaltenden, von der DDR unterstützten Kriegsrechts in Polen war der für den Sommer 1982 vorgesehene Gegenbesuch von Honecker in der Bundesrepublik nicht möglich. Nach dem Bonner Regierungswechsel wurde er erst einmal bis zu den geplanten Bundestagsneuwahlen 1983 von der Tagesordnung genommen. Alles in allem standen Ende 1982 die Zeichen nicht schlecht: Die CDU-geführte Bundesregierung sieht das Verhältnis zur DDR pragmatischer als zu Zeiten, als man in der Opposition war.

Eine Idylle ist gesperrt

Dreißig Jahre, von 1952 bis 1982, war die Fernverkehrsstraße 5 im Norden Deutschlands die einzige Autostrecke im Transit von und nach Berlin. Seit dem 20. November ist die F5 für den Durchgangsverkehr gesperrt. Die neue Route von der Elbe an die Spree führt seither bequem und schnell über die neue Autobahn nach Hamburg, auf DDR-Gebiet 200 Kilometer zwischen den Kontrollstellen Zarrenthin und Nauen; die Reise dauert nur noch drei Stunden.

Im Gegensatz dazu war die alte Landstraße aus dem Jahr 1829 mit ihren engen Ortsdurchfahrten und gefährlichen Kurven, mit unebener Fahrbahn und Schranken, mit Mähdreschern und sowjetischen Militärkolonnen ein ständiges Abenteuer. Auch wenn die DDR im Lauf der Jahrzehnte einige Abschnitte neu geteert und Umgehungsstrecken gebaut hatte, reichte das Geld nie, um die Fernstraße nach westlichem Vorbild auszubauen. Noch heute wird die Straße an einigen Stellen eng wie ein Schlauch, stehen die Bäume oft dicht am Straßenrand.

Die F5 durchquert Mecklenburg und die Mark Brandenburg, ein Gebiet, in dem deutsche Geschichte und deutsche Geschichten spielten. Hier lebten, raubten und mordeten die Adelsgeschlechter derer von Quitzow, Putlitz, Lüderitz und Itzenplitz. Hier pflanzte Herr von Ribbeck auf Ribbeck in Havelland für die Kinder einen Birnbaum. In Neustadt/Glewe war im 17. Jahrhundert der Prinz von Homburg zu Hause. In Campehl wurde Ritter Kahlebutz des Mordes angeklagt und freigesprochen, seine Leiche aber mumifizierte und ist heute noch zu besichtigen. Im Schloß Ludwigslust herrschten bis 1837 die Herzöge von Mecklenburg-Schwerin.

Die F5 vermittelte Autofahrern aus der Bundesrepublik und Westberlin Impressionen aus der DDR. Zu sehen waren einige Neubausiedlungen, Großviehanlagen der LPGs, Bungalows aus Fertigteilen und alte Bauernhäuser mit kleinen Freitreppen. Die Westdeutschen erlebten auch den Wohlstand der DDR, immer dann, wenn sie am Wochenende in die Autokolonnen mit ostdeutschen Kennzeichen gerieten.

Unterwegs zwischen Lauenburg und Nauen. Bei Kyritz begegnen sich ein sowjetischer Militärlaster, ein westdeutscher Lkw und ein DDR-Kleinbus vom Typ Barkas (links oben). Die Fernverkehrsstraße 5 war an vielen Stellen eng und kurvenreich.

Besonders gefürchtet bei den Lastwagen- und Busfahrern waren die Ortsdurchfahrten in Nauen, Ludwigslust und Boizenburg. Hier blieb keine Zeit für einen Blick auf ostdeutsche Kleinstadtidyllen wie in Boizenburg (oben rechts). Unfreiwillige Wartezeiten gab es dagegen an den Eisenbahnstrecken. Eine halbe Stunde Zwangspause waren an der Schranke in Karstädt, auf der Mitte der Transitstrecke, keine Seltenheit (Bild unten).

Bankrottes Belgien

Im Galopp und knüppelschwingend hetzten belgische Polizisten hoch zu Roß hinter Demonstranten her. Kühn versuchte einer der Reiter gar, über ein Auto hinwegzusetzen, doch diese Hürde schaffte sein Pferd nicht. Die Ordnungshüter sprengten eine Kundgebung tausender Stahlarbeiter, die am 11. Februar in Brüssel gegen das Sterben der wallonischen Eisenhüttenindustrie protestierten. Seit Jahren hatte Belgien nicht so schwere Streiks und Straßenschlachten erlebt wie 1982: Krankheitssymptome eines Landes, das die meisten Arbeitslosen und die höchsten Schulden in der Europäischen Gemeinschaft hat.

O&K
BBC
261

Ein Riese auf Reisen

Hochspannungsleitungen wurden vorübergehend abgehängt, Rampen an Straßen und Bahndämmen aufgeschüttet, Kanäle und Flüsse durch Betonröhren umgeleitet, als der „Schaufelradbagger 261" des Kölner Bergbaukonzerns „Rheinbraun" seinen Arbeitsplatz wechselte. Binnen 46 Tagen legte das Ungetüm aus 7600 Tonnen Stahl, das täglich 100 000 Kubikmeter Kohle und Abraum fördern kann, den 46 Kilometer langen Weg vom Braunkohlentagebau Frechen bei Köln zum neuen Abbaugebiet Frimmersdorf zurück – und zog dabei eine 50 Meter breite Kriechspur durch die Landschaft. Knapp 13 Millionen Mark kostete das Unternehmen – billig gegen einen Umzug auf herkömmliche Art: Das Auseinandermontieren des Giganten, der Transport der Einzelteile und der Zusammenbau hätten mindestens das Doppelte gekostet und zweieinhalb Jahre gedauert.

Tausende von Besuchern bestaunten den „Sprungschanzen-Effekt" des Itaipu-Überlaufs: Das Wasser schießt 120 Meter in die Tiefe und prallt dann auf Betondellen, die es meterhoch in die Luft jagen. In der Nähe der neuen, künstlichen Fälle locken zudem die weltberühmten (natürlichen) Iguazu-Wasserfälle.

Donnernd und schäumend stürzten die Wasser des Rio Paraná wieder in ihr altes Bett, als Ingenieure die 14 Überlauftore des Riesendamms von Itaipu öffneten. Erst wenn alle 18 Turbinensätze eingebaut sind, wird das Werk seine volle elektrische Leistung abgeben. Der 170 Kilometer lange Stausee würde am Rhein von Düsseldorf bis Mainz reichen und dient nicht nur zur Stromerzeugung: Rund 196 Fischarten, so hoffen die Planer, werden hier heimisch; Angelmöglichkeiten, Hotels und Boote sollen Touristen anlocken.

Der Riesendamm von Itaipu

Das größte Wasserkraftwerk der Welt hat an der Grenze zwischen Brasilien und Paraguay seine Arbeit aufgenommen. Der Damm von Itaipu galt als brasilianisches Prestige-Projekt und wurde daher binnen achteinhalb Jahren fertiggestellt. Die Staustufe wird aus den Fluten des Rio Paraná, des zweitgrößten Flusses von Südamerika, jährlich 25 Milliarden Kilowattstunden Strom gewinnen und ins Industriegebiet um São Paulo liefern. Das ist mehr als der doppelte Jahresbedarf der Schweiz. Auch sonst ist der Damm ein Bauwerk der Superlative: Der Beton, der für die 196 Meter hohe Staumauer verbraucht wurde, hätte für eine Autobahn Lissabon–Moskau gereicht. Auf jedem der 18 elektrischen Generatoren fänden 120 Kleinwagen Platz. Und auch der Preis ist immens: 46 Milliarden Mark hat das Werk gekostet.

Immens sind aber auch die Umweltschäden durch das „Jahrtausendwerk". 42 000 Bauern verloren ihre Heimat, weil der 170 Kilometer lange Stausee ihr Ackerland überflutete. Das Dorf Itacora versank ebenso im Wasser wie die berühmten, hundert Meter hohen Wasserfälle „Sete Quedas" inmitten eines Nationalparks. Umweltschützer retteten ab Mitte Oktober, als die Schleusen des Umleitungskanals geschlossen wurden, mehr als 10 000 Rehe, Ameisenbären, Jaguare, Affen und Schlangen. Und sollte der Riesendamm einmal brechen, so befürchten die Naturfreunde, würden weite Teile Argentiniens überflutet und eine Riesenwelle auf Buenos Aires zurollen. Überdies bleibt abzuwarten, ob sich auch die wirtschaftlichen Erwartungen erfüllen.

Die Grabkammern der Neuzeit. Ein Kipplader karrt Fässer mit strahlendem Atommüll in das Innere des 260 Meter hohen Salzstockes. Ein Straßenlabyrinth von 56 Kilometern verbindet die 120 Kammern untereinander. Der schwachradioaktiv strahlende Nuklearmüll wird mit einer Schicht Salz abgedeckt. Das „Versuchslager" in dem 70 Jahre alten Bergwerk wird für alle Ewigkeit gefüllt. Ab 1983 sollen neue Lieferungen von Atommüll genehmigt werden.

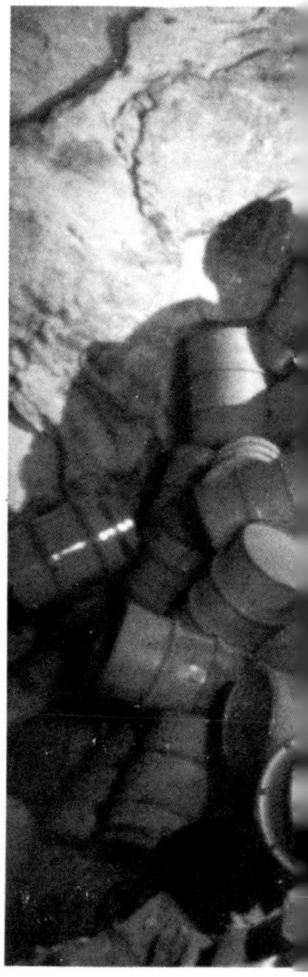

Der Koloß im Untergrund. In den Kammern des ehemaligen Salzbergwerks Asse II bei Wolfenbüttel lagern 125 300 Behälter mit Atommüll. In 750 Meter Tiefe wird schwachaktiver Nuklearmüll in gelben Fässern übereinandergeschichtet. In einer Kaverne probt die „Euratom" die Endlagerung von mittelaktivem Atommüll in 1000 Meter Tiefe. Das 13stöckige Hochhaus für strahlenden Müll ist auf der Welt einzigartig.

Letzte Ruhestätte für den Müll des Atomzeitalters

Der jährliche Uranbedarf eines Atomkraftwerks paßt in die Küche eines Einfamilienhauses. Nach drei Jahren Betrieb entsteht die gleich große Menge von 25 Kubikmetern abgebrannter Brennstäbe, für die es weltweit noch keinen sicheren Aufbewahrungsort gibt. Die Entsorgung des radioaktiven Mülls ist die „offene Flanke" (Deutscher Industrie- und Handelstag) der deutschen Atomwirtschaft.

Bis zum Jahr 2000 werden aus 40 geplanten Kernkraftwerken über 15 000 Tonnen strahlender Müll anfallen. Von der kommerziellen Wiederaufarbeitungsanlage im französischen La Hague an der Atlantikküste werden 2300 Tonnen abgenommen. Die Verträge mit der Firma „Cogema" sind allerdings bis 1990 befristet. Danach wird aufgearbeiteter Atommüll, der in einem Endlager sicher vergraben werden muß, in die Bundesrepublik zurückgeschickt. Ein Teil des Plutoniums aus der Wiederaufarbeitung abgebrannter Brennstäbe verbleibt in Frankreich. Zum Bau von Atomwaffen der „Force de frappe" eignet sich das Plutonium aus den Kernkraftwerken des Typs „Schneller Brüter". Die Rheinisch-Westfälischen Elektrizitätswerke (RWE) sind am Bau des „Super-Phénix" in Südfrankreich beteiligt.

Auch in die englische Wiederaufarbeitungsanlage Windscale an der irischen See wird deutscher Atommüll geliefert. Die Anlage zur Aufarbeitung von Brennstäben aus Leichtwasserreaktoren wie in Stade oder Brokdorf ist allerdings seit einem Unfall im Jahre 1973 geschlossen. Eine neue Aufarbeitungsanlage soll erst gebaut werden.

Von der „Deutschen Gesellschaft zur Wiederaufarbeitung von Kernbrennstoffen (DWK)" wurden in Hessen, Rheinland-Pfalz und Bayern Standorte für eine 350-Tonnen-Wiederaufarbeitungsanlage untersucht. Nach heftigen Bürgerprotesten soll vorerst nur im bayerischen Schwandorf eine Anlage gebaut werden. Im November 1982 verkündete der niedersächsische Ministerpräsident Ernst Albrecht (CDU) überraschend, er wolle in Dragahn eine Plutoniumfabrik genehmigen. Noch vor zwei Jahren hatte Albrecht versichert, er werde im Landkreis Lüchow-Dannenberg keine Wiederaufarbeitungsanlage errichten lassen. Das 13-Häuser-Dorf Dragahn liegt 27 Kilometer von Gorleben entfernt.

Dort entstehen bis 1984 die ersten Zwischenlager für abgebrannte Brennstäbe aus Atommeilern. Die heißen Uranelemente werden in 420 robusten Stahlbehältern (Castoren) eingeschlossen und in Betonhallen trocken gelagert. Mit dem Betrieb dieser atomaren Scheunen, in denen der Luftzug die heißen Vorräte bis zu 30 Jahre kühlen soll, besteht weltweit keine Erfahrung. Im nordrhein-westfälischen Ahaus entsteht ebenfalls ein Trockenlager.

Erst Ende der achtziger Jahre wird nach einem umfangreichen Bohrprogramm feststehen, ob der Salzstock von Gorleben zur Einlagerung von Atommüll geeignet ist. Geologen warnen vor möglichen Wassereinbrüchen, durch die radioaktive Stoffe in die Umwelt gelangen. 10 000 Jahre strahlt der Müll des Atomzeitalters.

Der Engpaß in der Entsorgung wird mit einer Notlösung überbrückt. Radioaktive Brennstäbe werden in Wasserbecken bei den Atommeilern eingelagert. Über die Zulässigkeit dieser sogenannten Kompaktlager ist allerdings gerichtlich noch nicht endgültig entschieden.

In Kernkraftwerken entsteht nicht nur hochaktiver Atommüll. Arbeitskleidung, Handschuhe und Werkzeuge werden ebenfalls radioaktiv verseucht und müssen als schwach- und mittelaktiver Nuklearmüll beseitigt werden. Die Landessammelstellen sind jedoch randvoll, deshalb wird unter der Erde nach Lagerraum für den strahlenden Müll gesucht. Im ehemaligen Salzbergwerk Asse II bei Wolfenbüttel wurden bis 1976 als Versuchsprojekt 125 300 Behälter mit Atommüll eingelagert. Ab 1983 sollen neue Lieferungen der gelben Fässer zugelassen werden. Auch in der ehemaligen Eisenerzgrube Konrad bei Salzgitter wird ab Mitte der achtziger Jahre Atommüll verschwinden. Die radioaktiv verseuchten Teile abgewrackter Atomreaktoren, wie aus Niederaichbach in Bayern, werden dort eine letzte Ruhestätte finden.

Schlange mit Sanktionen

Eine Raupen-Kolonne hievt zusammengeschweißte Mannesmann-Röhren in den Lehmboden. Um etwa einen Kilometer täglich wächst so eine Pipeline von Sibirien nach Westeuropa. Anfang 1984 soll aus der dann knapp 5000 Kilometer langen Leitung sowjetisches Erdgas auch in westdeutsche Haushalte strömen. Der Grund dafür, daß anstelle amerikanischer Maschinen der Firma Caterpillar japanische Raupen des Typs „Komatsu" die Rohre verlegen: Die USA verhängten zwei Jahre lang – im November aufgehobene – wirtschaftliche Sanktionen gegen das Projekt.

D355C
KOMATSU

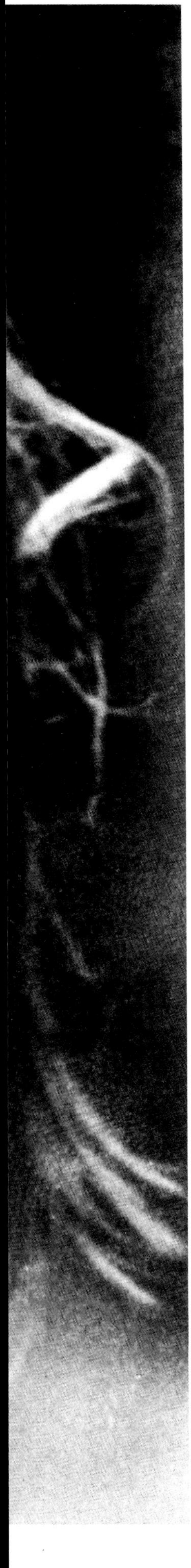

Von den Tätern keine Spur

Begonnen hatte alles am 18. Dezember 1981. Da war die achtjährige Nina von Gallwitz morgens nicht in die Schule im feinen Kölner Vorort Hahnwald gekommen. Mittags meldete sich das Mädchen dann beim Vater, dem Kölner Bank-Prokuristen Hubertus von Gallwitz: „Zwei Männer haben mich mitgenommen. Mir geht es gut. Ihr sollt nicht die Polizei alarmieren." Die bislang längste Entführung eines Kindes in der deutschen Kriminalgeschichte hatte angefangen. Die Polizei wurde natürlich doch eingeschaltet. In Großaktionen durchkämmte sie Waldgebiete im Nordosten der Domstadt. Eine Spur des Kindes fand sie nicht – und schon gar nicht die Täter. Mehrere Versuche, das geforderte Lösegeld von 1,5 Millionen Mark zu übergeben und dabei zugleich die Kidnapper zu fassen, scheiterten. Da bot ein Profi seine Hilfe an: Der ehemalige Direktor im Bundeskriminalamt Hans Fernstädt, 42. Er schaffte es, fortan die Kripo aus dem Fall völlig herauszuhalten, handelte Ort, Zeitpunkt und Modalitäten der Geldübergabe aus. Am 12. Mai wurde der Geldkoffer aus einem fahrenden D-Zug geworfen. Am 15. Mai klingelte um 23.30 Uhr das Telefon im Hause von Gallwitz. Kurz darauf konnte der Vater sein Kind auf einer Polizeiwache in Solingen in die Arme schließen. Aber die Entführer sind noch heute auf freiem Fuß.

Schlappe für die „Roten Brigaden"

Die „Roten Brigaden" hatten per Flugblatt ihr Ziel schon angekündigt: „Den Angriff auf die imperialistischen amerikanischen Schweine konzentrieren."
Am 17. Dezember 1981 drangen zwei Terroristen – als Klempner getarnt – in die Wohnung des amerikanischen Brigade-Generals James Lee Dozier in Verona ein. Sie betäubten und verschleppten ihn in einem Lieferwagen.

42 Tage lang lag der zweithöchste NATO-General in Italien gefesselt in einer Neubauwohnung mit einem Kopfhörer über den Ohren, bis ihn eine Spezialeinheit der italienischen Polizei am 28. Januar 1982 aus seinem Gefängnis in Padua befreite. Die fünf Entführer wurden gefaßt und im März 1982 zu langen Haftstrafen verurteilt. Vier von ihnen sind geständig und haben in langen Beichten über die Jahre im Untergrund ausgepackt. Vor allem auf ihren Aussagen beruhen die Erfolge der italienischen Polizei 1982 im Kampf gegen die Terroristen.

„Welches Ziel ist es wert, junge Menschen zu opfern?"

Wenn alle Kriege Wahnsinn sind, dann war der zweieinhalb Monate dauernde Konflikt um die Falkland-Inseln im Frühsommer Wahnsinn hoch drei. Erstens: Fast 1000 Menschen starben im Kampf um einen abgelegenen Archipel im stürmischen Südatlantik, der außer 650 000 Schafen kaum einen wirtschaftlichen Nutzwert hat. Zweitens: Keiner der Kontrahenten, weder das von Hyperinflation und Staatsbankrott gebeutelte Argentinien noch das von Massenarbeitslosigkeit und Sozialabbau geplagte Großbritannien, konnte sich nach allen Regeln wirtschaftlicher Vernunft diesen mehr als zehn Milliarden Mark teuren Waffengang überhaupt leisten. Drittens: Mit ihrem Sieg haben die Briten zwar die argentinische Aggression beseitigt und nach Ansicht der unnachgiebigen Premierministerin Margaret Thatcher bewiesen, „daß wir von Anfang an im Recht waren", aber nichts hat sich geändert am Anspruch, den Buenos Aires auf die 500 Kilometer vom argentinischen Festland und über 11 000 Kilometer von London entfernt liegende Inselgruppe erhebt. Überdies hinterläßt der blutige Konflikt tiefe Narben im Verhältnis der westlichen Verbündeten Großbritanniens, allen voran der USA, zu den Staaten Lateinamerikas, die sich vom sozialistischen Kuba bis zum kapitalistischen Venezuela klar auf die Seite Argentiniens stellten.

Der Krieg begann wie groteskes Theater: Am 2. April besetzten die argentinischen Streitkräfte ohne Mühe die Inseln, genau 149 Jahre nach ihrer Inbesitznahme durch die britische Krone. Aus den „Falkland Islands" wurden die „Islas Malvinas". Während in Buenos Aires Tausende dem Militärdiktator General Leopoldo Fortunato

Die Briten am Boden: Argentinische Landetruppen nehmen Männer der 75köpfigen Royal-Marines-Garnison in der Falkland-Hauptstadt Stanley gefangen. Die Briten hatten der 4000 Mann starken Invasionstruppe ein kurzes, aber aussichtsloses Gefecht geliefert. Nach 149 Jahren britischer Kolonialherrschaft weht über Stanley die Flagge Argentiniens.

Klar Schiff zum Gefecht

Mit den modernsten Waffen des 20. Jahrhunderts steuert die Royal Navy in einen Konflikt aus dem 19. Jahrhundert: Auf dem Flaggschiff „Hermes", einem Flugzeugträger, wird das Flugdeck vorbereitet, während sich in den Hangars darunter die Piloten der Harrier-Senkrechtstarter sammeln. Das Bild ist von dem Aufzug aus aufgenommen, mit dem die Flugzeuge an Deck gebracht werden.

Tödliches Feuerwerk

Eine gewaltige Explosion zerreißt die britische Fregatte „Antelope“ im Falkland-Sund. Das Schiff war erstes Ziel der argentinischen Luftwaffe während der britischen Landung bei San Carlos. Eine 500-Pfund-Bombe schlägt bis in den Maschinenraum durch, doch sie explodiert nicht. Erst als britische Feuerwerker versuchen, sie zu entschärfen, geht die Bombe los. Einer der Experten wird getötet, sieben weitere erleiden Verletzungen. Luftangriffen mit Bomben und Raketen fallen sechs von über 40 Schiffen der Royal Navy zum Opfer, doch können die Treffer Argentiniens Niederlage nicht verhindern.

Resigniert stehen argentinische Soldaten am Rande des zerbombten Flughafens von Stanley. Immer wieder greifen die Briten mit Harrier-Flugzeugen und Schiffsartillerie im Raum der Hauptstadt an, wo das Gros des Gegners konzentriert ist. So vertuschen sie ihre Absicht, im öden Westteil der Insel Ost-Falkland zu landen. Den ersten Luftangriff flogen Vulcan-Bomber von der 7000 Kilometer entfernten Atlantik-Insel Ascensión.

Tränen bei der Heimkehr: Ein Überlebender von Bord des argentinischen Kreuzers „General Belgrano" wird von Frau und Kind im Kriegshafen Rio Gallegos begrüßt. Der aus den USA stammende Kreuzer war am 2. Mai von einem britischen U-Boot versenkt worden. Mehr als 200 Matrosen starben. Kapitän Hector Bonzo, der sich ebenfalls rettete, hatte für den Untergang nur hohle Durchhaltephrasen übrig: „Unsere Flagge wurde auf der ‚Belgrano' nicht eingeholt. Sie weht nun in 4000 Meter Tiefe weiter."

Die Waffen nieder: Britische Marineinfanteristen nehmen nach der Kapitulation den geschlagenen „Argies" die Gewehre ab. Die meisten der 11 300 Kriegsgefangenen wurden schon nach wenigen Tagen repatriiert, da die Briten ihre Versorgung auf der kargen Inselbesitzung nicht garantieren konnten. Schwieriger als die Entwaffnung der geschlagenen Truppe war die Beseitigung von Tausenden von Minen, welche die Argentinier planlos um ihre Stellungen gelegt hatten. Mit dieser gefährlichen Arbeit waren britische Spezialtrupps noch Monate beschäftigt. Um eine erneute Invasion der Inseln zu verhindern, blieb eine ständige Militärgarnison von 4000 Mann zurück.

Beten für die Opfer: In der Kathedrale von Buenos Aires nehmen Staatschef General Leopoldo Galtieri und führende Junta-Mitglieder an einer Gedenkmesse für die Opfer des Falkland-Krieges teil. Nach der Niederlage mußte Galtieri unter dem Druck blutiger Straßenunruhen in der Hauptstadt von allen Ämtern zurücktreten.

Galtieri zujubelten, reagierte London mit Zorn und Betretenheit, denn es hatte alle Anzeichen des heraufziehenden Sturms ignoriert. Schon Wochen vor der Invasion hatte Argentinien, nachdem wieder einmal eine Verhandlungsrunde über die „Rückgabe" der Inseln gescheitert war, „andere Mittel" angedroht. Frau Thatcher erklärte damals jedoch nur, die 75 Mann starke Inselgarnison in Stanley sei „Abschreckung genug gegen jede mögliche Aggression". Außenminister Lord Carrington zog Konsequenzen und trat zurück. Die Premierministerin jedoch setzte nun eine Kriegsflotte mit 40 Schiffen und 4000 Soldaten in Marsch. Für sie zählte nur der stets bekräftigte Wunsch der 1813 britischen Inselbewohner, britisch zu bleiben: „Jetzt ist es an der Zeit, Stärke und Entschlossenheit zu zeigen."
Eine Welle patriotischer Begeisterung bestärkte ihren Kriegskurs. So blieben alle Vermittlungsversuche in letzter Minute, darunter auch mehrere strapaziöse Reisen des amerikanischen Außenministers Alexander Haig, ohne Erfolg. Die USA, die sich zunächst als „Freund beider Seiten" bezeichneten, schlugen sich schließlich auf die Seite der Briten.
Aus dem anfangs belächelten Territorialstreit wurde blutiger Ernst. Anstelle der Diplomaten sprachen ab Mai die modernsten computergelenkten Waffen des 20. Jahrhunderts. Vulcan-Fernbomber der Briten griffen argentinische Stellungen auf Ost-Falkland an, Torpedos des Atom-U-Boots „Conqueror" versenkten den argentinischen Kreuzer „General Belgrano". Mit Tiefflugraketen des französischen Typs Exocet vernichteten argentinische Kampfflugzeuge die „HMS Sheffield", eines der neuesten Kriegsschiffe der Royal Navy, sowie den Truppentransporter „Atlantic Conveyor". Trotz erheblicher eigener Verluste zerstörten argentinische Kampfpiloten auch noch die Fregatten „Ardent" und „Antelope", den Zerstörer „Coventry" und das Landungsschiff „Sir Galahad". Die Briten waren dennoch in der Lage, am 21. Mai mehrere tausend Elitesoldaten in der Bucht von San Carlos zu landen. Sie kämpften sich in nur drei Wochen bis Stanley vor – zuletzt in erbittertem Bajonett-Nahkampf gegen die abgeschnittenen und ausgehungerten argentinischen Wehrpflichtigen. Am 14. Juni unterzeichnete der Insel-Kommandeur Ge-

neral Mario Menéndez die Kapitulationsurkunde und ging mit seinen 11 300 Soldaten in Gefangenschaft. Aber auch die Briten waren zu diesem Zeitpunkt, wie Oberbefehlshaber Admiral John Woodward später zugab, „am Ende der Kräfte". Der Blutzoll des Krieges: Bei den Briten 255 Tote und 777 Verwundete, bei den Argentiniern 712 Gefallene und 1200 Verletzte.

Galtieri überstand die Niederlage nur drei Tage. Nach schweren Unruhen in Buenos Aires trat er ab. Das Militär war diskreditiert und stellte im Herbst freie Wahlen für 1983 in Aussicht. Großbritannien feierte seinen Sieg in einem wahren Freudentaumel: Bei einer Meinungsumfrage erklärten 81 Prozent, sie seien nun „noch stolzer, Briten zu sein". Besonnene Stimmen gingen unter – so die der Bürgermeisterin von Sheffield, Enid Hattersley: „Welches Ziel ist es wert, das Leben junger Menschen zu opfern? Ein Leben ist schon zuviel!"

Das Nachspiel: London muß nun eine teure Militärpräsenz auf den Falklands unterhalten – und am 4. November forderte die UNO neue Verhandlungen über die Zukunft der Falkland-Inseln.

Blanker Busen zum Abschied – pure Begeisterung zur Heimkehr: England erlebte den Falkland-Krieg wie ein großes Abenteuer, denn Berichte über die Schrecken des Schlachtfelds unterdrückte eine rigorose Militärzensur. So konnten sich die Briten ungehemmt an der patriotischen Geste der 22jährigen Dawn Leyman (oben) erfreuen und drei Monate später die Rückkehr ihrer Helden an Bord des beschlagnahmten Luxusschiffs „Canberra" mit einem Hafenfest in Southampton feiern.

Rivale im Kampf um den Vorsitz in der FDP: der Landwirt aus dem schleswig-holsteinischen Tetenbüll auf der Halbinsel Eiderstedt und Ex-Parteivize Uwe Ronneburger machten nach der Bonner Wende offen Front gegen den FDP-Chef Hans-Dietrich Genscher. Auf dem Berliner Parteitag kandidierte Ronneburger gegen seinen Vorsitzenden. Unterstützung fand er bei den Linksliberalen: Er verlor zwar den Machtkampf, gewann dabei aber die Sympathien all jener, die der FDP als Reformpartei eine Zukunft wünschen.

Zwischen die Fronten geraten: Ex-Innenminister Gerhart Baum. Erst versuchte der Reform-Liberale, Genscher vom Wende-Kurs abzubringen, dann übte er deutliche Kritik an seinem Parteichef und brachte so die Rechtsliberalen gegen sich auf. Doch schließlich ließ er sich wieder von Genscher in die Partei-Pflicht nehmen und verscherzte sich so das Wohlwollen seiner linksliberalen Anhänger. Auf dem Berliner Parteitag wurde er mit knapper Mehrheit zum Stellvertreter des alten und neuen FDP-Chefs Genscher gewählt. Baum muß nun fürchten, in der FDP als Alibi mißbraucht zu werden.

Von Parteichef Hans-Dietrich Genscher aus der FDP getrieben: die sozialliberalen Kritiker des von Genscher und Otto Graf Lambsdorff betriebenen fliegenden Wechsels zur CDU/CSU. Über Nacht politisch heimatlos geworden, wandelten sie sich ohne lange Schamfrist vom Frei- zum Liberaldemokraten: Günter Verheugen, Ingrid Matthäus-Maier und Andreas von Schoeler erhielten von der SPD das Angebot einer Kandidatur für den Bundestag, Helga Schuchardt und Friedrich Hölscher stimmten im Bundestag als fraktionslose Abgeordnete mit den Genossen.

Schuchardt

Verheugen

Matthäus-Maier

Hölscher

von Schoeler

Die FDP von einer Partei der Bürgerrechte zur Industrielobby gewandelt: der in die Spendenaffäre verstrickte Wirtschaftsminister Otto Graf Lambsdorff.

entschlossen war, die sozialen Leistungen zu kürzen, um einen Staatsbankrott zu vermeiden. Die SPD stehe nicht mehr geschlossen zum Nato-Nachrüstungsbeschluß, hieß das zweite Verdikt. Und wieder wurde nicht redlich argumentiert. Denn Genscher ließ unerwähnt, daß der Nato-Doppelbeschluß in seiner eigenen Partei mindestens ebenso in Frage gestellt wurde wie in der SPD. Nicht nur Kreisverbände der FDP, sogar Landesverbände wie Schleswig-Holstein hatten sich längst von der geplanten weiteren Raketenrüstung distanziert.

Kein Zweifel: Plausibel waren die Gründe des Bonner Partnertausches nicht. Er war das peinliche Ergebnis von Genschers panischer Angst, an der Seite der angeschlagenen SPD (die Wähler vor allem an die Grünen verloren hatte) das Regierungsprivileg zu verlieren. Doch wer sich prostituiert, wer um jeden Preis an der Macht bleiben will, der muß damit rechnen, daß er für den Bürger nicht mehr wählbar ist. Und die Quittungen, die der Wähler der FDP seit der Bonner Wende ausgestellt hat, waren eindeutig: Bei den Landtagswahlen in Hessen, Bayern und Hamburg blieben die Liberalen draußen vor der Parlamentstür und etablierten sich als stabile „Fast-Drei-Prozent"-Partei, als Splittergruppe mithin. Und die Demoskopen handelten die FDP bundesweit keineswegs besser. Genschers Rechnung war nicht aufgegangen, die FDP müsse nur die Wende vollziehen, dann würden ihr die Wähler aus dem bürgerlichen Lager zulaufen. Dabei hatte er doch ganze Arbeit geleistet, die FDP von einer Partei, die Tabus aufgriff, unbequeme Fragen stellte und sich die Sorgen der Bürger zu eigenen machte, zu einem reinen Machterhaltungsapparat verkommen lassen, der allenfalls noch als Wirtschaftslobby auf sich aufmerksam machte.

Die Säuberung fand auf dem Berliner Bundesparteitag Anfang November statt. Was die Sozialliberalen, denen die FDP ihren Aufschwung in den siebziger Jahren verdankte, in Berlin erlebten, war mehr als eine Niederlage. Es war eine Vernichtungsschlacht: das Waterloo der sozialliberalen Idee, der Abschied von sich selbst. Fünf Wochen nach dem Bonner Koalitionswechsel wurde die Wende nun in der Partei selbst vollzogen. Die Opposition in den eigenen Reihen wurde eliminiert. Eine Opposition, die von dem auf Machterhaltung bedachten Rechtsflügel gern abfällig „die Linke" genannt wurde, ohne daß sie diesem Begriff jemals gerecht geworden wäre. Denn zu ihr gehörten so ausgeprägte Konservative wie der holsteinische Landwirt Uwe Ronneburger und so unabhängige Geister wie Hildegard Hamm-Brücher. Diese Opposition, die bis zur „Wende" das sozialliberale Profil der Partei prägte und für einen Wähleranteil von deutlich über fünf Prozent sorgte, hat aufgehört zu existieren. Sie wurde teils aus der FDP gedrängt (nach einer sofort nach der Wende in Bonn einsetzenden Austrittswelle machte jetzt der Auszug prominenter Genscher-Kritiker wie Ingrid Matthäus-Maier und Andreas von Schoeler Schlagzeilen), teils von der Mehrheit aufgewogen; teils räumte sie kampflos das Feld. Am Ende des Parteitages konnte Genscher beruhigt nach Bonn zurückkehren: Er hatte jetzt eine glattgehobelte, gesäuberte Partei hinter sich.

In Genschers FDP kam trotzdem keine Triumphstimmung auf. Zwar war die Partei auf Vordermann gebracht, aber der dafür gezahlte Preis war hoch. Der Aderlaß konnte die Existenz bedrohen. Manchen Delegierten trieb die Sorge um, alles könne umsonst gewesen sein. „Am Ende haben wir unser Programm über Bord geworfen und sind trotzdem abgesoffen", meinte ein Freidemokrat aus Bremen. Er könnte recht behalten. Denn der Wähler hat den Liberalen bis heute den Schwenk nicht verziehen. In den Umfragen pendelten sie ständig um drei Prozent, und in Hamburg bei der Bürgerschaftswahl sind sie zur Splitterpartei abgesackt. Schlechte Aussichten für den Wende-Meister Genscher. Fliegt die FDP am 6. März 1983 aus dem Bundestag, kann sich der angeschlagene Parteichef nicht mehr im Amt halten. Ein neuer Hoffnungsträger sitzt ihm schon im Nakken: der Soziologieprofessor Ralf Dahrendorf, der vor fünfzehn Jahren schon einmal der Star der Liberalen war.

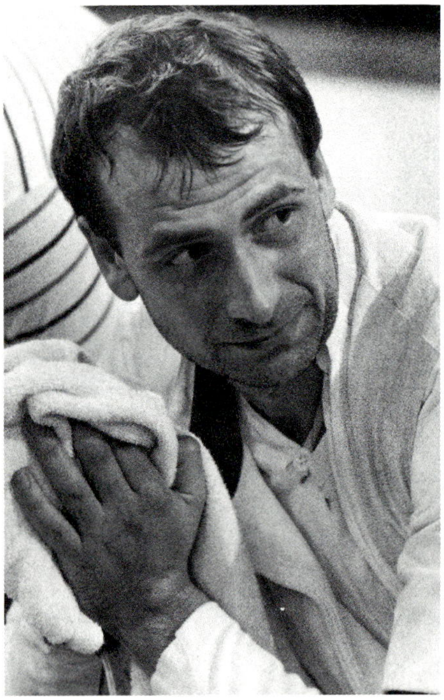

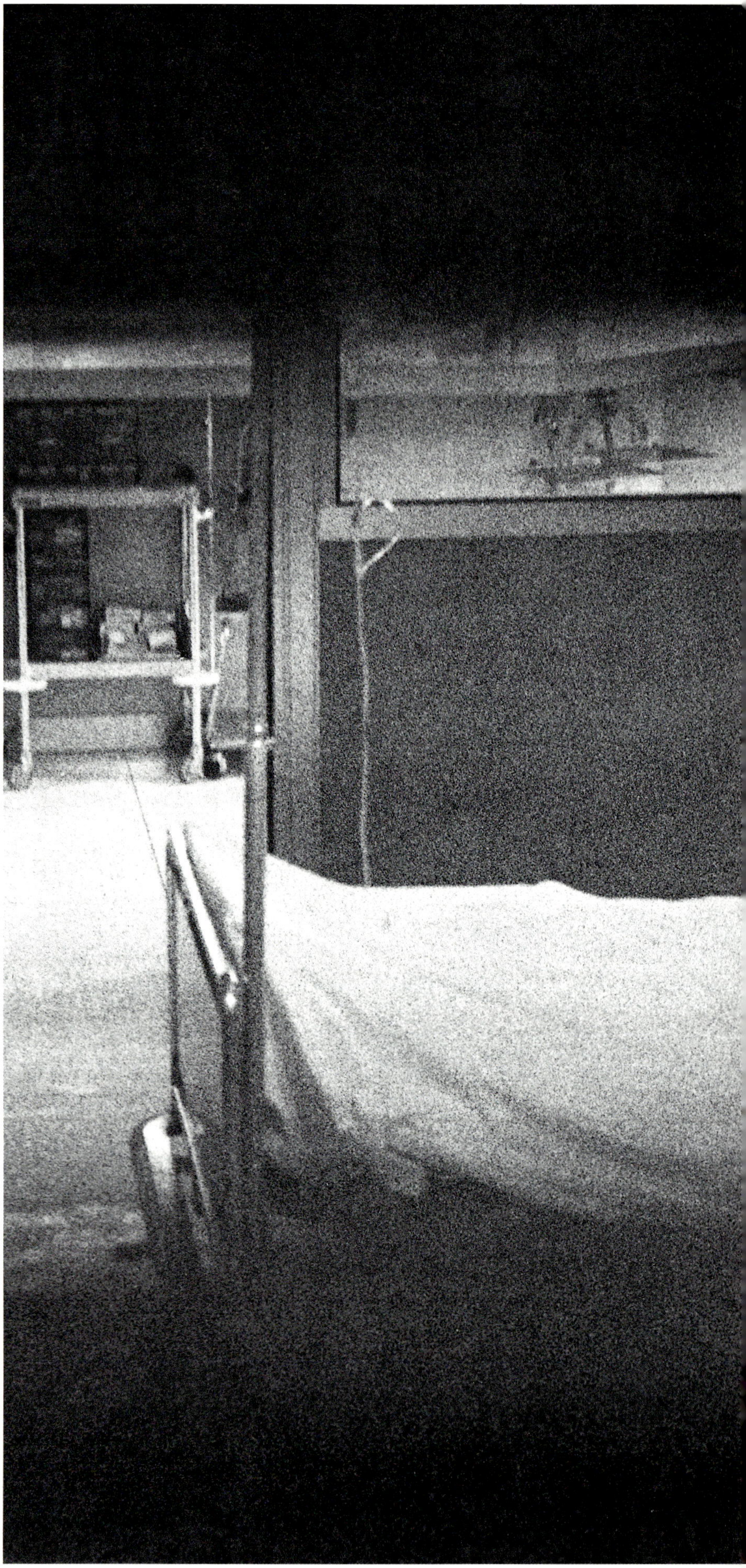

Tragödie in Rom

Den 19. Juli 1982 möchte Matthias Behr aus Tauberbischofsheim am liebsten aus seinem Gedächtnis verbannen. An jenem unglückseligen Montag tötete der Deutsche bei den Fecht-Weltmeisterschaften im römischen Palazzo dello Sport den sowjetischen Olympiasieger Wladimir Smirnow. Bei einem Gegenangriff von Matthias Behr war die Klinge seines Floretts abgebrochen. Der Stumpf durchbohrte die Schutzmaske des Russen und drang ihm durch das Auge ins Gehirn. Der 28jährige Athlet aus Moskau brach blutend zusammen. Sein deutscher Gegner erlitt einen Weinkrampf und reiste sofort ab. Neun Tage lang lag Wladimir Smirnow im Gemelli-Hospital in tiefem Koma, bevor er starb. Die Funktionäre mußten sich den Vorwurf gefallen lassen, das klinisch bereits tote Opfer noch so lange am Leben erhalten zu haben, bis die WM planmäßig beendet worden war. Zwei Monate später stellte der deutsche Erfinder Tilo Meier eine neue, ungefährliche Klinge aus Glasfiber der Öffentlichkeit vor. Sie zerfasert völlig, wenn sie bricht. Der 27jährige Matthias Behr, der nach dem Unglück nie wieder fechten wollte, kämpfte ein Vierteljahr danach um die Europameisterschaft. „Ich muß weitermachen, sonst zerbreche ich", sagte er.

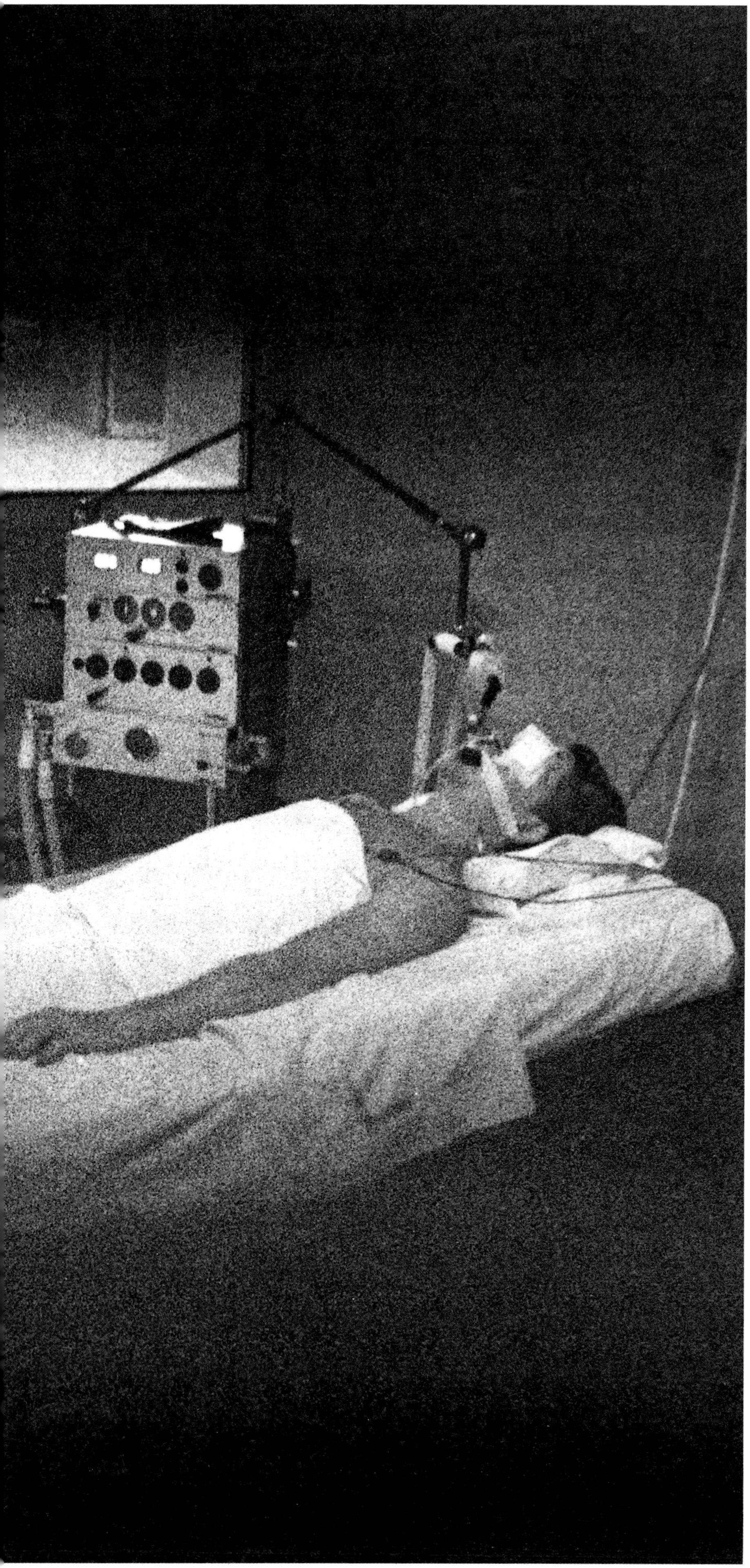

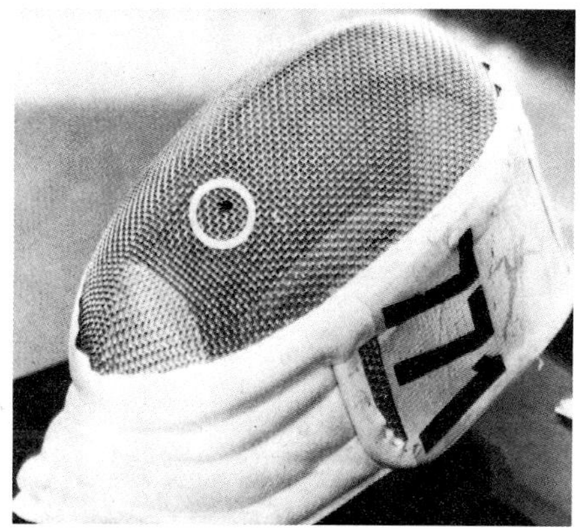

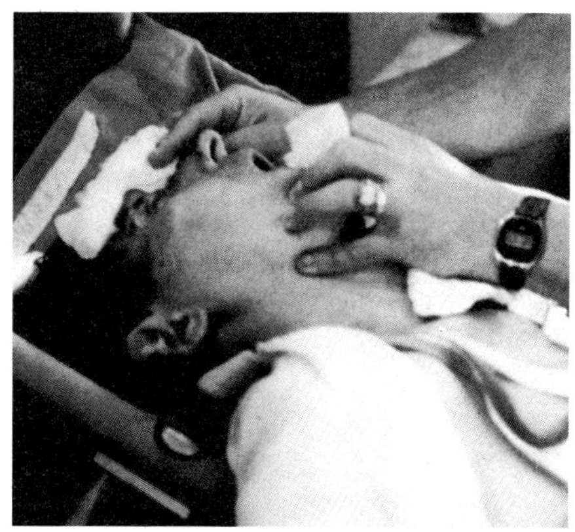

Bilder, die die Sportwelt erschütterten: Weltmeister und Olympiasieger Wladimir Smirnow vor seinem letzten Kampf; die als absolut sicher geltende Schutzmaske mit seiner Startnummer 771 und dem lebensgefährlichen Loch; der schwer verletzte Russe auf dem Transport und im römischen Gemelli-Hospital.

Der Schurke und die Schöne

Wie man sich bettet, so liegt man: J.R. und Sue Ellen, der Schurke und die Schöne aus der amerikanischen Fernseh-Seifenoper „Dallas", lagen – man sieht's – auch 1982 richtig. Die Machenschaften der reizenden TV-Familie Ewing hielten Folge für Folge 13 bis 15 Millionen Zuschauer bei der Stange. Ein sattes Polster für die Schauspielerin Linda Gray und ihren Bildschirm-Ehemann Larry Hagman. Und weil das Ränkespiel um Öl und Dollars, Haß und Liebe in über 60 Ländern der Erde für die „Dallas"-Produzenten so glänzend aufging, ließ sich Hagman seine fiesen Streiche mit über 100 000 Dollar pro Folge honorieren: „Die Zeit war einfach reif für einen richtigen Schweinehund – und der bin ich."

Wunderkind vom anderen Stern

E.T. ist häßlich und hat einen Hängebauch, E.T. ist lieb und hat ein – bei Aufregung – leuchtendes Herz. E.T. ist Hollywoods Superstar der Saison und hat so viele Dollars gemacht wie ein Großunternehmen. Erfunden wurde der „Extra-Terrestrial" (Außerirdische) vom cleveren Kindergeschmack des Filmemachers Steven Spielberg, in dessen Märchen die für 1,5 Millionen Dollar konstruierte Puppe – die mit verzerrter Stimme spricht und 150 Bewegungen machen kann – die Hauptrolle spielt.

Das Jahr des Manns

Der Lübecker Patriziersohn und Nobelpreisträger Thomas Mann wurde buchstäblich ausverfilmt: Zum Jahresbeginn flirtete und gaunerte der Hochstapler Felix Krull durch fünf kostümselige ZDF-Folgen; im Frühjahr folgte Hans

Geissendörfers aufwendige Besteigung des „Zauberberg", wobei von Thomas Manns anspruchsvollem Denkspiel über den Zerfall des Bürgertums vornehmlich luxuriöse Kulissen und morbide Figuren übrigblieben; im September ließ Franz Seitz den „Doktor Faustus" zum Teufel gehen. Aus dem gedankenschweren und verrätselten Zeitroman, der mit der Geschichte eines sündigen Künstlerlebens die Zeitläufe einer sündigen Epoche schildert, wurde ein buntes Episodenstück mit papierenen Dialogen und dünner Handlung.

Landung im Fluß

Kopilot Roger Pettit schob die beiden Gashebel vor. Die Boeing 737 rollte im Schneetreiben über die Startbahn der US-Hauptstadt Washington – doch fliegen wollte sie nicht. 600 Meter hinter dem normalen Startpunkt hob sie sich träge in die Luft, sackte aber gleich wieder durch. Dann streifte die 50-Tonnen-Maschine eine Brükke über den Potomac und stürzte ins eisige Wasser. 74 der 79 Insassen und vier Passanten auf der Brücke starben. Eine Reihe von Fehlleistungen hatten zu diesem Absturz am 13. Januar 1982 geführt. Das Bodenpersonal hatte die Maschine der „Air Florida" schlampig enteist. Die Fluglotsen hatten das Flugzeug 50 Minuten auf Starterlaubnis warten lassen, so daß sich neues Eis an den Flügeln bildete. Und die Piloten hatten vergessen, die Enteisung für die Triebwerke einzuschalten. Deshalb zeigte ihnen ein zugefrorener Druckfühler auf dem Armaturenbrett volle Leistung an. In Wirklichkeit gaben die Motoren nur 80 Prozent ihrer Leistung ab – zuwenig für einen Start mit vereisten Flügeln und Schneematsch auf der Bahn.

Minuten nach dem Absturz der Boeing 737 in den Potomac-Fluß in Washington: Zwei Polizisten mit ihrem Hubschrauber sind als erste am Unfallort. Fünf Überlebende schwimmen zwischen den Eisschollen. Kurzentschlossen werfen die Polizisten Leinen über Bord. Drei Menschen klammern sich gleichzeitig fest: Priscilla Tirado und Joseph Stiley an der langen und Patricia Felch an der kurzen Leine (links). Da der kleine Hubschrauber diese Last nicht tragen kann, schleifen die Polizisten die Passagiere durchs Wasser zum Ufer, wo die Feuerwehr wartet. Priscilla Tirado verliert die Leine noch einmal (oben) und wird von einem Büroboten gerettet, der vom Ufer ins eisige Wasser springt.

Gebremst statt geflogen

Mehr als tausend Menschen kamen bisher bei Unfällen mit der umstrittenen DC-10 ums Leben. Doch an dem Unglück vom 13. September 1982 sind die Konstrukteure des amerikanischen Großraumflugzeugs schuldlos: Der spanische Kapitän der Spantax-Maschine, Juan Perez, hörte beim Start von Malaga ein Vibrieren und brach den Anlauf ab – weit jenseits der höchstzulässigen „Abbruchgeschwindigkeit". Der 250-Tonnen-Airliner schoß 450 Meter über das Bahnende hinaus und ging in Flammen auf. 57 Menschen verbrannten. Das Vibrieren war von einem Plattfuß an einem der Bugräder verursacht worden.

SPANTAX

JAPAN AIR LINES

Wahnsinn im Cockpit

Mitten im Landeanflug, noch 1000 Meter vom Flughafen Haneda bei Tokio entfernt, brach im Cockpit ein Ringkampf aus. Kopilot und Bordingenieur der japanischen DC-8 griffen dem Kapitän ins Steuer, um ihn von einer Wahnsinnstat abzuhalten. Aber es war bereits zu spät. Kapitän Seiji Katagiri hatte die vier Gashebel auf „Umkehrschub" zurückgerissen und so das Flugzeug in der Luft abgebremst. Das 140-Tonnen-Flugzeug fiel wie ein Stein in die flache Bucht von Tokio. „Kurzschlußhandlung" und „geistige Verwirrung" attestierten Fliegerärzte dem Kapitän – ein Alptraum für jede Fluggesellschaft. Nachträglich stellte die „Japan Air Lines" fest, daß Katagiri schon einmal wegen „seelischer Erkrankung" vorübergehendes Flugverbot hatte. Der Pilot verhielt sich auch nach dem Unfall am 9. Februar 1982, der 24 Tote forderte, keineswegs normal: Er mischte sich unauffällig unter die Überlebenden in einem Flughafen-Bus (Bild unten) und tauchte in einem Hotel unter. Ein sicheres Verfahren, um seelisch anfällige Piloten von Verkehrsflugzeugen fernzuhalten, gibt es nicht. Die Deutsche Lufthansa etwa verläßt sich bei der Einstellung von Pilotenanwärtern auf eine „sorgfältige Auswahl nach psychologischen Gesichtspunkten". Zudem muß jeder aktive Flieger alle sechs Monate eine gesundheitliche Untersuchung, einen Prüfungsflug und einen Notfall-Test im Simulator absolvieren.

Blüte vor 80 Millionen Jahren

In einer südschwedischen Kiesgrube entdeckte die Stockholmer Geologin Annie Skarby die verkohlten Überreste von Blumen, die vor 80 Millionen Jahren geblüht haben. Die genaue Untersuchung der erstaunlich gut erhaltenen Fossilien könnte endlich, so hofft die Forscherin, Klarheit in eines der größten Rätsel der Naturgeschichte bringen: Warum die Blütenpflanzen zur Zeit der Saurier in einem plötzlichen Siegeszug die bis dahin vorherrschenden Nadelbäume verdrängten.

Die schwedische Geologin Annie Skarby und ihre jüngere Kollegin Else Marie Friis mit einer südafrikanischen Blume. Ihre nur zwei Millimeter kleinen Blüten (rechts in Großaufnahme) gleichen den verkohlten Fossilien urzeitlicher Blumen.

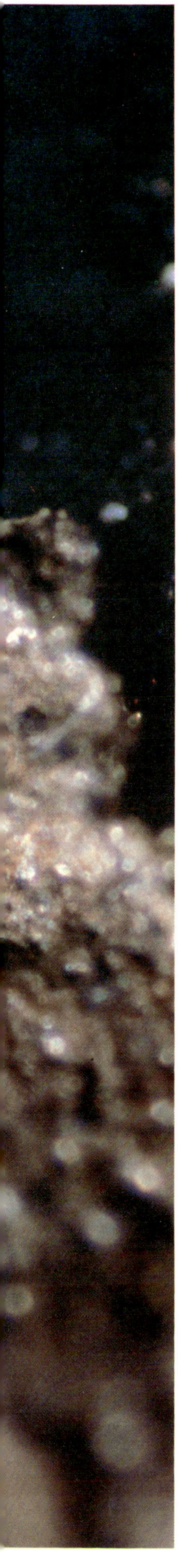

Camera magnetica

Chefingenieur Nobutoshi Kihara hat die Zukunft der Fotografie fest in der Hand: das blaue Magnetband, das von 1984 an in der Spezialkamera „Mavica" (Magnetic Video Camera) des japanischen Elektronik-Riesen Sony den Film ersetzen soll. Einen Foto-Frühling versprechen die Hersteller vor allem den Profis in aller Welt. Ohne Film entfallen Entwickeln und Vergrößern. Und die neuen Bilder können per Telefon verschickt und auf den Fernsehschirm übertragen werden. Wie die Fotoserie des STERN-Reporters Robert Lebeck, der das neue System als erster Fotograf der Welt in der Düsseldorfer Altstadt testete: „Ich kam mir vor wie ein Lichtbild-Pionier vor 140 Jahren."

Stehplatz auf dem Wasser

Windsurfen, das Segeln des kleinen Mannes, war der Freizeit-Renner des Sommers. An den sonnigen Wochenenden zog es zwischen Nordsee und Alpen mehr als 400 000 Stehbrettsegler aufs Wasser. Selbst Kiesgruben und Baggerseen waren übervölkert. Und die Sportartikel-Industrie bringt immer noch mehr Bretter und jedes Jahr ein neues Modell auf den Markt. Bis 1990 soll die Massenbewegung 1,6 Millionen Surfer erfaßt haben.

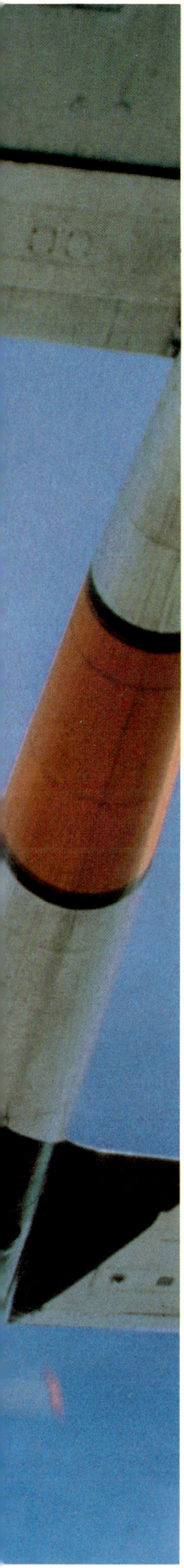

Fez im freien Fall

Die verrücktesten Sprünge des Jahres vollführten amerikanische Himmelsakrobaten. Der Stuntman Mike Deluna stürzte sich für einen Film auf einem Motorrad sitzend aus der Flugzeugluke. Der Bergarbeiter Jim aus Florida schnallte sich seine zweieinhalbjährige Tochter Devorie mit Spezialgurten vor den Bauch, bevor er zur Erde schwebte. Und Windsurfer wie Joel Shively segelten auf dem Wellenbrett über das Firmament. Unter dem superleichten Schaumstoff-Board bildet sich ein Luftpolster, auf dem der Air-Surfer mit Tempo 190 quer zur Fallrichtung gleitet.

Das Burg-Theater

Es ist ein urdeutsches Schauspiel. Wenn Teutonen einen Strand besetzen, dann greifen sie zunächst zur Schaufel. Bevor sie sich zur Erholung niederlassen, muß die Umwelt in Form gebracht werden. Und das Ergebnis ist immer eine Burg. Der deutsche Mensch lagert nicht einfach so im Sand, ein solider Damm gegen die Flut der anderen Strandläufer muß schon sein. Schöner Wohnen kostet freilich Kraft. Bis zu 20 Kubikmeter müssen bei der Wühlarbeit auf die Schippe genommen werden, wenn der Bauherr sichergehen will, daß er auch bei Brandung seinen Rand halten kann. Und so wird an Nord- und Ostseegestaden Sand gehäufelt, geklopft, geglättet und vor allem gut begossen. „Hundert Liter am Tag müssen es schon sein, wenn man

**nicht ständig Flugsand in die gute Stube kriegen will", raten geübte Burgherren.
Und vor dem großen Tag darf's auch etwas mehr sein. Sonst geht der erste Preis im Burgenwettbewerb an die Schaufler von nebenan. Wenn die Gesandten von der Kurverwaltung mit Juryblick um den Schmuckwall streichen, muß jedes Korn sitzen. Form-Fehler kann sich beim Kampf ums schönste Burgherrenmodell keiner leisten. Glotzt des sandgemachten Seehunds Muschelauge in die falsche Richtung, ist nur noch ein Trostpreis drin.**

Stark und schön

Frauen bewundern sich selbst – auf dieser Fotomontage führen fünf erfolgreiche New Yorker Karrierefrauen

ein Doppelleben: Auf dem Podest zeigen sie in klassischen Bodybuilding-Posen ihren straffen, sehnigen Körper, den sie durch regelmäßiges, gezieltes Training selbst geformt und geschaffen haben, während sie gleichzeitig in Alltagskleidern als Betrachterinnen zufrieden auf das Ergebnis blicken. Das neue weibliche Schönheitsideal nähert sich dem männlichen an: Harte Konturen und Muskeln, die Kraft und Selbstvertrauen geben, lösen die weichen Linien und runden Formen ab. In der Bundesrepublik wird das Bodybuilding bereits „der Frauensport der achtziger Jahre" genannt.

Freizeit

Boom mit boing, grapsch, platsch

Magisch bunt flimmert es vom Bildschirm: Mörderspinnen aus dem All, Menschenfresser aus Mexiko, Fässerwerfende Gorillas, aggressive Untertassen, Panzer, Gnome und Titanen. Bei den neuen Videospielen gibt's für Witz und Waffen keine Grenzen mehr — auch die Jugendschutzgesetze sind machtlos. Denn der geldschluckende Boom, in öffentlichen Spielhallen nur für Jugendliche ab 18 erlaubt, hat sich an den heimischen Herd zurückgezogen und sich dort breitgemacht. So können Kinder jeden Alters ihre Geschicklichkeit beweisen, denn nach übereinstimmender Meinung von Jugendpsychologen machen die gewalttätigen Spiele nicht gewalttätig.

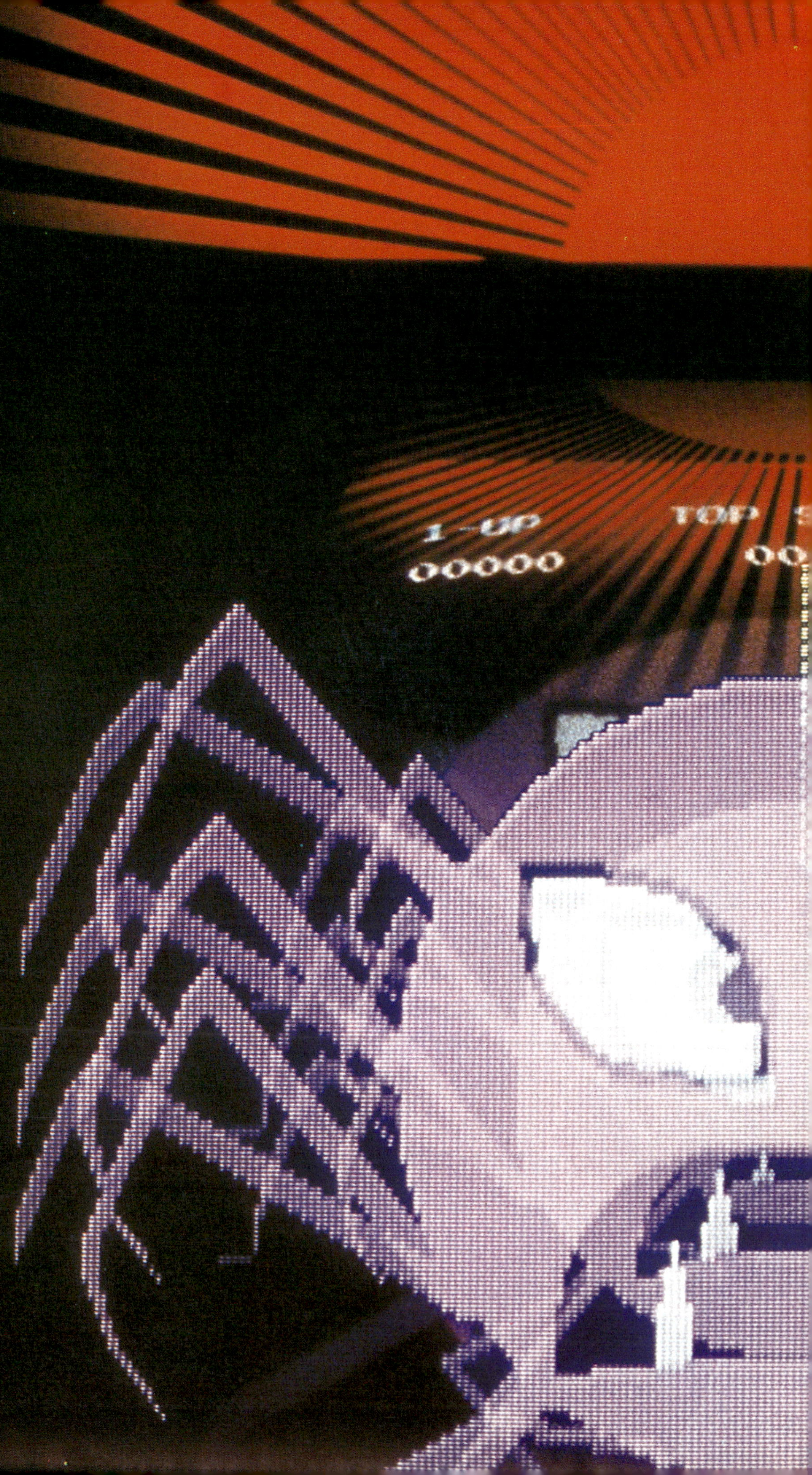

2-UP
00000

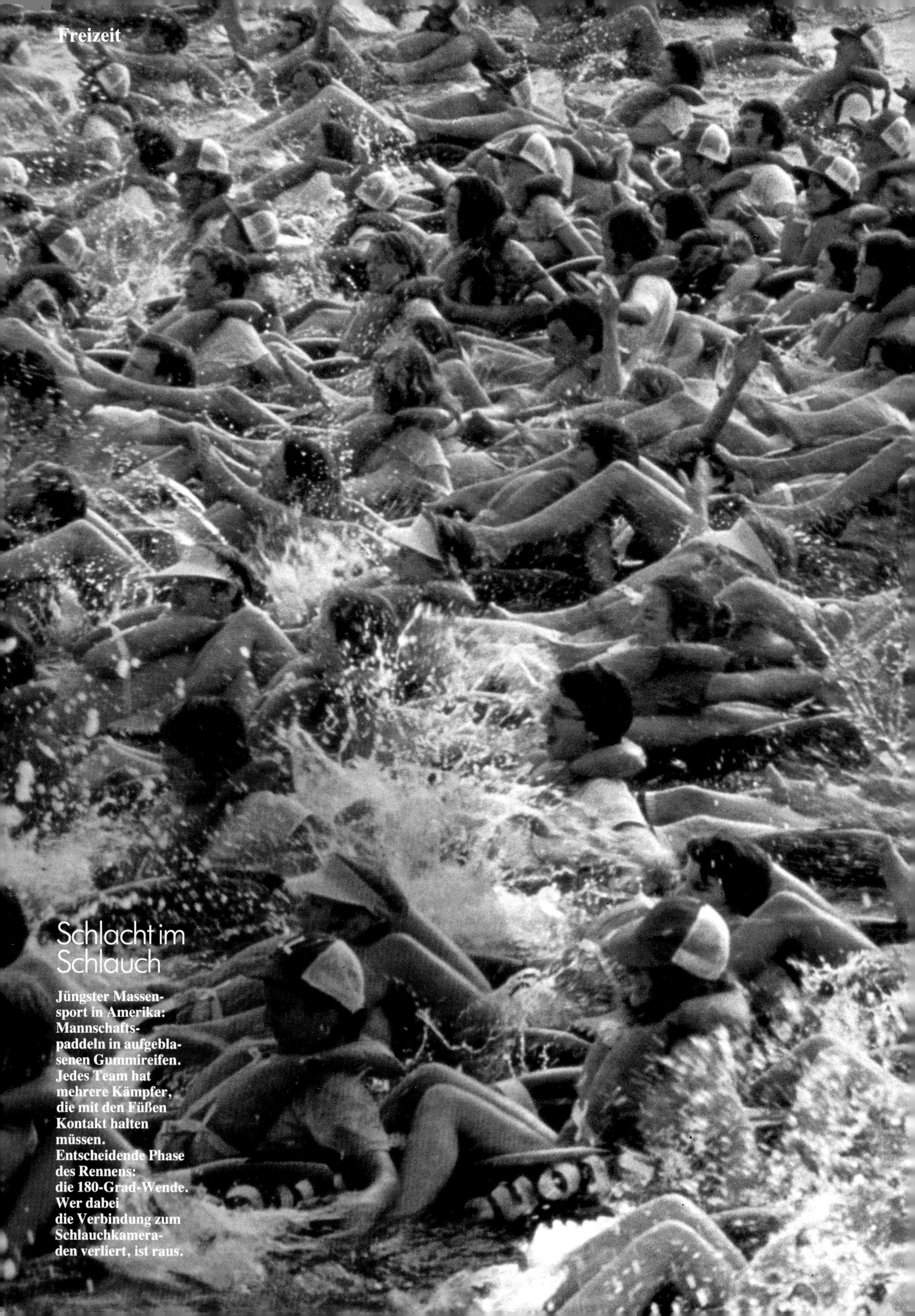

Schlacht im Schlauch

Jüngster Massensport in Amerika: Mannschaftspaddeln in aufgeblasenen Gummireifen. Jedes Team hat mehrere Kämpfer, die mit den Füßen Kontakt halten müssen. Entscheidende Phase des Rennens: die 180-Grad-Wende. Wer dabei die Verbindung zum Schlauchkameraden verliert, ist raus.

Kopfstand der Favoriten

Die Fußball-Weltmeisterschaft in Spanien wurde zu einem Aufstand der Zwerge. Durch die Aufstockung auf 24 Nationen durften erstmals auch Außenseiter wie Kuwait, Kamerun und Honduras am Turnier der Besten teilnehmen. Doch die als Statisten belächelten Kleinen lehrten die Großen schnell das Fürchten. Für den späteren Vize-Weltmeister Deutschland und seinen Kämpfer Wolfgang Dremmler stand die Welt schon im ersten Spiel kopf. Sie verloren gegen Algerien 1:2 – eine Niederlage, die im Ausland als gerechte Strafe für deutsche Überheblichkeit gefeiert wurde.

Der deutsch-österreichische Nichtangriffs-Pakt

„El Comercio", die größte Zeitung Asturiens, berichtete über das Weltmeisterschaftsspiel Deutschland gegen Österreich vom 25. Juni in Gijón unter der Rubrik „Sucesoes" (Polizeibericht): „26 deutschsprachige Bürger aus der Bundesrepublik und Österreich haben angeblich einen Betrug in Höhe von zwölf Millionen Peseten an 40 000 Zuschauern begangen. Verdächtigt des Betrugs sind Jupp Derwall (Beruf: Trainer) und Georg Schmidt (ebenfalls Beruf: Trainer) sowie . . ." Dann folgen die Namen der 24 eingesetzten Spieler. Was beide Seiten als unerbittlichen Bruderkampf angekündigt hatten, war nach elf Spielminuten bereits beendet. Zu dem Zeitpunkt führte die deutsche Mannschaft durch ein Tor des Hamburgers Horst Hrubesch 1:0 und begnügte sich fortan damit, dieses Ergebnis zu halten. Es reichte nämlich, um in die zweite Finalrunde zu kommen. Die Österreicher, die bei einer Niederlage mit mehr als zwei Toren Unterschied aus dem Turnier ausgeschieden wären, beschränkten sich darauf, den knappen Rückstand zu verteidigen. So entstand ein stillschweigender Nichtangriffs-Pakt, den jeder, der ein Fußballmatch erwartet hatte, für ein abgekartetes Spiel halten mußte. Vor allem die Algerier, die Deutschland sensationell 2:1 besiegt hatten, fühlten sich betrogen. Sie mußten durch das deutsch-österreichische Ergebnis nach Maß ausscheiden. Das verdächtige Ballgeschiebe von Gijón löste weltweit Wogen der Empörung aus. Die geballte Ladung der Kritik zielte vor allem auf die Deutschen, ihre „wichtigtuerischen und unfähigen Funktionäre" und das „provokant rüpelhafte Auftreten und die abstoßenden Mauscheleien" der Mannschaft. Obwohl die Auswahl der Bundesrepublik später sogar ins Endspiel kam und Vize-Weltmeister wurde, sprach Hennes Jäcker, der Bundesliga-Präsident von Eintracht Braunschweig von einer „Schmach für den gesamtdeutschen Fußball". Die hochgelobte Profi-Liga büßte dafür mit einem rapiden Rückgang der Zuschauerzahlen. In einer Umfrage bezeichneten im Oktober noch 74,8 Prozent der Fans die Weltmeisterschaft als ein Ärgernis. Sie kreideten den Stars ihr arrogantes Verhalten und die überheblichen Sprüche an. Für den Kölner Torwart Harald Schumacher, der im Halbfinale den Franzosen Patrick Battiston brutal gefoult und schwer verletzt hatte, wurden die Monate nach der WM zum Spießrutenlaufen. Und auch der Deutsche Fußball-Bund bekam seine Quittung: Nur 25 000 Zuschauer wollten gegen Belgien das erste Länderspiel der neuen Saison im Münchener Olympiastadion miterleben.

Der Händedruck, der später als Fingerzeig für eine deutsch-österreichische Verschwörung gedeutet wurde: Österreichs Teamchef Georg „Schurl" Schmidt und Bundestrainer Jupp Derwall begrüßen sich vor dem Skandalspiel in Gijón. Ihre Mienen sprechen Bände. Ein „Wir werden das Ding schon schaukeln, Jupp" läßt sich daraus jedoch ebenso ablesen wie ein „Warte nur, Schurl Schmidt, euch werden wir eine Lektion erteilen." Nach dem Schlußpfiff hatten beide Trainer ihr Ziel – die zweite Finalrunde der Weltmeisterschaft – erreicht. Doch vergessen machen konnten sie die Schande von Gijón nicht. Österreich schied nach zwei sieglosen Spielen sang- und klanglos aus. Der deutschen Mannschaft gelang nur mit Spaniens Hilfe und durch das Elfmeter-Glück gegen Frankreich der Einzug ins Endspiel. Dort dominierten die Italiener, die zuvor schon Weltmeister Argentinien und den großen Favoriten Brasilien bezwungen hatten. Nach dem verdienten 1:1 im Madrider Bernabeu-Stadion ließen Karl-Heinz Rummenigge, Pierre Littbarski, Hans-Peter Briegel und Klaus Fischer die Köpfe hängen. Sie konnten sich nicht einmal mehr über den Titel Vize-Weltmeister freuen.

Der begnadigte Torjäger

Acht Wochen vor der Fußball-Weltmeisterschaft in Spanien war Paolo Rossi noch ein Geächteter. 1980 hatte ihn ein Sportgericht wegen Wettbetrugs zu drei Jahren Sperre verurteilt. Im Mai begnadigten die Italiener den 25jährigen Stürmer-Star von Juventus Turin. Im Juli wurde der Sünder mit sechs Treffern Torschützenkönig der WM und seine Squadra Azzurra durch den 3:1-Sieg im Finale gegen Deutschland Weltmeister.

Ein alter Russe, der die Liebe liebt

„Wenn man nicht arbeitet", sagt der 95jährige Marc Chagall, einer der letzten Überlebenden aus den Pioniertagen der modernen Malerei, „ist alles vorbei. Man stirbt." Der Russe aus dem kleinen Städtchen Witebsk malt, oft Epigone seiner selbst, noch immer seine Blumenbilder, die Gestalten der Bibel, die Menschen und Tiere aus seiner Vaterstadt und vor allem seine schwerelos schwebenden Liebespaare. Zum erstenmal malte er solch ein Paar im Jahre 1915: „Der Geburtstag" zeigt ihn und seine erste Frau Bella.

Heute lebt der rüstige Greis, einst Weggenosse von Picasso, Georges Braque und Henri Matisse, dann der Phantast der kühn kombinierten Farben, mit seiner zweiten Frau Vava in einer Villa 15 Kilometer von Nizza entfernt, genießt den Ruhm des begehrtesten aller Auftragskünstler und bedient den Kunstmarkt verläßlich mit Verkäuflichem: „Auf ihn kann man sich verlassen", urteilte der Kunsthistoriker Werner Spies, „jedes neue Bild garantiert verläßliche Süße, so unverwechselbar wie Chanel Nr. 5."

Liebe zu Kraft und Schönheit

Leni Riefenstahl liebte Kraft und Schönheit. Im Dritten Reich verherrlichte sie in ihrem Film „Fest der Schönheit" die Gladiatoren der Olympischen Spiele. Vierzig Jahre später fotografierte sie die Stammesriten der schönen Nuba im Sudan. Und im Alter von 71 Jahren lernte die jetzt Achtzigjährige tauchen und ging in der Karibik, im Roten und im Indischen Ozean unter Wasser, um die leuchtenden Unterwassergärten zu fotografieren.

Eine kleine Nachmittagsmusik

Vor seinem Jubiläumsjahr reiste das Berliner Philharmonische Orchester 16 Tage lang nach Japan. Nach dem Mittagsschlaf greifen die meisten Musiker zum Instrument, üben Tonleitern, spielen sich ein fürs Konzert. Den Gästen des „Okura"-Hotels in Tokio waren die philharmonischen Exerzitien zu laut. Tennis-Star Björn Borg, im Schlaf gestört, verlangte: „Stop the fucking hornplayer."

Marilyn, die unsterbliche Tote

Mit 36 war sie am Ende, beruflich und privat. Drei gescheiterte Ehen, zwei Fehlgeburten, kein Engagement, Alkohol, Pillen, Schlaflosigkeit, Einsamkeit. Am 4. August vor zwanzig Jahren ist Marilyn Monroe, der Superstar, an einer Überdosis Schlaftabletten, wie es offiziell hieß, gestorben. Die Legende, der Mythos der MM ist nach ihrem Tod Jahr für Jahr weiter gewachsen. Das hüftwackelnde blonde Dummchen, als das sie Hollywood zu Lebzeiten vermarktete, wurde zur Kultfigur, zum Gegenstand der Kunst. Pünktlich zu ihrem 20. Todestag kam ein Band mit Fotos auf den Markt, die kurz vor ihrem Selbstmord aufgenommen worden waren: 2658 Mal eine schöne, strahlende, verzweifelte Marilyn Monroe.

Die Polizei unterschätzte die Geiselgangster

Zunächst hatte für die Koblenzer Polizei alles nach einem Routinefall ausgesehen: Alarm in der Sparkassenfiliale am Schenkendorfplatz! Aber die Beamten sind zu schnell, die beiden maskierten Gangster kommen mit ihrer Beute nicht mehr aus dem Gebäude, das schon nach wenigen Minuten von Polizei umstellt ist. So wird aus dem Überfall eine Geiselnahme. Die Bankangestellte Margarethe Heidt muß über Telefon die Forderung der Täter an die Polizei weitergeben: Eine Million Mark in bar und einen Fluchtwagen – andernfalls werde es „zu einem Blutbad kommen". Aber die Polizei traut den beiden Gangstern nicht zu, daß sie Gewalt anwenden. Die Million kommt – das Auto nicht. „Wir haben die Lage fest im Griff", behauptet Kriminaldirektor Franz Barth noch Stunden nach dem Beginn des Dramas. Verstärkung vom Bundeskriminalamt in Wiesbaden oder von den Geisel-Experten der GSG 9, die nur ein paar Kilometer Anfahrt hätten, fordert die Koblenzer Polizei nicht. Der Fall soll mit landeseigenen Mitteln gelöst werden: 226 Beamte aus Mainz, Ludwigshafen, Trier und Kaiserslautern rücken an. Aber die Polizei unterschätzt die beiden Gangster. Die durchschauen die Hinhaltetaktik der Beamten und reagieren brutal: Um 2.11 Uhr nachts fällt in der Sparkasse ein Schuß. Die Täter haben dem 19jährigen Bankkaufmann Detlef Becker eine Kugel ins Bein geschossen, um ihre Forderung nach einem Auto zu untermauern. Nun endlich wird ein Wagen bereitgestellt. Mit zwei Angestellten als Geiseln flüchten die Gangster, hängen in wilder Jagd fast alle Verfolger ab und kapern schließlich sogar ein Polizeifahrzeug, dessen Insassen zähneknirschend ihre Sitze räumen müssen. Dann sind die Täter endgültig in der Nacht verschwunden – und mit ihnen 1,2 Millionen Mark.

Für die angeschossene Geisel Detlef Becker endet das Drama tödlich: Zwei Wochen nach dem Überfall entzündet sich die Schußwunde, Becker stirbt an Lungenembolie. Zu diesem Zeitpunkt sitzen die Täter schon hinter Schloß und Riegel: Nach einem „Hinweis aus der Bevölkerung" wird zuerst der Bochumer Ernst Schluschus, 36, verhaftet, kurz darauf auch der Haupttäter Gerhard Benoit, 35, ein ehemaliger Polizist. Auch das Geld findet sich wieder an: Es lag vergraben auf dem Friedhof eines kleinen Eifeldörfchens.

Am 10. Oktober, fünf Tage nach dem Überfall, wird Ernst Schluschus, 35, in Gelsenkirchen verhaftet. Er ist wegen Bankraubs vorbestraft.

Einen Tag später faßt die Polizei in München den 36jährigen Ex-Polizisten Gerhard Benoit. Mit 15 hatte er seinen Onkel umgebracht. Nach Verbüßung der Jugendstrafe trat er in den Polizeidienst ein, wurde nach sechs Jahren Dienstzeit zu einem Sonder-Einsatzkommando versetzt. Als der polnische Kardinal Wyszinski im September 1978 die Bundesrepublik besuchte, war Benoit sein Leibwächter.

„Ich hörte einen Schuß und einen kurzen Schrei, und dann schrien die beiden Mädchen, die mit im Raum waren", erinnerte sich später ein Zeuge. Mit einer Kugel im Bein wurde der 19jährige Detlef Becker aus der Sparkasse gebracht und von Ärzten versorgt.

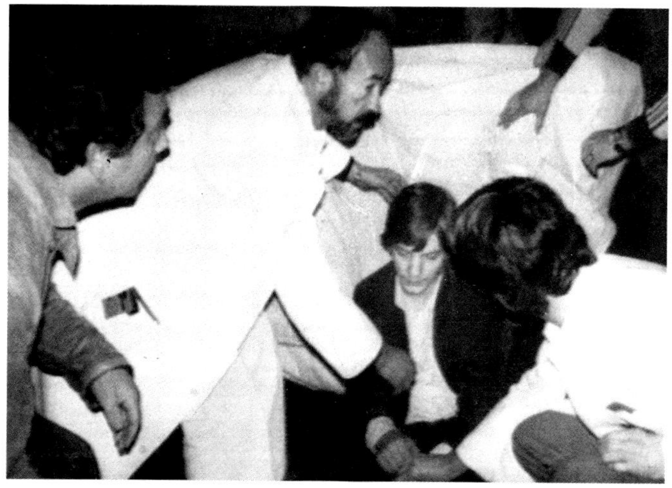

Die Gangster gehen auf Nummer Sicher: Als der Fluchtwagen endlich vor der Tür steht, muß eine der Geiseln mit einer Lacksprühdose die Seitenfenster undurchsichtig machen, damit die Scharfschützen kein Ziel haben. Dann steigen die Täter – die Geiseln als Schutzschilde – ein. Der Peilsender, mit dem das Auto präpariert worden ist, erweist sich schon bald als nutzlos. Das Verfolgerauto mit dem Empfänger an Bord fällt nach wenigen Kilometern aus.

Die Bombe im Frühstück

Durch Gasmasken geschützt, überwältigen Mitglieder des Sonderstabes Geiselnahme (SoGe)

einen der vier polnischen Terroristen, die drei Tage lang die polnische Botschaft in Bern in ihrer Gewalt hielten. Sie hatten gefordert, daß
- **der Kriegszustand in Polen aufgehoben wird;**
- **alle polnischen Gefangenen freigelassen werden;**
- **alle Gefangenenlager aufgelöst werden;**
- **die Repression gegen das polnische**

Volk gestoppt wird. Anderenfalls wollten sie das Gebäude in die Luft sprengen. Den Schweizer Polizisten gelang es mit einem Trick, die 14 Geiseln zu befreien: Sie zündeten eine ferngesteuerte Bombe, die sie im Frühstückskorb für Geiseln und Geiselnehmer versteckt hatten. Dieser Überraschungsangriff leitete die Befreiungsaktion ein.
Der Anführer, der sich als „Oberst Wysocki" bezeichnet hatte, war in Wirklichkeit der vorbestrafte Verbrecher Florian Kryszyk, 42. Er war in Wien zu neun Jahren Freiheitsstrafe verurteilt worden, nachdem er ein Juweliergeschäft überfallen hatte. Nach der Entlassung hatte er in den Niederlanden gelebt, war dann in die Schweiz gereist, um als politischer Flüchtling Asyl zu erhalten. Die Belagerung war nach 72 Stunden beendet.

Orpheus des Klaviers

Als „glückhaften Virtuosen" hat Thomas Mann den 1887 in Lodz geborenen Pianisten Artur Rubinstein genannt. Das polnische Wunderkind, das in Berlin von Joseph Joachim gefördert wurde, machte in Paris als leichtfertiger Lebenskünstler ebenso Karriere wie als Pianist. Der Wettbewerb mit dem knapp zwei Jahrzehnte jüngeren Horowitz zwang ihn dazu, mit seinen Talenten nicht nur zu spielen – so wurde er erst in den reiferen Mannesjahren zum „Orpheus des Klaviers" (Kritiker Joachim Kaiser). Durch seine Chopin-Interpretation – „es gibt keine Grenze zwischen Süße und Sentimentalität, aber man darf sie nicht überschreiten" – wurde er weltberühmt, aber er war kein Spezialist. Vielmehr beherrschte er das gesamte klassisch-romantische Repertoire und dazu die Musik jener, die in seinen jungen Jahren Avantgarde waren. Seine Vitalität, seine Lust am Spiel waren unerschöpflich: Noch als uralter Mann – Greis war er nie – spielte er an einem Abend drei große Klavierkonzerte. In den letzten Jahren hat der Liebhaber des Lebens seine Autobiographie geschrieben, den Schelmen- und Liebesroman eines Künstlers, der über neun Jahrzehnte als Botschafter des Glücks – auch des erkämpften und gewollten – Musik gemacht hat. Er starb, knapp 95jährig, am 21. Dezember.

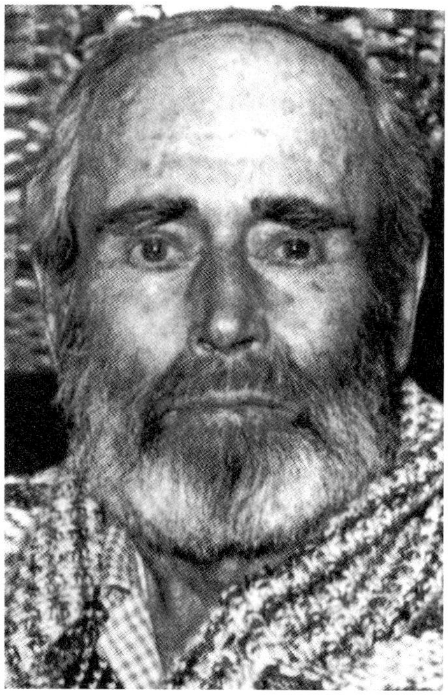

Hank, Held und Verlierer

Für den letzten seiner rund 90 Filme erhielt Henry „Hank" Fonda wenige Wochen vor seinem Tod den Oscar. Er hätte ihn längst vorher verdient gehabt: Für die aufrechten Helden, die er unter seinem Lieblingsregisseur John Ford spielte, oder für den kalten Killer, den er in Sergio Leones Westernabgesang „Spiel mir das Lied vom Tod" (1968) verkörperte.

Der am 16. Mai 1905 geborene Sohn eines Druckereibesitzers schlug sich als Schauspieler Namenlos in Nebenrollen am Broadway durch und machte, in „The Farmer's Wife" für einen erkrankten Kollegen einspringend, Hollywood auf sich aufmerksam. Der hochgewachsene, schlaksige Schauspieler mit den intensiven blauen Augen war selbst im Sieg kein strahlender, sondern ein melancholischer Held – und spielte deshalb auch, vielleicht noch eindringlicher, die Scheiternden und Verlierer wie den blind-herrischen Kommandanten in Fords „Fort Apache" oder Hitchcocks „Falschen Mann", den Musiker Manny Balestrero, der an einem falschen Verdacht zugrunde geht. Politisch kämpfte er, der in Ronald Reagan ein „Grundübel" sah, fürs liberale Amerika. Privat war er schwierig, fast unnahbar. Vier seiner fünf Ehen scheiterten.

Romy – Variationen zu einer Tragödie

Kein Tod hat in diesem Jahr so viele Emotionen ausgelöst und so viele Spekulationen. Kein Tod hat soviel falsche und echte Anteilnahme geweckt, soviel wirkliches und vorgegebenes Leid wie der ihre. Kein Tod hat der europäischen Presse über so lange Zeit hin Schlagzeilen beschert, keiner war so ertragreich für falsche Freunde. Romy Schneider, die am frühen Morgen des 29. Mai 43jährig an Herzversagen starb, hat sich immer gewünscht, nur nach ihrer Arbeit als Schauspielerin beurteilt zu werden. Niemand hat ihr diesen Wunsch je erfüllt. Sogar die Regisseure, mit denen sie arbeitete, haben nicht nur ihr schauspielerisches Talent, sondern ganz gezielt immer auch ihre Liebes- und Leidensfähigkeit eingesetzt. „Ich weiß ja, daß ich nicht schlecht war in schlechten Filmen", schrieb sie einmal einer Freundin. Ihr 60. Film, zugleich ihr letzter, war „Die Spaziergängerin von Sans Souci". Es ist kein sehr guter Film, aber Romy Schneider ist sehr gut darin. Ihre Mutter Magda, um deren Anerkennung Romy oft buhlte, hat das in ihrer gutdotierten Serie „Leb wohl, Romy" zu erwähnen vergessen.

„Begrabt mich nachts, mit Lampions und Fackeln"

Wenn er noch mal 20 wäre, sagte er mit 66, zwei Monate vor seinem Tod, er würde kein bißchen weiser leben: „Die Dummheiten und Fehler, die ich gemacht habe, gehören zu den schönsten Dingen, die mir passiert sind."
Curd Jürgens hat sein Leben zu lustvoll gelebt, um sich hierzulande nicht dem Vorwurf mangelnder Ernsthaftigkeit auszusetzen. Daß er Unterhaltungsjournalisten den Macho-Gentleman machte, den luxusliebenden Bonvivant und virilen Fünffach-Ehemann, ließ die Kulturkritiker auch seine leisen Töne überhören. Sie nahmen den „Koloß auf tönernen Füßen", wie er sich selbst einmal nannte, nicht ernst als „Jedermann" und als lebensmüden Hemingway in Rolf Hochhuths „Tod eines Jägers" und auch nicht als Stefan Heyms DDR-Schriftsteller „Collin". Er war ihnen nicht tief genug, der Halb-Franzose Jürgens. Ein Weltstar, unser einziger neben Romy Schneider, ist er trotzdem gewesen.
In der Nacht auf Freitag, den 18. Juni, ist Curd Jürgens im Wiener Rudolf-Hospital an einer Herzkrankheit gestorben. Es war kein dramatischer Bühnentod. Er sei, sagt Witwe Margie, ganz ruhig eingeschlafen.

So hatte er es sich gewünscht: Um Punkt neun Uhr abends läuteten alle Glocken der fünfzehn evangelischen Kirchen Wiens, in der Aussegnungshalle ertönte das Adagio für Orgel und Streicher von Tomaso Albinoni, die Leiche im Eichensarg trug einen Steirer Trachtensmoking mit altrosa Krawatte, Fackel- und Lampionträger begleiteten den Trauerzug zum Ehrengrab. Curd Jürgens' nächtliche Beerdigung auf dem Wiener Zentralfriedhof lockte ein Trauerpublikum von geschätzten 15 000 Teilnehmern an. In den letzten Monaten, sagte er, auf die Zukunft angesprochen: „Man darf sich nichts vorgaukeln." Er hatte einen Grabstein für sich entworfen; auf schwarzem Marmor sollte die lachende und die weinende Schauspielermaske zu sehen sein. Darunter steht jetzt: „Curd Jürgens. Geb. 13.12.1915 – gest. 18.6.1982".

Kurt Edelhagen

Klassischer Dirigent wollte der Westfale werden, in einer Jazz-Combo begann er als 25jähriger seine Karriere. Unter dem Einfluß von Stan Kenton, Bill Russo und Woody Hermann brachte er den Big-Band-Jazz mit charakteristischen Saxophonklängen nach Deutschland. Er zählte zu den wenigen Großen des europäischen Jazz. 1972 spielte er zur Eröffnung der „heiteren Spiele" in München statt martialischer Märsche fröhliche Swing-Musik. Er starb, 61jährig, am 8. Februar in Köln.

Lee Strasberg

Der in Galizien geborene und im Jahre 1936 naturalisierte Amerikaner war 1930 Mitbegründer des „Group Theatre", bei dem er die Reform-Ideen des Theatergenies Stanislawski aufgriff. 1947 rief er mit Elia Kazan und anderen das „Actor's Studio" ins Leben. Aus der Talentschmiede kamen Marlon Brando, James Dean, Paul Newman, Al Pacino und Marilyn Monroe. Der Mann, der sein Leben „der Förderung von Talenten" widmete, starb am 17. Februar mit 82 Jahren.

Gershom Scholem

Der Sohn eines Druckereibesitzers aus Berlin studierte neben Mathematik und Physik Hebräisch, schloß sich dem Zionismus an, wanderte 1923 nach Palästina aus, wurde in Jerusalem Professor und berühmt durch seine Vorlesungen über „Hauptströmungen der jüdischen Mystik". Von 1968 bis 1974 war er Präsident der Israel Academy of Sciences and Humanities. Der Träger des deutschen Pour-le Mérite-Ordens starb, 84jährig, am 20. Februar in Jerusalem.

Carl Orff

Er war dissonant, aber nicht zu dissonant, rhythmisch ruppig, aber nicht zu ruppig. Der Bayer ließ, um schöpferische Urkräfte zu wecken, Kinder mit Glöckchen, Trommeln, Pauken und Flöten „Schulwerk" üben, holte sich mit den textlich frivolen „Carmina Burana" Weltruhm und Tantiemen, schrieb Märchen („Der Mond"), Weltmärchen („Die Kluge"), Welttheater („Die Bernauerin"), Satyrspiele („Astutuli"). Er starb, 86jährig, am 29. März in München.

Irmgard Keun

Die Fabrikantentochter aus Berlin wurde, eben 20-jährig, mit dem Roman „Gilgi – eine von uns" bekannt, erhielt für „Das kunstseidene Mädchen" von Kurt Tucholsky ein Bewunderungs-„Hurra" und war unter den Nazis persona non grata. Sie lebte in der Emigration und lernte dort den einzigen Mann kennen, der „Wurzeln in meiner Seele" schlug: den Romancier Joseph Roth. Sie lebte dreißig Jahre in der Anonymität, bis 1978 ihren Romanen Spätruhm zufiel. Am 5. Mai ist sie mit 72 Jahren gestorben.

Peter Weiss

Mit der Todesmeldung verlieh ihm die Akademie für Sprache und Dichtung den Büchner-Preis – mit dem leisen, aber strengen, dem tapfer-unbeugsamen Autor der „Ermittlung" (über Auschwitz), der „Verfolgung und Ermordung Jean-Paul Marats" und, vor allem, der „Ästhetik des Widerstands" tat sich der Literaturbetrieb schwer. Vierzig Jahre lebte der bei Potsdam geborene Sohn eines Textilfabrikanten im Stockholmer Exil. Er starb am 10. Mai mit 65 Jahren.

Christian Schad

In der mit dem Dichter-Expressionisten Walter Serner herausgegebenen Zeitschrift „Sirius" veröffentlichte der Oberbayer seit 1915 Holzschnitte. Er war Hauptvertreter des Zürcher Dada. Seit 1918 zeigte er „Schadographien": Photogramme mit „objets trouvés". Von 1920 bis 1925 lebte er in Italien, danach in Wien und Berlin, wo er die Grenzgänger der Gesellschaft malte. Nach dem Krieg malte er Surreales und „magische Bilder". Er starb, 87jährig, am 25. Februar.

Hugo Stinnes jr.

Sein Vater starb als reichster Mann Europas. Als die Söhne 1924 seine 1535 Unternehmen, 2888 Fabriken und 57 Banken übernehmen mußten, ging Edmund mit seinem Pflichtteil in die USA, der jüngere brauchte schon nach einem Jahr Staatshilfe zur Begleichung von Wechselschulden. Unter den Nazis avancierte er zum Wirtschaftsführer. Nach dem Krieg machte er weiter im Kohle- und Schifffahrtsgeschäft, stand wegen fingierter Importgeschäfte vor Gericht und erlebte 1971 den endgültigen Zusammenbruch. Er starb am 10. März mit 84 Jahren.

Walter Hallstein

Die nach ihm benannte außenpolitische Doktrin wertete die Anerkennung der DDR als unfreundlichen Akt. Der Sohn eines Baurats aus Mainz, 1925 in Berlin zum Dr. jur. promoviert, 1929 habilitiert, wurde 1951 Staatssekretär unter Adenauer, 1958 Präsident der EWG-Kommission und legte die Grundlagen eines geeinten Europa. Als er das auch gegen Nationalinteressen durchzusetzen versuchte, wurde er von de Gaulle kaltgestellt. 1972 zog er sich aus der Politik zurück. Er starb, vielfach geehrt, am 29. März mit 80 Jahren.

Herbert Quandt

Als Lehrling stand der Fabrikantensohn aus Pritzwalk an der Spritzgußmaschine, als Erbe der väterlichen Unternehmungen übernahm er einen Konzern, der bei seinem Tod am 2. Juni 1982 rund 70 000 Menschen beschäftigte, 13 Milliarden Mark umsetzte und etwa an zwanzigster Stelle der deutschen Großunternehmen stand. Zur Quandt-Gruppe gehören BMW, Varta und der Pharma-Hersteller Altana. Als der Älteste des Clans mit 71 Jahren starb, hinterließ er ein „wohlbestelltes" Haus.

Rainer W. Fassbinder

In den letzten vierzehn Jahren seines kurzen Lebens hat er 41 Filme gedreht – über Angst, Sehnsucht, Liebe und Tod. Der Arztsohn aus Bad Wörishofen wollte für das Kino sein, was „Shakespeare fürs Theater, Marx für die Politik und Freud für die Psychologie" waren. Selber unruhig, sorgte er für Unruhe, für Aufregung und Empörung, aber nur hierzulande wollten viele nicht wahrhaben, daß er „der faszinierendste, talentierteste, produktivste, originellste junge Filmemacher Westeuropas" war. Der Regisseur starb am 10. Juni. Er wurde 37 Jahre alt.

Alexander Mitscherlich

Ein „arischer" Professor verweigerte ihm die von einem jüdischen Kollegen angenommene Doktor-Arbeit. Er beendete sein geisteswissenschaftliches Studium, geriet mit dem Nazi-Regime in Konflikt, machte 1939 sein medizinisches Staatsexamen und arbeitete als Neurologe in Heidelberg. Zwischen 1960 und 1976 leitete er das Frankfurter Freud-Institut. Er war einer der vehementesten Gesellschaftskritiker, beklagte „Die Unfähigkeit zu trauern" (mit seiner Frau Margarete), war Leitfigur der rebellischen Jugend. Er starb 72jährig am 26. Juni.

Pierre Balmain

Der Franzose aus Savoyen studierte Architektur, wurde seit 1934 von dem Modeschöpfer Molyneux gefördert, arbeitete wie Dior bis Kriegsende zunächst für Lucien Lelong und machte nach 1945 sein eigenes Modehaus auf. 1951 gründete der Verfechter elegant-tragbarer Mode mit dem Ruhm eines „Schneiders der Königinnen" seine erste US-Filiale. 1976 zeigte er zum erstenmal „Prêt-à-porter"-Mode. Der Offizier der französischen Ehrenlegion starb am 29. Juni mit 68 Jahren.

Dieter Borsche

Als der deutsche Film „um die schmerzhaften Wundblasen der Zeit vorsichtig herum" ging, trug der Sohn einer Hannoveraner Musikerfamilie den Rock des Kaplans, den Kittel des Arztes und spielte mal „Die große Versuchung", mal „Königliche Hoheit" (nach Thomas Mann). Setzte er sich in Opas Kino dank nobler Dezenz selbst gegen den Mief der Fünfziger durch, so zeigte er später die Qualitäten des noblen Charakterschauspielers.
Die letzten Jahre verbrachte er wegen Muskelschwund im Rollstuhl. Am 5. August starb er 72jährig in Nürnberg.

Georg Picht

Er war ein Philosoph, der nach den Voraussetzungen rechten Lebens fragte und die Einheit von Metaphysik und Politik anstrebte.
Der Elsässer hatte Altsprachen und Philosophie studiert, wurde 1965 Ordinarius für Religionsphilosophie in Heidelberg, prognostizierte „Die deutsche Bildungskatastrophe" (1964), gab „Studien zur Friedensforschung" (1969) heraus, engagierte sich für den Umweltschutz. Er starb am 7. August mit 69 Jahren.

Franz Grothe

Für rund 70 Filme, vor allem die der UFA, hat der Berliner Kapellmeistersohn die Musik geschrieben – der Absolvent der Musikhochschule zählte zu den verläßlichen Kompositionshandwerkern der Branche.
Und einige seiner Melodien – „In der Nacht ist der Mensch nicht gern alleine" oder „Mitternachtsblues" – haben die Qualität von Evergreens. Er starb, 73jährig, am 12. September nach einem Schwächeanfall.

Glenn Gould

Mit 23 spielte er Bachs Goldberg-Variationen und erspielte sich Weltruhm.
Nach 12 Podiumsjahren wollte er nicht länger „reisender Affe des Betriebs" sein und ertüftelte seine aufregenden Interpretationen nur noch im eigenen Studio, raste prestissimo durch Bachsche Fugen, zerklüftete Sonaten von Beethoven und kultivierte seine Marotten. Das halbe Hundert Platten des am 4. Oktober mit 50 Jahren nach einem Schlaganfall Gestorbenen zählt zu den eindringlichsten Zeugnissen einer nicht domestizierten Interpretationskunst.

Anna Freud

Sie wurde als sechstes Kind des Vaters der Psychologie geboren; sie begann 1923 zu praktizieren, als die väterlichen Lehren heftig diskutiert wurden. 1927 brachte sie ihre bahnbrechende „Einführung in die Technik der Kinderanalyse" heraus.
Den Kindern widmete sie fortan den Hauptteil ihrer Arbeit. Seit 1952 betrieb sie Grundlagenstudien für die Behandlung neurotischer Kinder und Jugendlicher. Die vielfache Ehrendoktorin, Trägerin des österreichischen Ehrenzeichens in Gold, starb am 8. Oktober mit 86 Jahren in London.

Nahum Goldmann

Kurz bevor er am 29. August mit 87 Jahren starb, erkannte der im zaristischen Rußland geborene Zionist und Vorkämpfer des Staates Israel, daß die Regierung seines Landes „das Volk betrogen" hatte. Der studierte Jurist stand an der Spitze der zionistischen Bewegung, wurde in Deutschland in Abwesenheit wegen Hochverrats zum Tode verurteilt, floh auf Umwegen in die USA und wurde 1949 Präsident des Jüdischen Weltkongresses. 1952 führte er, mit Adenauer zusammenarbeitend, die deutsch-jüdische Wiedergutmachung herbei.

Ingrid Bergman

Sie rührte den kalten Agenten Cary Grant in Hitchcocks „Berüchtigt", verzauberte den zynisch-empfindsamen Macho Humphrey Bogart in „Casablanca" und starb für den Kämpfer Gary Cooper in „Wem die Stunde schlägt".
Die Schwedin spielte Leidenschaften und lebte sie. Zum Schluß spielte sie harte Frauen, die Alte Dame von Dürrenmatt oder die herrschsüchtige Mutter in Bergmans „Herbstsonate". Am 29. August, an ihrem 67. Geburtstag, ist sie an Krebs gestorben.

Wladyslaw Gomulka

Der Sohn eines Erdölarbeiters, selber Schlosser, war während des Kriegs Partisan, stieg zum Parteichef auf und übernahm nach dem Krieg bis 1947 den Posten des stellvertretenden Ministerpräsidenten. Nach dem Ausschluß aus der Partei und Jahren der Haft stieg er zum Ersten Sekretär auf und sorgte für eine flexible Politik gegenüber der Bundesrepublik. 1970 überraschte ein Volksaufstand den Parteichef. Er gab sein Amt an Gierek ab, lebte einsam nahe Warschau und starb, 77jährig, am 1. September.

Mario del Monaco

Mit dreizehn Takten machte er — „Esultate" — als Othello alles klar. Da trat schmetternd einer auf, der die Türkenflotte eigenhändig versenkt hatte.
Der Florentiner mit der metallischen Riesenstimme war schon drei Jahre nach seinem Debüt (1941) Star der Mailänder Scala, und eroberte nach dem Krieg vor allem in dramatischen Rollen die großen Bühnen. 1975 zog er sich nach einer „Bajazzo"-Aufführung zurück, am 16. Oktober starb der 67jährige Tenor in Mestre bei Venedig.

Hans Selye

Er war der erste große Arzt, der nach den unspezifischen Reaktionen des Körpers fragte — und ein Phänomen fand, dessen Begriff in allen Sprachen verstanden wird: Streß.
Der aus einer ungarischen Familie stammende Wiener war einer der Pioniere der modernen Medizin und besaß überdies ein Ordinariat für experimentelle Chirurgie. Der Autor von 40 Büchern und 1700 Aufsätzen starb mit 75 Jahren am 16. Oktober.

Louis Aragon

Regierungschef Pierre Mauroy und sieben Minister fanden sich ein, als der einstige Widerstandskämpfer und lebenslange Kommunist zu Grabe getragen wurde. 1927 hatte sich der Dadaist und Surrealist den Genossen angeschlossen, 1953 bejubelte er Stalin als „größten Philosophen aller Zeiten", 1968 akzeptierte er den Sowjet-Einmarsch in die CSSR – den Rang des literarischen Repräsentanten hat das politische Frankreich dem Träger des Lenin-Preises nie abgesprochen. Er starb mit 85 Jahren am 23. Dezember.

ALLIED
CHECKPOINT
CHARLIE
ACHTUNG!
YOU ARE LEAVING
THE
AMERICAN SECTO
SIE VERLASSEN D
AMERIKANISCHE
SEKTOR
US A

Im Anschluß an den Wirtschaftsgipfel von Versailles besuchte US-Präsident Ronald Reagan die Bundesrepublik und – am 11. Juni – Westberlin. Zusammen mit dem Regierenden Bürgermeister Richard von Weizsäcker und Bundeskanzler Helmut Schmidt besichtigte er den Ausländerübergang „Checkpoint Charlie" im amerikanischen Sektor der Stadt.

Neben den alljährlichen Wirtschaftsgipfeln schätzt Helmut Schmidt während seiner Amtszeit als Bundeskanzler auch informelle Treffen mit seinen Amtskollegen im lockeren, manchmal privaten Rahmen. Dabei wurde sein Eigenheim im Hamburger Stadtteil Langenhorn immer wieder zum Treffpunkt mit den Großen der Welt. Betont zwanglos ging es auch am 5. und 6. Januar 1979 bei diesem Treffen auf der französischen Karibik-Insel Guadeloupe zu. Damals war noch James Callaghan britischer Premierminister, Jimmy Carter Präsident der USA und Valéry Giscard d'Estaing Frankreichs Staatspräsident. Ende 1982 war von diesem Quartett keiner mehr im Amt.

Helmut Schmidt „überlebte" sie alle

Versailles, 4./5. Juni 1982: Frankreichs Staatspräsident François Mitterrand ist Gastgeber des achten Weltwirtschaftsgipfels westlicher Industriestaaten. Nur einer ist dabei, der auch schon am ersten Treffen dieser Art im November 1975 teilgenommen hatte: Helmut Schmidt. Damals, auf Schloß Rambouillet bei Paris, waren er und der französische Staatspräsident Valéry Giscard d'Estaing die treibenden Kräfte für eine verstärkte wirtschafts- und währungspolitische Koordination der wichtigsten westlichen Industriestaaten, die infolge der Energiekrise allesamt in Nöten waren. Zunächst war es ein Sechser-Club mit Frankreich, Großbritannien, Italien, Japan, den USA und der Bundesrepublik Deutschland. Beim nächsten Treffen Ende Juni 1976 in Puerto Rico war auch Kanadas Premierminister Trudeau dabei. Nur er „überlebte" außer Schmidt die folgenden Jahre. Aus Großbritannien sah man die Premiers Wilson, Callaghan und Thatcher, aus den USA die Präsidenten Ford, Carter und Reagan; und die politische Spitze Italiens wechselte fast jährlich.

So verkörperte Helmut Schmidt in den Augen der Welt über mehr als acht Jahre ein Stück Kontinuität in der Weltpolitik. In einer Zeit, als andere Staaten mit hohen Inflationsraten leben zu können glaubten, warb er für gemeinsame Stabilitätspolitik. Auf den folgenden Wirtschaftsgipfeln in London (1977), Bonn (1978), Tokio (1979), Venedig (1980) und Ottawa (1981) ging es um währungspolitische Fragen, um Maßnahmen gegen die steigenden Erdölpreise durch gemeinsame Energiesparmaßnahmen und die Aktivierung alternativer Energien sowie in den letzten Jahren zunehmend um eine gemeinsame Sprache in der Nord-Süd-Politik.

Der 1982er Gipfel in Versailles, den Gastgeber Mitterrand mit barockem Pomp ausstaffierte, war vor allem durch zwei Themen geprägt: Die weltweite Handelsoffensive der Japaner und die Hochzinspolitik der USA. Beide Faktoren beeinträchtigen seit Ende der 70er Jahre zunehmend die Binnenwirtschaft anderer Staaten und beschwören protektionistische Maßnahmen als Antwort herauf. Ergebnisse gab es in Versailles jedoch nicht, sieht man von dem Bekenntnis zur Währungsstabilität und einer Stärkung des Internationalen Währungsfonds ab. Nachträglich überschattet wurde dieser letzte Gipfel mit Helmut Schmidt durch die erst anschließend und überraschend von den USA verkündeten Sanktionen gegen westeuropäische Firmen, die Aggregate für die sowjetische Erdgasleitung liefern wollten. Helmut Schmidt vermochte die Amerikaner nicht von diesem Weg abzubringen, zumal sein Verhältnis zu Ronald Reagan nicht das beste war. Erst am Ende seiner Amtszeit gab es Hoffnung auf Besserung des deutsch-amerikanischen Verhältnisses.

Das Blutbad von London

Es war wie immer eine Touristen-Attraktion: die königliche Leibgarde, 16 Mann, auf dem Weg zur Wachablösung im Regierungsviertel Whitehall. An diesem Tag aber, dem 20. Juli, endete das Schauspiel im Londoner Hyde Park auf gräßliche Weise: durch eine Bombe, gespickt mit Hunderten von Zimmermannsnägeln, ausgelöst durch Fernsteuerung. Zwei Soldaten starben an Ort und Stelle, zwei weitere im Krankenhaus. Ein Pferd war sofort tot, sechs andere bekamen den Gnadenschuß. Gut zwei Stunden später spielte die 31-Mann-Kapelle der Elitetruppe „Royal Green Jackets" ein Potpourri aus dem Musical „Oliver" im drei Kilometer entfernten Regent's Park. Da ging eine zweite, noch schrecklichere Bombe hoch und tötete sechs Musiker.

Die Untergrundorganisation IRA, die für einen Anschluß Nordirlands an die Republik Irland kämpft, übernahm die „Verantwortung" für beide Terroranschläge. Einer Lösung des Nordirland-Problems kam die britische Regierung auch in diesem Jahr keinen Schritt näher. Die Wahlen für ein neues, autonomes Parlament in Belfast, von den Katholiken boykottiert, brachten eher neue Unruhe in die Provinz. Die Bevölkerungsmehrheit der Protestanten ist nach wie vor nicht bereit, die Macht mit den Katholiken zu teilen.

Tote Pferde, Blutlachen, Autotrümmer. Am 20. Juli bietet der Londoner Hyde Park ein Bild des Grauens. Hinter einem Baum versteckt, hat ein Mann unerkannt auf den Auslöseknopf einer Fernsteuerung gedrückt. Reiter und Pferde der Leibgarde für Königin Elisabeth II. wirbeln durch die Luft. Zwei Stunden später folgt im Regent's Park der zweite Terroranschlag der irischen Untergrundorganisation IRA. Die beiden Bombenexplosionen in der britischen Hauptstadt fordern acht Menschenleben und über 50 Verletzte.

Pikanterien à la royale

Immerhin 20 Millionen Mark läßt es sich das British Empire alljährlich kosten, die königlichen Puppen für sich tanzen zu lassen. In diesem Jahr konnte der britische Steuerzahler zufrieden sein, haben doch die Windsors ihrem Volk eine Show geliefert, die wahrlich ihr Geld wert war.

Allen voran Prinz Andrew, 22, zweitältester Sohn Königin Elisabeths.
Sein totaler körperlicher Einsatz war beispielhaft: Im Krieg um die Falkland-Inseln kämpfte „Randy Andy" (der geile Andy) an vorderster Front, vornehmlich sein Sturmangriff auf die zur Truppenbetreuung eingeflogene weibliche Tanzgruppe „Dreams" wird in die Annalen der königlichen Marine eingehen. Nach 166 Tagen aufreibenden Kriegsdienstes ließ sich der ermattete Held der Nation so richtig verwöhnen von Kathleen („Koo") Stark, 25, einer aufregenden Schönen mit Mandelaugen und dunklem Wallehaar. Höhepunkt der Love-Affair war ein Kurz-Urlaub in Tante Margarets berühmt-berüchtigtem Liebesnest auf der Karibikinsel Mustique. Honni soit qui mal y pense — wenn da nicht die BBC in ihren TV-Abendnachrichten Ausschnitte aus dem acht Jahre alten Soft-Porno „Emily" gezeigt hätte, mit der Prinzengespielin in der Titelrolle. Ganz Eng-

land konnte so an Andrews Baum der Lüste mitnaschen, verfolgen, wie von der wohlproportionierten Gestalt des Sexstars nach und nach die Straps und Hüllen fielen und wie Koo mit Lesbierin Augustine unter die Dusche ging. Da half auch der ernüchternde Kommentar des „Daily Mirror" wenig („Der Streifen ist sexuell so anregend wie Teebeutelreklame"), „Emily" wurde zum Video-Hit (Preis 172 Mark) in Großbritannien. Königin Elisabeth II. zeigte sich entsetzt, obwohl ihre Bettgeschichte erst knapp vier Monate zurücklag und die Nation unvergleichbar mehr erschütterte: Der arbeitslose Anstreicher und Hundefreund Michael Fagan hatte es in erheblich beschwipstem Zustand geschafft, in den frühen Morgenstunden des 9. Juli bis zum Schlafgemach der Monarchin vorzudringen und sich an der königlichen Bettkante niederzulassen. Sein Geständnis vor dem Haftrichter, die vollreife Herrscherin habe den Körper einer Zwanzigjährigen, vernahmen die Briten mit Staunen, war ihnen die Königin bislang auf offiziellen Schlafzimmerfotos nur als Dame im hochgeschlossenen Flanell bekannt. Fagan landete in der Heilanstalt, das Wachpersonal wurde um 138 Beamte auf 308 Mann erhöht. Künftige Bettvisiten bei Windsors sind dennoch nicht auszuschließen: Dem Eliteregiment „SAS", dem britischen Gegenstück zur deutschen GSG 9, gelang es „nur mal so auf Probe" innerhalb einer Woche fünfmal, unbemerkt in den Buckingham-Palast einzudringen.

Williams erster Auftritt

Er dauert genau 46 Minuten. Im Musikzimmer des Buckingham-Palastes tauft Dr. Robert Runcie, Erzbischof von Canterbury, den zukünftigen König der Briten feierlich auf den Namen William Arthur Philip Louis. Als Prinz von Wales und Herzog von Cornwall wird er über ein steuerfreies Einkommen von 2,5 Millionen Mark verfügen können. Ihm werden 51 816 Hektar Land und 171 landwirtschaftliche Betriebe gehören. Rosige Aussichten für den Stammhalter der Windsors, der hier an den Fingern seiner Mutter lutscht.

Elisabeth thront auch in der Südsee

Fern aller Familienzwistigkeiten erholt sich die britische Landesmutter im Südseestaat Tuvalu. Bei der Ankunft der königlichen Yacht „Britannia" lag ein blumengeschmücktes Kanu bereit, dessen reich verzierte Besatzung die Königin an Land schipperte. Auch das Abendmahl war exotisch: gekochte Amseln und Fledermäuse vom Grill.

Ein Toter trug Uniform

Er war gekleidet wie ein General und saß hinter einem Glasfenster. Am Tag sahen 20 000 Menschen zu, wie er durch die Straßen der Stadt Lobamba getragen wurde. Nachts aber legte man ihn an einem geheimen Ort ins Grab. König Sobhuza II., seit 1921 Herrscher über den kleinen afrikanischen Staat Swaziland, war im Alter von 83 Jahren gestorben.
Er war der am längsten regierende Monarch dieser Welt. Nun wird das Land für etliche Jahre von der Königinmutter regiert – denn der Nachfolger, Prinz Makhosemvlo, ist ganze elf Jahre alt.

Beim Staatsbesuch in Großbritannien im November fiel der starre Gesichtsausdruck von Prinz Claus auf. Neben seiner Frau, der holländischen Königin Beatrix, und dem Londoner Oberbürgermeister Christopher Leaver saß er in sich zusammengesunken mit verkrampften Händen auf einem kleinen Stühlchen. Der Mann, dessen Frau über ihn und ihr Volk herrscht, leidet an tiefen Depressionen.

Das seelische Leid des Prinzgemahls

Auch gekrönte Häupter werden von Krankheiten nicht verschont. Schlagzeilen allerdings machte das Leiden von Prinz Claus, dem gebürtigen Deutschen und Ehemann der holländischen Königin Beatrix. Der 56jährige Prinzgemahl mußte sich mit schweren Depressionen in die Behandlung des Baseler Psychiaters Professor Paul Kielholz begeben.
Schwermut, das ist beileibe keine Krankheit der Reichen, Gelangweilten, die nichts anderes zu tun haben, als sich ausschließlich mit sich selbst zu beschäftigen. Etwa 150 Millionen Menschen – so schätzt die Weltgesundheitsorganisation WHO – sind depressiv, im armen Kalkutta und anderen Orten der Dritten Welt genauso wie im reichen Dallas. Es gibt viele Auslöser für diese seelische Krankheit: körperliche Leiden, hormonelle Veränderungen in der Pubertät oder den Wechseljahren, Verlust des Partners oder auch Ärger im Beruf. Auf Prinz Claus mag das letzte zutreffen. Seitdem seine Frau vor zwei Jahren zur Königin der Niederlande gekrönt wurde, steht er noch mehr im Schatten der energischen Beatrix. Sie war es auch, die ihn, kaum war er etwas gefestigt, aus der Klinik holte und auf einen Staatsbesuch nach England mitschleppte. Der Rückfall kam prompt. Die Heilung seiner tiefen Depression wird Jahre dauern – wenn sie überhaupt gelingt. Nur für die Weihnachtstage 1982 durfte Prinz Claus die Baseler Universitätsklinik verlassen.

Im Pavillon der Psychiatrischen Uniklinik Basel wird Prinz Claus mit Antidepressiva behandelt, die seinen Gemütszustand aufhellen sollen. Später muß er in Gesprächen mit dem Arzt die Ursache seiner Depressionen herausfinden.

Dreck im Öl

Hubschrauber 222292 kehrte um. Der Pilot teilte über Funk mit, daß er seine Passagiere, 39 Fallschirmspringer aus vier Ländern, zum Flugplatz Mannheim zurückbringen wolle. Plötzlich hörte der Präsident des Badisch-Pfälzischen Luftsportvereins, Karl Schreckenberger, „einen Knall wie einen Böllerschuß". 10 000 Zuschauer der „Internationalen Luftschiffertage" sahen, wie sich in 500 Meter Höhe die neun Meter langen Blätter vom hinteren der beiden Hauptrotoren lösten und der zentnerschwere Getriebeblock herausbrach. Der Boeing-Hubschrauber vom Typ CH-47 „Chinook" fiel antriebslos zu Boden. Fünf Fallschirmsportler versuchten noch, die stürzende Maschine zu verlassen, aber ihre Schirme öffneten sich nicht mehr.

Hubschrauberabsturz

Der Hubschrauber zerbarst in einem gewaltigen Aufschlagbrand auf der Autobahn Mannheim-Heidelberg. Alle 46 Insassen waren tot. Beim einzigen Großhubschrauber der westlichen Welt mit zwei hintereinanderliegenden Hauptrotoren ist Vorsorge gegen Ausfall einer der Antriebsturbinen getroffen: Versagt die eine, treibt die andere über ein Sammelgetriebe beide Rotoren an.
Notfalls kann der „Chinook" durch „Autorotation" ohne jeden Antrieb notlanden.
Doch bei der Untersuchung des Wracks wurden Fremdkörper im Ölkreislauf des Sammelgetriebes gefunden.

Der endlose Krieg am Golf

Einer von ihnen schwingt die Fahne, ein anderer ballt die Faust, ein dritter spreizt zwei Finger zum Siegeszeichen — iranische Soldaten marschieren an die Front. Seit über zwei Jahren tobt ein erbitterter Grenzkrieg gegen den Nachbarstaat Irak. Sah es anfangs noch danach aus, als könnte den technisch besser ausgerüsteten Truppen Bagdads ein schneller Sieg gelingen, so wendete sich 1982 das Blatt. Zum ersten Mal überschritten die Soldaten des Ajatollah Khomeini den Grenzfluß Schatt el-Arab, standen nacheinander vor den irakischen Städten Basra und Mandali. Der entscheidende Schlag, um Präsident Saddam Hussein zu stürzen, gelang den Persern jedoch nicht.

Auf einem Erdwall in der Wüste liegen gefallene Iraker. Ein persischer Soldat sieht nach, ob unter den Toten auch Landsleute sind. Die Verlustziffern beider Seiten waren wie immer völlig widersprüchlich. Sicher aber ist, daß die Iraker eine der wichtigsten Waffen des Iran unterschätzt hatten: den fanatischen Kampfgeist von Jugendlichen, die freiwillig für die islamische Revolution an die Front gingen. Sie waren zwölf, vierzehn oder sechzehn Jahre alt und folgten der Losung von Ajatollah Khomeini: „Zieh in den Krieg – und du bist auf Allahs Weg!" Von Mullahs vor dem Einsatz aufgepeitscht, rannten sie mit Koransprüchen auf den Lippen in Minenfelder oder ins Feuer des Feindes.

**An Kränen aufgehängt, werden Regime-Gegner den Bürgern der iranischen Stadt Hamadan zur Abschreckung vorgeführt. Die Revolutionswächter des Ajatollah Khomeini auf den Dächern und in den Fenstern halten die Menge unter Kontrolle. Ein grausames Dokument persischer Justiz, mit einer Kleinkamera heimlich fotografiert und aus dem Land geschmuggelt.
In dem Maße, wie die Revolutionsbegeisterung schwand, wuchs im Volk der Widerstand gegen die Mullah-Diktatur.**

**Doch noch immer gelang es der Regierung, für Massenversammlungen Zehntausende auf die Beine zu bringen. Beim dritten Jahrestag der Revolution marschierten bewaffnete Geistliche, Kriegsveteranen, Invaliden und Kinder gemeinsam durch die Straßen von Teheran.
Sie traten demonstrativ auf eine ausgebreitete US-Flagge – Amerika ist nach wie vor Feind Nummer eins.**

Die Untergangspropheten im Westen sollten unrecht behalten. Häufig hatten sie orakelt, das Khomeini-Regime im Iran werde bald zusammenbrechen – durch wirtschaftliche Schwierigkeiten, innere Zerwürfnisse oder einen Putsch des Militärs. Doch je länger die Mullahs im Iran regierten, desto mehr gelang es ihnen, ihre Position zu stabilisieren. Gewiß, es gab weiterhin Massenhinrichtungen. Seit dem Sturz des Schah sind offiziell fast 2000, nach inoffiziellen Berichten über 20 000 Menschen liquidiert worden. Doch noch immer konnte die charismatische Figur des greisen Khomeini Millionen von Anhängern, vor allem aus den sozialen Unterschichten, für sich begeistern. Der Rest verhielt sich passiv und apathisch. Den bewaffneten Kämpfern der „Volksmudschaheddin" gelang es nicht, eine breite Oppositionsbewegung hinter sich zu bringen – mit Ausnahme von Kurdistan, wo das uralte Streben nach Autonomie ein Zweckbündnis von Guerilleros unterschiedlicher Couleur zustande gebracht hat. Die persische Opposition im Exil ist tief zerstritten. Zudem hat sich die Wirtschaft des Landes stabilisiert – zwar auf einem niedrigeren Niveau, aber deutlich erholt gegenüber den ersten zwei Jahren nach Khomeinis Machtübernahme. Ölproduktion und -exporte stiegen an – nicht zuletzt dank einer Preis- und Mengen-Politik, bei der auf die Absprachen des Ölkartells OPEC keine Rücksicht genommen wurde. Ausländische Experten sind wieder willkommen. Selbst Großinvestitionen, nach dem Schah-Sturz verworfen, werden in Angriff genommen. Die vorläufige Wende im Krieg gegen den Irak hat der islamischen Revolution zusätzlichen Auftrieb gegeben.

Gemüse auf der Müllhalde

Da werden sie weggekippt, die Tomaten. Die roten Früchte aus Frankreich fanden keinen Abnehmer in einem EG-Land. Italien, der größte Tomatenesser der Europäischen Gemeinschaft, importierte nämlich die billigere Ware als Tomatenmark aus Griechenland. Also konnte Frankreich seinen Überschuß nur noch verfaulen lassen. „Ich lebe lieber in einem Land, wo wir zuviel zu essen haben, als dort, wo es zuwenig gibt", sagt Landwirtschaftsminister Josef Ertl. Zuviel – im wahrsten Sinne des Wortes: In der Europäischen Gemeinschaft – in der jährlich 43 Millionen Tonnen Obst und Gemüse gegessen werden – verrotteten 1982 allein 700 000 Tonnen Äpfel, 200 000 Tonnen Pfirsiche, 32 000 Tonnen Zitronen und 20 000 Tonnen Tomaten. Auf der Müllhalde.

Rückzug im Tumult

Mit Schaumlöschern ist Israels Armee gegen radikale jüdische Siedler in der Sinai-Stadt Jamit vorgegangen. Rund 1200 von ihnen hatten sich bis zuletzt gegen die vorgesehene Räumung der Häuser gewehrt. Doch am 25. April, so war es im Camp-David-Abkommen vorgesehen, mußte Israel die gesamte Wüsten-Halbinsel, die es 15 Jahre besetzt gehalten hatte, an Ägypten zurückgeben. Die Juden taten es zähneknirschend: 17 Milliarden Dollar hatten sie auf dem Sinai investiert, für zwei Städte, 17 Dörfer, 1200 Kilometer Landstraßen, Hotels und Ferienzentren. Nun ließen sie fast nichts, wie es war. Häuser, Werkstätten, Wasseranlagen, Strom- und Telefonleitungen brachten sie nach Israel. Die Stadt Jamit wurde dem Erdboden gleichgemacht.

Ein Land kämpft gegen die Welt – und mit sich selbst

Israel hat zwei Gesichter. Das eine ist das Gesicht eines machtbewußten Landes, das seine Interessen brutal und rücksichtslos durchsetzt – notfalls sogar gegen den Hauptverbündeten USA. Das andere ist das Gesicht eines Staates, der auch 34 Jahre nach seiner Gründung noch um sein Selbstverständnis ringt. 1982 zeigte Israel seine Doppelgesichtigkeit besonders deutlich. Im besetzten Westjordanland, wo 700 000 Palästinenser leben, gingen die Juden mit undiplomatischer Härte gegen angebliche Sympathisanten der Palästinensischen Befreiungsorganisation PLO vor. Vier gewählte Bürgermeister entfernten sie kurzerhand aus ihren Ämtern. Zugleich bekräftigte die Regierung, Judäa und Samaria – wie Jerusalem das Gebiet offiziell nennt – bleibe für ewig bei Israel. Immer neue Siedlungen wurden gebaut, die Zahl der einwandernden Juden soll bis auf 80 000 steigen. Damit will Israel vollendete Tatsachen schaffen. Eine bescheidene Autonomie unter israelischer Oberhoheit ist das einzige, was Jerusalem den Palästinensern zugestehen will. Dabei treibt die unnachgiebige Haltung viele Palästinenser fast zwangsläufig auf die Seite der PLO, die für die Araber im Westjordanland das volle Selbstbestimmungsrecht fordert. Im Innern freilich war Israel lange nicht der monolithische Block, als der das Land seinen vielen Feinden gegenübertrat. Das Schicksal der Fluggesellschaft „El Al" („Aufwärts") zeigte die innere Zerrissenheit eines Landes, in dem nationale und religiöse Gruppen sich oft bitter befehden. Einst unter den führenden Fluglinien der Welt, geriet das mehrheitlich staatliche Unternehmen in letzter Zeit immer mehr in die roten Zahlen. Einerseits flog „El Al" aus politischen Gründen unrentable Strecken, andererseits stiegen die Kosten für das auf 5000 Leute gewachsene Personal ins Astronomische. 68 meist wilde Streiks in den vergangenen zehn Jahren trieben „El Al" dem Ruin entgegen. Als dann die Religiös-Orthodoxen in der Regierung von Ministerpräsident Begin auch noch ein Gesetz durchbrachten, das der Fluglinie den Betrieb am Sabbat und an allen jüdischen Feiertagen untersagte – da lösten die Aktionäre das Unternehmen kurzerhand auf. Nur 280 Flugtage, so rechneten sie, wären nach Verabschiedung des Gesetzes im Jahr noch übriggeblieben – zu wenig, um zu überleben.

Arabische Kinder und Jugendliche demonstrieren im besetzten Westjordanland. Sie zeigen die PLO-Flagge und spreizen die Finger zum Siegeszeichen. Der ständige Ausbau jüdischer Siedlungen vertiefte die Kluft zur palästinensischen Bevölkerung. Eine Rückgabe des Gebietes, wie des Sinai, kommt für die israelischen Besatzer nicht in Frage.

Erst angeschlagen, dann gestärkt: Israels Ministerpräsident Menachem Begin. Der 68jährige, herz- und hüftkranke Politiker überstand nur mit Mühe einen Mißtrauensantrag der Opposition. Ein Stimmenverhältnis von 58:58 ermöglichte es ihm, weiter im Amt zu bleiben. Doch nach der Libanon-Invasion erreichte seine Popularität einen neuen Höhepunkt.

Streikende Angestellte der israelischen Fluggesellschaft „El Al" verweigern orthodoxen Juden den Zutritt zum Flughafen von Tel Aviv. Sie protestieren damit gegen ein von den streng Religiösen in der Regierung erzwungenes Gesetz, das „El Al" die Arbeit am Sabbath und an allen jüdischen Feiertagen verbieten soll. Kurz darauf wird das einst renommierte, inzwischen tief verschuldete Unternehmen aufgelöst.

Schwarze Kunst-Stücke

Schon als Kind fühlte er sich von dunkelhäutigen Menschen magisch angezogen, später hatte er nur exotische Freunde. Seine erste farbige Geliebte schließlich stellte die Diagnose: „Junge, du hast das Urwaldfieber." Denn der Franzose Jean-Paul Goude sammelt kaffeebraune Mädchen. In seinem Bildband „Jungle Fever" hat er nun seine schwarze Besessenheit ausgebreitet. Zunächst verliebt er sich in seine Sammler-Objekte, dann formt er sie um. Er rückt ihnen mit Zeichenstift, Pinsel, Gips und Fotoapparat auf den Leib. Mit raffinierten Tricks hilft er nach, wo die Natur seinem Ideal nicht entspricht. So auch bei Fotomodell Carolina. Die tolle Kurve, auf der sie ein Champagnerglas balanciert, hat Mädchenformer Goude nachträglich ins Foto gepinselt.

Vor den bundesdeutschen Arbeitsämtern drängen sich wie hier in Hamburg schon Stunden vor Dienstbeginn erwerbslose Männer und Frauen, die auf einen Job hoffen. Weihnachten 1982 waren über zwei Millionen Bundesbürger erwerbslos. Und ihre Aussichten, wieder eine Stelle zu finden, sind gering. Alle Prognosen lassen eine weitere Zunahme der Arbeitslosigkeit befürchten.

Um 8 Uhr öffnet sich das Eisentor vor dem Hamburger Arbeitsamt. Die Stellungsuchenden stürmen auf ausgelegte Listen zu. Wer zu den ersten gehört, die dort ihre Namen eintragen, braucht nicht stundenlang auf seine Abfertigung zu warten und hat eine kleine Chance, eine der wenigen Stellen vermittelt zu bekommen, für die noch jemand gesucht wird.

In der ganzen Welt wurde die Arbeit knapp

Im Jahr 1982 ging ein Alpdruck um die Welt und wurde von Monat zu Monat stärker: Massenarbeitslosigkeit. Fließbänder standen still. Firmen brachen zusammen. Schuldner stellten ihre Zahlungen ein. Wie schon einmal Ende der zwanziger Jahre ist auch zu Beginn der achtziger Jahre dieses Jahrhunderts das Leben der Völker von einer Weltwirtschaftskrise bedroht.

In der Bundesrepublik Deutschland erreichte die Arbeitslosenzahl mit über zwei Millionen den bislang höchsten Stand. Für 1983 wird ein Ansteigen auf zweieinhalb Millionen erwartet. Düstere Prognosen halten es für möglich, daß 1984 sogar drei Millionen Bundesdeutsche stempeln gehen müssen. Dabei entsteht gerade in den nächsten Jahren durch den Schulabgang der Angehörigen geburtenstarker Jahrgänge jährlich ein zusätzlicher Bedarf an rund 100 000 Ausbildungs- und Arbeitsstätten.

Die durchschnittliche Arbeitslosenquote in den Ländern der westlichen Welt lag Ende des Jahres mit rund zehn Prozent noch um drei Prozent höher als in der Bundesrepublik. In den USA wurde mit annähernd elf Prozent die höchste Erwerbslosenzahl seit 40 Jahren erreicht. Die amerikanische Autostadt Detroit mußte einen „Hungernotstand" ausrufen, weil ein Viertel ihrer Einwohnerschaft wegen der Massenarbeitslosigkeit in schwere wirtschaftliche Bedrängnis geraten ist. Nach Schätzungen des US-Repräsentantenhauses sind inzwischen mehr als zwei Millionen Amerikaner durch die Wirtschaftskrise obdachlos geworden.

Auch in den sozialistisch regierten Ländern Osteuropas spitzte sich die Beschäftigungslage dramatisch zu. Zwar gibt es nicht wie im Westen lange Schlangen Jobsuchender vor den Arbeitsämtern, aber die staatlichen Betriebe haben zunehmend Schwierigkeiten, ihre Beschäftigten produktiv einzusetzen. Hochqualifizierte Facharbeiter werden wegen Materialmangels zu Hilfsarbeiten wie Hoffegen abkommandiert. Die DDR schiebt immer häufiger ältere Arbeitnehmer auf überflüssige Büroposten ab, auf denen sie die Zeit bis zum Rentenalter absitzen, ohne der Volkswirtschaft noch nennenswerte Dienste zu leisten.

Während „freigestellte" Arbeitskräfte in den westlichen Industriestaaten durch Unterstützungszahlungen und in den Ostblockländern durch Scheinbeschäftigungsverhältnisse zumeist vor einer Hungerexistenz bewahrt bleiben, hat die steigende Massenarbeitslosigkeit in den Ländern der Dritten Welt zu einer weiteren Massenverelendung geführt. In den Randgebieten der großen Städte wachsen die Slums eines neuen Hungerproletariats. Kleinbauern verlieren ihre Existenz durch Agrarkonzerne, die riesige Landgebiete aufkaufen und mit ihren Maschinen ausbeuten. In Afrika, Asien und Südamerika leiden heute schätzungsweise eine halbe Milliarde Menschen, ein Achtel der Weltbevölkerung, wegen Beschäftigungsmangels an Unterernährung.

Die Ursachen der Weltwirtschaftskrise sind vielfältiger und bedrohender als die aller vorangegangenen Rezessionen. Schon Mitte der siebziger Jahre kündigte sich die Krise an. Das plötzliche Steigen der Ölpreise und die dadurch ausgelöste Verteuerung der meisten Industriegüter stoppte abrupt die nach dem Zweiten Weltkrieg in vielen Ländern erreichte Vollbeschäftigung mit der damit verbundenen wirtschaftlichen Blüte. Zum erstenmal in der Geschichte der Menschheit zeichnete sich ein Zuendegehen der Rohstoffreserven ab, deren schnelle Ausbeutung das übersteigerte Wirtschaftswachstum der vergangenen Jahrzehnte überhaupt erst ermöglicht hatte.

Hinzu kam, daß sich die Erdbevölkerung innerhalb weniger Jahre auf vier Milliarden Menschen verdoppelte (und innerhalb der nächsten vier Jahrzehnte voraussichtlich noch einmal verdoppelt), während gleichzeitig die Zahl der verfügbaren Arbeitsplätze infolge von Rationalisierung und Automation rapide zurückging und noch immer weiter zurückgeht. Schon werden in den Automobilfabriken die Karosserien nicht mehr von Menschen, sondern von Industrierobotern geschweißt und lackiert. Schon gibt es vollautomatisch arbeitende Stahlwerke, an deren Walzstraßen Arbeiter nur noch gelegentlich zu Wartungs- und Reparaturarbeiten auftauchen. Schon ermöglichen Mikroprozessoren die Massenfabrikation nahezu aller denkbaren Industriegüter ohne menschliche Arbeitskraft. Es gilt die beklemmende Faustregel, daß die moderne Automation mit jedem Arbeitsplatz, den sie schafft, bis zu fünf andere überflüssig macht.

Ohne schärfste Rationalisierungsmaßnahmen sind wiederum viele Betriebe auf dem Weltmarkt gegenüber Billiganbietern beispielsweise aus Japan nicht mehr konkurrenzfähig. Der Druck auf die Preise und damit auf die Wirtschaftlichkeit der Unternehmen ist so groß geworden, daß selbst Riesenkonzerne wie AEG-Telefunken oder ARBED-Saarstahl 1982 in die Gefahr eines Zusammenbruchs gerieten. Für 11 830 Firmen in der Bundesrepublik war die Pleite 1982 nicht mehr aufzuhalten. Ihr Konkurs kostete 32 800 Arbeitsplätze.

Jeder verlorene Arbeitsplatz bedeutet dabei Gefahr für weitere Arbeitsplätze. Der Verlust eines Arbeitsplatzes hat in der Regel schwere Kaufkrafteinbußen für eine ganze Familie zur Folge. Weniger Kaufkraft bedeutet weniger Umsatz für Handel, Handwerk, Landwirtschaft und Industrie. Weniger Umsatz wiederum führt in diesem Teufelskreis der Ursachen zu mehr Arbeitslosigkeit.

Patentrezepte gegen die weltweite Beschäftigungskrise sind im vergangenen Jahr Politikern und Wirtschaftstheoretikern nicht eingefallen. Weder im konservativ regierten Großbritannien der Margaret Thatcher (13 Prozent Arbeitslose) noch im Frankreich des Sozialisten François Mitterrand (neun Prozent Arbeitslose) gelangen Anfang der achtziger Jahre überzeugende Erfolge im Kampf gegen die Massenarbeitslosigkeit. Die Regierung Schmidt/Genscher wurde mit dem Problem nicht fertig. Und auch die Nachfolgeregierung Kohl/Genscher erweckte in den ersten Monaten ihrer Amtsführung nicht den Eindruck, die Arbeitslosigkeit in absehbarer Zeit durch Vollbeschäftigung ersetzen zu können. Tatsächlich ist die Wirtschaftsmisere so kompliziert, daß ihr nur durch ein Bündel von Lösungen, abgestimmt auf die unterschiedlichen Bedingungen der Volkswirtschaften, beizukommen ist. Arbeitsminister Norbert Blüm rief in einer so hilflos wie ehrlich wirkenden Rede das ganze Land dazu auf, alle Lösungsvorschläge „auf den Tisch zu legen", jede Idee könne nützlich sein. Eine Menge Einfälle müssen auch her, um auf dem Arbeitsmarkt wieder erträgliche Verhältnisse schaffen und das Gespenst einer wirtschaftlichen Katastrophe zu bannen.

Da eine Rückkehr zur Hochkonjunktur der Aufbaujahre nach dem Krieg nicht zu erwarten ist, wird man in den westlichen Industriestaaten außer über Investitionsprogramme und Beschäftigungspläne nicht zuletzt auch darüber nachdenken müssen, wie sich die Arbeit gerechter verteilen läßt, wenn sie weiterhin so knapp bleibt. Die Evangelische Kirche Deutschlands forderte in einem vielbeachteten Appell eine „Solidargemeinschaft von Arbeitslosen und Arbeitenden" mit dem Ziel, daß die Noch-Beschäftigten den Erwerbslosen einen Teil ihrer Arbeit abgeben. Die Gewerkschaften setzten sich für eine Kürzung der Wochen-, Jahres- oder Lebensarbeitszeit ein, um so Arbeitsplätze zu schaffen.

Die Bereitschaft, weniger zu arbeiten und den Sinn des Lebens auch woanders als im Beruf zu suchen, ist unter all jenen besonders groß, die sich ihren Lebensunterhalt durch körperlich besonders schwere oder stupide Arbeit verdienen müssen. Schon 1978 erklärten bei einer Repräsentativumfrage der Europäischen Gemeinschaft 51 Prozent der befragten Arbeitnehmer, mehr Freizeit wäre ihnen lieber als mehr Lohn. Und nach einer Umfrage des Hamburger Sample-Instituts ist nahezu jeder zweite Bundesdeutsche bereit, durch eigene Opfer zur wirtschaftlichen Gesundung seines Landes beizutragen.

Vor einer Schnellvermittlungs-Dienststelle des Dortmunder Arbeitsamts kampieren mit Schlafsäcken schon mitten in der Nacht Männer, die für den nächsten Tag auf einen Gelegenheitsjob hoffen. Wer Glück hat, kommt dann für ein paar Stunden im Gleisbau, als Lagerarbeiter oder Möbeltransporteur unter. Aber auch das Angebot an Gelegenheitsjobs, das lange Jahre größer war als die Nachfrage, hat 1982 stark nachgelassen. Dortmund wurde infolge der Stahlkrise, der Absatzschwierigkeiten im Kohlenbergbau und der Rationalisierung in Büros und Verwaltungen mit über 13 Prozent Erwerbslosen zur westdeutschen Hauptstadt der Arbeitslosigkeit.

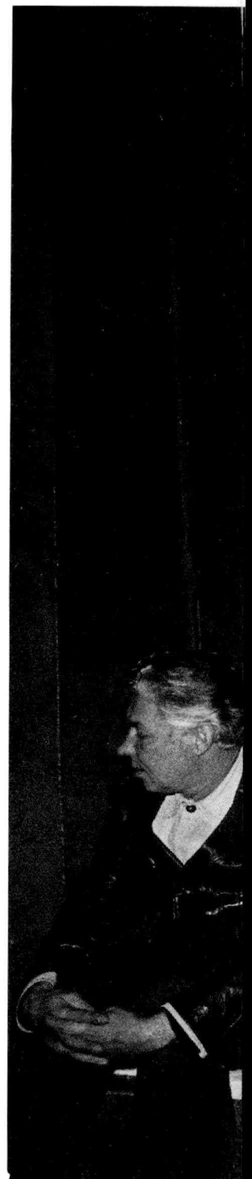

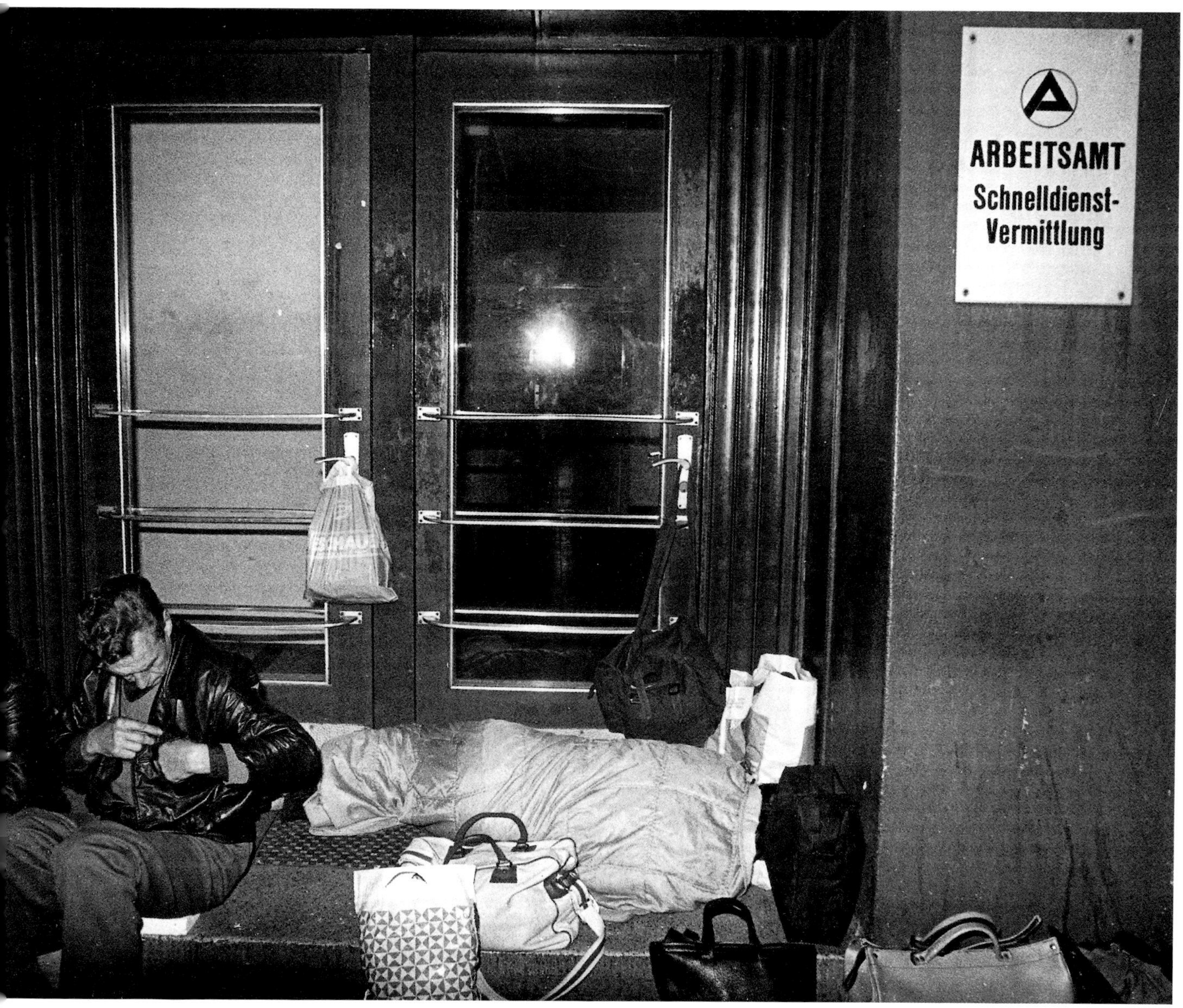

Durch Hungerstreiks und Betriebsbesetzungen versuchte die Belegschaft der Drahtzieherei Georg Heckel in Saarbrücken-Burbach eine Stilllegung des Werks zu verhindern. In Schlafsäcken harrten Arbeiter selbst nachts an ihren Maschinen aus. Die Drahtzieherei, in der 1981 schon mehrfach die Produktion angehalten wurde, soll wegen mangelnder Rentabilität geschlossen werden. Sie ist eine Tochtergesellschaft des Saarstahl-Konzerns ARBED, der mit seinen rund 20 000 Beschäftigten tief in den roten Zahlen steckt. Insgesamt 11 830 Firmen machten vergangenes Jahr in der Bundesrepublik Pleite. Durch ihre Schließung gingen 32 800 Arbeitsplätze verloren.

Eine Lanze für Parsifal

Am 25. Juli wurde bei den Bayreuther Festspielen Richard Wagners letztes Werk, das Bühnenweihfestspiel „Parsifal" – Regie: Götz Friedrich, Dirigent: James Levine – herausgebracht. Es war die Jubiläumsaufführung zum 100. Geburtstag des Stücks, das für Wagnerianer ein szenisches Hochamt ist, für die Feinde des Komponisten eine gefährliche Droge aus Weihrauch und Eros und für die Musiker eines ganzes Jahrhunderts eine Keimzelle des modernen Orchesterklangs. Den Kontrapunkt zu den Aufführungen landauf, landab – in Bern brachte Rolf Liebermann, in Frankfurt Ruth Berghaus das Werk heraus – setzte der Regisseur Hans-Jürgen Syberberg mit einer Film-Oper, in der die riesige Nachbildung von Wagners Totenmaske die Kulisse abgab. Syberberg ließ seine Darsteller – Glanzpunkt: Edith Klever als Kundry – lippensynchron zu den Sängern agieren und setzte ansonsten Wagner mit anderen Mitteln fort. Die Film-Oper singt die Melodie der unbewältigten Wagner-Rezeption, und die steht für die unbewältigte deutsche Geschichte. Aus der zitiert Syberberg ein wüst-wildes Bilderpanorama vor die Augen der Hörer/Zuschauer: Kultur-Ruinen und Kriegs-Trümmer, Genies und Gespenster.

Eine Schädelstätte fürs Erlösungsdrama 15 Meter lang, 9 Meter breit und 4,50 Meter hoch ist die exakte Nachbildung von Wagners Totenmaske. Auf und in diesem 40 Tonnen schweren Kolossal-Kopf läßt Regisseur Hans-Jürgen Syberberg die Geschichte von der ahnungslosen Unschuld und dem mitleidenden Wissen des reinen Toren spielen. Der verrätselten und doch perfekt durchkonstruierten Assoziationskette der Film-Oper kann nur folgen, wer in einem Kunstwerk vor allem eine Denk-Aufgabe sieht. In Bayreuth verkörperte Peter Hofmann, einst Zehnkämpfer, heute Mädchenschwarm, Bentley- und Motorradfahrer, den tumben Helden. Den Schwan, den er fürs Badehosen-Foto unterm Arm trägt, ist aus Plastik und ein Geschenk einer Verehrerin.

Neue Freiheit im Atelier

Er wagte provokante Ausstellungen, riskierte Skandale und wurde zur Symbolfigur der sowjetischen Kunstrebellen. Auf seinem 18 Quadratmeter großen Kolossalbild versammelte Ilja Glasunow, 52, die Großen, Gewaltigen und Grausamen des Jahrhunderts: Mao, Trotzki und, auf einer Woge von Blut, Stalin. Rechts ein Bild des exilierten Alexander Solschenizyn, links eins Selbstporträt.

Den größeren Freiraum für die Künstler in der UdSSR nutzt die 38jährige Tatjana Nasarenko für Bilder, die nicht den Aufbau des Sozialismus verherrlichen, sondern eine fröhliche Freizeitgesellschaft zeigen. Auf dem „Sonntag im Wald" tummeln sich keine Recken und Helden der Arbeit, sondern Durchschnitts-Typen mit Speck an Bauch und Schenkeln.

„Die westliche Vorstellung vom sozialistischen Realismus", sagt der 51jährige Igor Obrossow, „ist viel zu eng." Auch er spürt kaum etwas von der Gängelung des Künstlers durch Verbände und Staatsdoktrinen. Seine Lieblingsmotive — in klaren Farben und markanten Konturen gemalt — sind Szenen vom Landleben und vor allem Frauenporträts.

Grün ist eine internationale Farbe: Mit seinem Bild vom „Weekend" beklagt der 32jährige Michail Borisow, hier mit seiner Frau Natascha, die Zerstörung der Umwelt. „Ist einer von Ihnen Vermeer?" prangert den alle und alles gleichmachenden Fortschritt an.

Schau der Kontraste

Lautlos schwangen die „Hämmernden" des Amerikaners Jonathan Borofsky ihr Arbeitsgerät in Kassels Neuer Galerie. Und selbst die Bilder der malwütigen Jungen Wilden Martin Dissler und Salomé präsentierte die documenta 7 mit Würde – ganz nach den Wünschen des niederländischen Ausstellungsmachers Rudi Fuchs. Trotz „Piss Art" von Andy Warhol und Klamauk um Joseph Beuys gelang ihm mit rund 1000 Arbeiten von 180 Künstlern eine „ruhig dahingleitende Regatta" der modernen Kunst. Der Rekord von 380 000 Besuchern gab Fuchs recht – und ließ auch vergessen, daß er den 6,9-Millionen-Etat überzog.

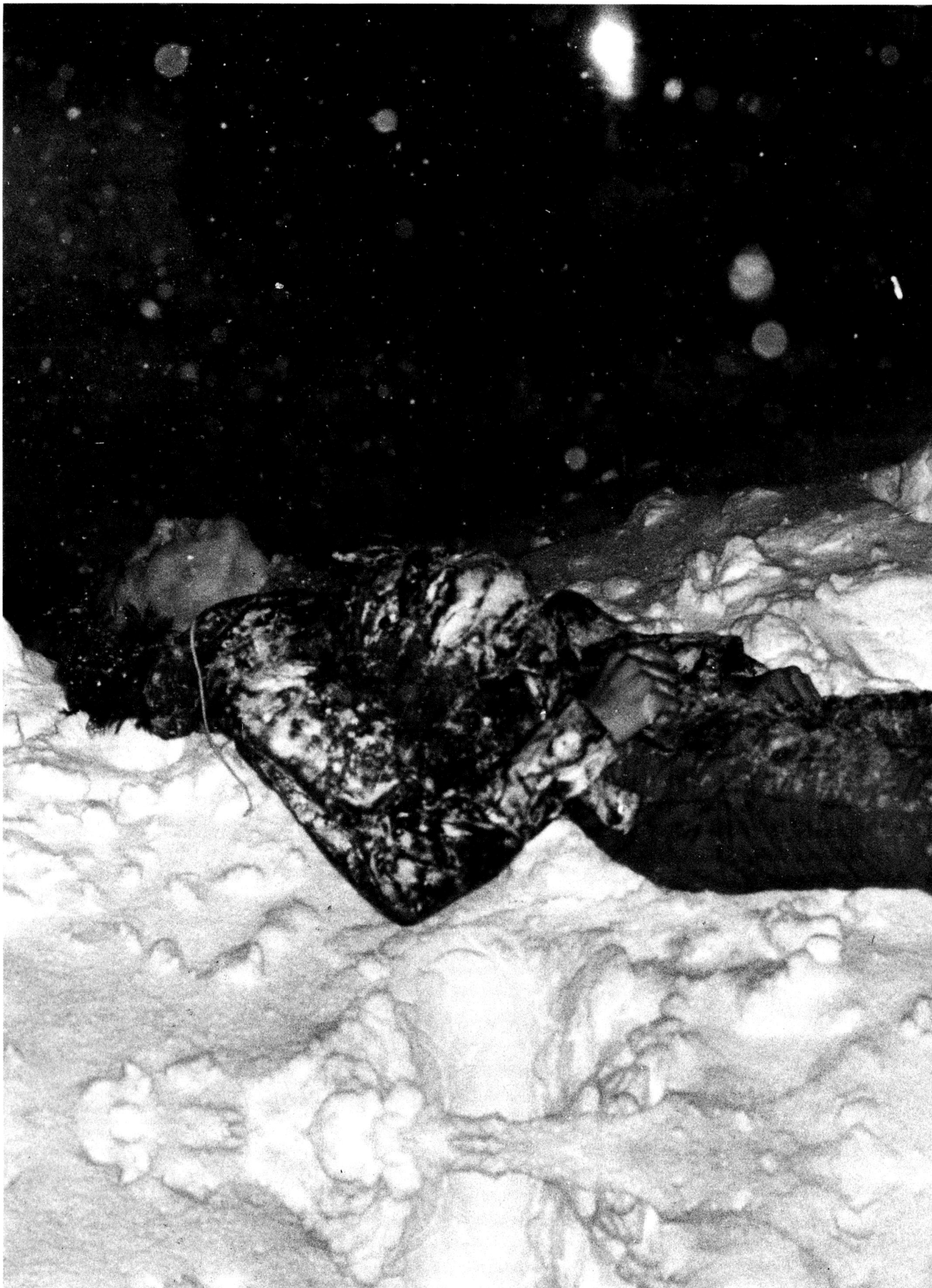

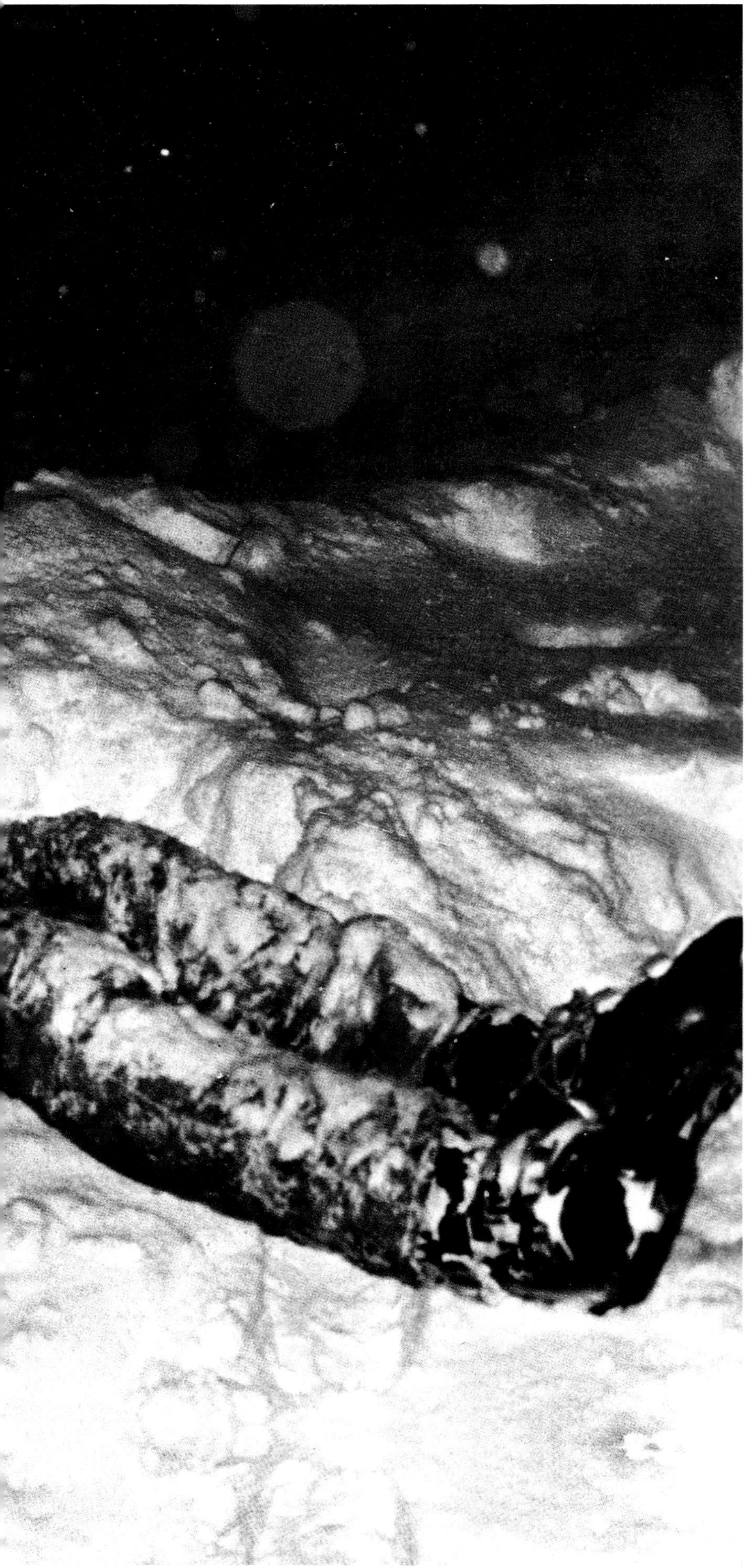

Der Tod im Schnee

18 junge Leute aus der Bundesrepublik zogen bei dichtem Schneetreiben aus, um das Überleben im Gebirge zu üben, aber 13 überlebten nicht. Am 31. Januar, einem Sonntag, stürzte vom Hochthron (2360 Meter) im Tennengebirge (Salzburger Land) eine riesige Lawine zu Tal und begrub sie unter sich. Nur einer konnte sich selbst befreien, ein 16jähriger Schüler. Er lief über eine Stunde lang, um Hilfe zu holen. Eine weitere Stunde verging, bis in dem

schwierigen Gelände bei Werfenweng die Suche nach den Opfern beginnen konnte. Über 300 Helfer mit 50 Hunden waren schließlich am Werk. Fünf Verschüttete wurden noch lebend geborgen, einer von ihnen starb kurz danach im Krankenhaus. Trotz dauernder Lawinenwarnungen über den Rundfunk waren die Schüler und Lehrlinge mit zwei Lehrern und einem Bergführer auf die Tour gegangen, die als „Überlebens-training" galt. Als die 13 Toten am Montag aufgebahrt wurden, schien die Sonne strahlend vom Himmel. Der Schnee glitzerte weiß und harmlos.

Inferno in Beirut

West-Beirut, die Hochburg der palästinensischen Guerilleros, ist in dichte Rauchwolken gehüllt. 66 Tage lang wird die libanesische Metropole von Israel belagert. Immer wieder bombardieren israelische Kampfflugzeuge das Häusermeer, feuern Kanonenboote von See her ihre tödlichen Geschosse in die Straßen. Neben 6000 Fedajin sind auch eine halbe Million Zivilisten in diesem Hexenkessel gefangen. Die Bomben machen keine Unterscheidung: Tausende von Menschen werden getötet oder verwundet. Wer immer kann, nutzt die kurzen Feuerpausen, um aus der brennenden „Festung Beirut" zu entkommen. „Es herrscht große Angst", berichtet ein Augenzeuge, „denn die Israelis haben den Ruf, gnadenlos zu sein."

Die verlorene Ehre der Kriegsmacht Israel

Der Feldzug im Libanon war Israels längster Krieg und, rein militärisch gesehen, ein voller Erfolg: In knapp drei Monaten eroberten die Streitkräfte des Juden-Staats den Süden des Libanon, fügten Syriens Armee und Luftwaffe eine entscheidende Niederlage zu und vertrieben die Palästinensische Befreiungsorganisation (PLO) aus dem Nachbarland, der letzten direkten Operationsbasis im bewaffneten Kampf gegen Israel. Aber dennoch wurde Israel seines Sieges nicht froh. Politisch und psychologisch nämlich war dieser Krieg eine Katastrophe. Israel verlor in den Augen der Weltöffentlichkeit seinen größten Kredit: Das Image vom ewig unschuldigen Opfer, das sich immer nur seiner vielen Feinde erwehren muß. „Der Krieg", urteilte Jacobo Timerman, argentinischer Oppositioneller und israelischer Neubürger, „hat die Grundfesten der moralischen Struktur erschüttert, auf der Israel aufgebaut wurde."

Die Militäroperation bekam den Namen „Shalom Galil" – „Frieden in Galiläa". Sie war seit langem vorbereitet. Es fehlte nur noch ein Anlaß zum Losschlagen. Premierminister Menachem Begin hatte den Einwohnern Galiläas versprochen, sie würden nie wieder unter Katjuscha-Raketenangriffen der palästinensischen „Terroristen" aus dem Libanon zu leiden haben. Doch die Fedajin hielten sich an den im Juli 1981 vereinbarten Waffenstillstand, auch dann noch, als israelische Kampfflugzeuge am 21. April 1982 unprovoziert schwere Angriffe auf palästinensische Stützpunkte bis hinauf nach Beirut flogen. Der Chef der PLO, Yassir Arafat, wollte nicht durch neue Überfälle die zunehmende politische Anerkennung seiner Bewegung aufs Spiel setzen. Dann schoß am 3. Juni vor dem Dorchester-Hotel in London ein junger Jordanier dem israelischen Botschafter Shlomo Argov eine Kugel in den Kopf. Obwohl

Haß über den Tod hinaus: Rücksichtslos räumen die Israelis gefallene syrische Soldaten vor Beirut mit einem Bulldozer von der Straße. In Sidon haben palästinensische Freischärler die Leiche eines abgeschossenen israelischen Hubschrauberpiloten in den Kofferraum eines Autos geklemmt.

Hilfloses Warten

Zwei verwundete Palästinenser liegen in einem Krankenzimmer in West-Beirut. Das Fenster ist mit Sandsäcken gegen Geschoßsplitter gesichert. Die Pfleger haben den Mann mit dem gebrochenen Arm an das Bett festbinden müssen, weil er immer wieder in Ohnmacht fällt. Für die Tausende von Verletzten gab es während der Belagerung nur notdürftige Versorgung. Fast einen Monat lang blieb die eingekesselte Stadt auch ohne Wasser und Strom. Viele Verletzte hatten keine Chance, vor den fast täglichen Bombardements in Schutzräumen Zuflucht zu finden. In ihrer Hilflosigkeit blieb ihnen nur die Hoffnung, von einem Treffer verschont zu bleiben — bis zum nächsten Angriff.

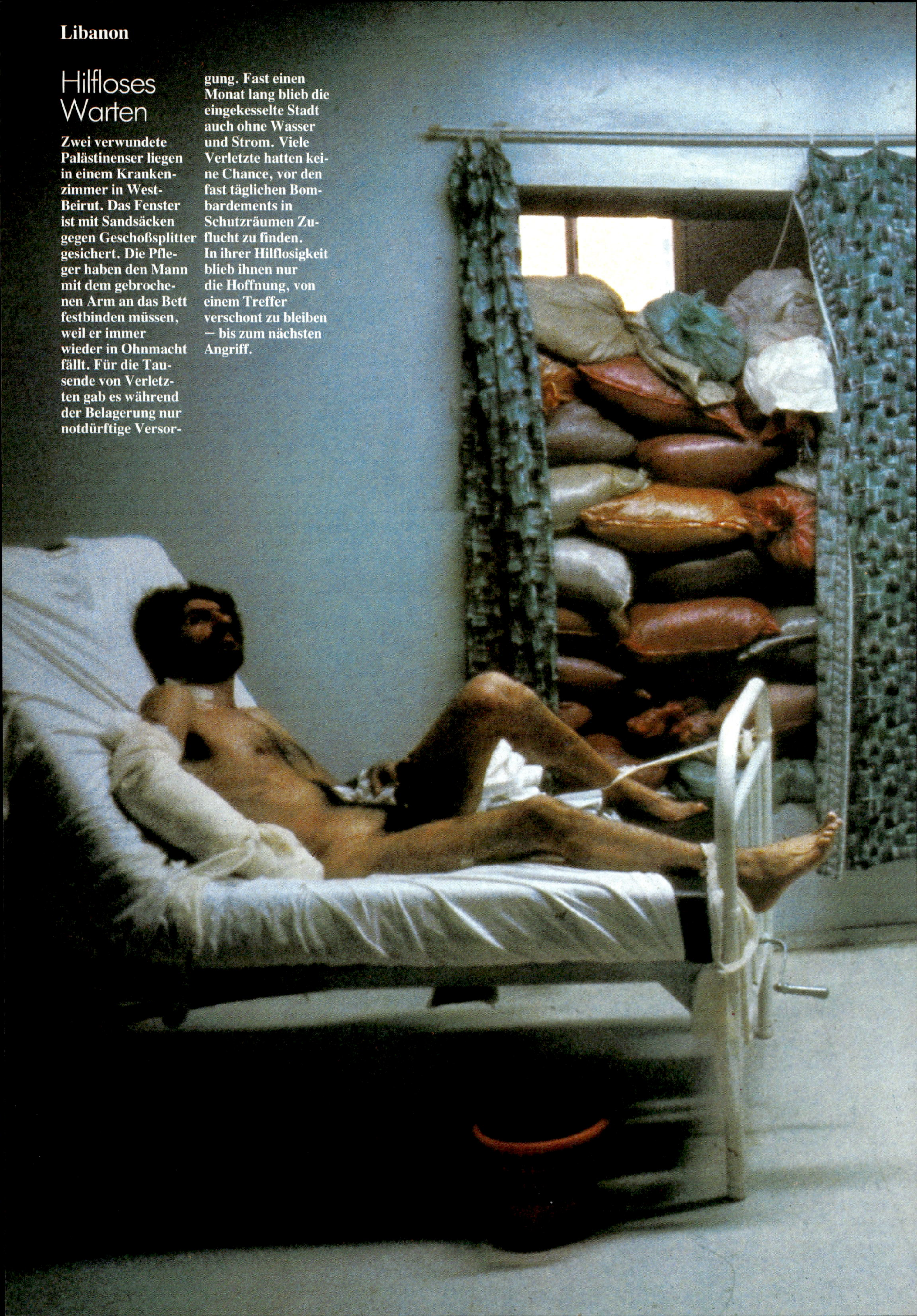

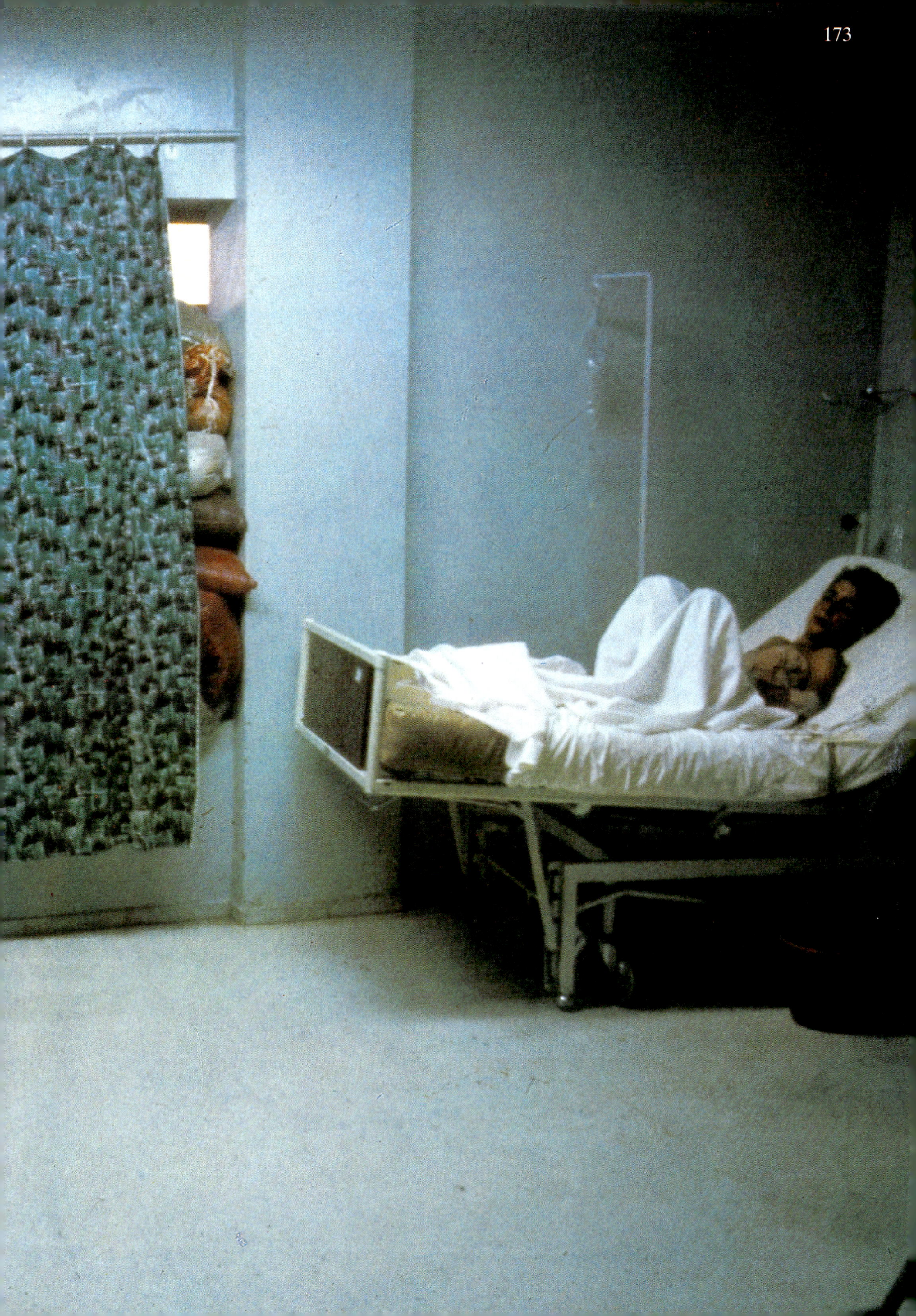

Die beiden Hauptgegner während der Schlacht um Beirut: Von einem Kommandoposten auf einem Hochhaus aus beobachtet Israels Verteidigungsminister Ariel Sharon (rechts) einen Bombenangriff auf West-Beirut. Vor ihm steht eine riesige Luftaufnahme der libanesischen Hauptstadt. Unbeugsam und ohne Rücksicht auf politischen Schaden setzt Sharon sein Ziel durch, die „PLO-Terroristen" aus dem Libanon zu vertreiben. Während der gesamten Belagerung bleibt PLO-Chef Yassir Arafat in der umkämpften Stadt. Geschickt versteht er es, aus weltweiter Empörung über Israels Kriegführung neue Sympathien für die leidenden Palästinenser zu ziehen.

der Attentäter einer von der PLO ausgestoßenen Terror-Gruppe angehörte, bombardierten israelische Jets erneut zwei Tage lang den Südlibanon – und diesmal wurde erwidert: Katjuschas schlugen in Galiläa ein. Der Vorwand war gegeben. Am 6. Juni drangen 60 000 israelische Soldaten mit 500 Panzern in den Libanon ein. Zunächst erklärte Israels Regierung noch, sie wolle im Nachbarland nur einen 40 Kilometer breiten „Sicherheitskordon" gegen Artilleriebeschuß schaffen, aber schon bald war die Offensive weiter vorgestoßen. Gegen erbittert kämpfende Palästinenser rückten die Israelis in nur zwei Wochen über Sidon und Tyrus bis an die Tore der Hauptstadt Beirut vor. Als sich die im libanesischen Bekaa-Tal stationierten syrischen Truppen dem Angreifer entgegenstellten, wurden sie glatt überrollt: In einer Elektronik-Schlacht mit modernsten amerikanischen und sowjetischen Waffensystemen zerstörten die von den USA ausgerüsteten Israelis 23 syrische Raketenbatterien aus der UdSSR, 90 MiG-21- und MiG-23-Kampfflugzeuge sowie eine gesamte Panzerbrigade. In der dritten Kriegswoche war West-Beirut, die Hochburg der PLO, von allen Seiten umzingelt. Bis zu diesem Zeitpunkt waren im Südlibanon 214 israelische Soldaten sowie 3000 Palästinenser und Syrer gefallen, etwa 10 000 Zivilisten durch Kriegshandlungen getötet und 300 000 Palästinenser aus Flüchtlingslagern vertrieben worden.

Der Mann hinter Israels Drang nach

Norden hieß Ariel Sharon, der Verteidigungsminister, von dem Israels früherer Stabschef Mordechai Gur einmal sagte: „Gewalt ist seine bevorzugte Lösung." Sharon sah das Ziel der Operation nicht erfüllt, „solange noch Terroristen-Hauptquartiere in Beirut sind". So begann die 66tägige Belagerung von West-Beirut, Tag für Tag Artilleriefeuer, Schiffskanonaden und Bombenangriffe auf die Wohnräume von 500 000 Menschen. Selbst die geächteten „cluster bombs", die entsetzliche Wunden reißen, setzten die Israelis ein. Am 26. Juli schnitten sie Wasser und Strom ab. Im leidenden Beirut hielten die 7000 Kämpfer der PLO mit dem Mut der Verzweiflung stand, obwohl Arafat keine Hilfe von seinen arabischen Freunden erwarten konnte. Er setzte auf die wachsende Empörung der Welt – und erreichte, daß die USA erstmals offen gegen Israel Stellung bezogen. Präsident Reagans Nahost-Beauftragter Philip Habib bemühte sich in endlosen Verhandlungen mit Israelis, Palästinensern, Libanesern und Syrern um eine Lösung, die nicht auf Jahre hinaus jede Nahost-Verständigung unmöglich machen würde. Darum ließ Washington die Vernichtung der PLO nicht zu. Als Begins Luftwaffe Anfang August mit drei mörderischen Luftangriffen eine sich anbahnende Einigung zu zerschlagen drohte, herrschte Ronald Reagan ihn am Telefon an: „Ich will, daß diese Angriffe aufhören, und zwar sofort!" Ab 21. August trat die Habib-Lösung in Kraft: Unter dem Schutz amerikanischer, französischer und italienischer Elitesoldaten verließen 7000 PLO-Männer und 3500 prosyrische Freischärler Beirut mit ihren Handfeuerwaffen – die erste arabische Armee, die noch bewaffnet aus einem Kampf gegen Israel hervorging. Die Fedajin wurden in acht arabische Länder zerstreut, Arafat jedoch gab sich ungebrochen: „Keine Macht auf Erden kann die nationale Bewegung des palästinensischen Volkes zerstören" Die libanesische Tragödie indes ging weiter. Am 23. August war Bashir Gemayel, der Führer der christlichen Falange zum Präsidenten gewählt worden, ein Mann, der sich in sechs Jahren Bürgerkrieg unter Moslems wie Christen viele Feinde geschaffen hatte. Am 15. September starb er durch ein Bombenattentat im unzer-

störten christlichen Ost-Beirut. Die Rache seiner Anhänger entlud sich an den palästinensischen Flüchtlingen, die trotz der israelischen Besetzung der Weststadt schutzlos blieben. Drei Tage lang, vom 16. bis 18., wütete die falangistische Soldateska in den Lagern Sabra und Shatila und massakrierte über 800 unbewaffnete Zivilisten. Als sich herausstellte, daß israelische Militärs dem Blutbad tatenlos zugesehen und selbst höchste Politiker davon gewußt hatten, hagelte es Proteststürme aus aller Welt auf die Regierung Begin. In Tel Aviv forderten 300 000 Demonstranten seinen Rücktritt. Am Ende des Jahres setzten sich unter amerikanischer Schirmherrschaft zwei ungleiche Partner in Khalde bei Beirut zu Friedensverhandlungen an einen Tisch: Israel, durch seinen Feldzug moralisch diskreditiert, aber militärisch und politisch überlegen, und der Libanon, nach wie vor zerrissen und von fremden Armeen besetzt. Der neue Präsident Amin Gemayel hoffte vergeblich, den sofortigen Abzug der Israelis – und, im Gegenzug, auch der Syrer und Palästinenser im Norden – zu erreichen. Erneute Kämpfe zwischen Drusen und Christen verdunkelten die Aussichten seines Landes auf baldige Rückkehr zu Versöhnung und Selbstbestimmung.

Das Ende: Jubelnd fahren PLO-Kämpfer auf Lastwagen zum Hafen von Beirut. Sie schwenken Fahnen und singen Kampflieder. Unter internationaler Aufsicht werden sie aus dem Libanon evakuiert. Die Fedajin dürfen ihre Handfeuerwaffen mitnehmen, denn sie haben bis zuletzt nicht kapituliert.

Das Blutbad: Fast einen Monat nach dem Abzug der PLO richten christliche Milizen unter den Bewohnern der Flüchtlingslager Sabra und Shatila ein Massaker an. Mehr als 800 Männer, Frauen und Kinder werden vor den Augen der israelischen Besatzer ermordet.

Der Verbündete: Auf Israels Seite kämpfte im Südlibanon der abtrünnige Major Saad Haddad mit 3000 Mann gegen die Palästinenser. Schon 1979 hat er einen „Freien Libanon" als von Israel abhängige Pufferzone ausgerufen. Eine Mitwirkung seiner Milizen am Massaker in den Beiruter Flüchtingslagern bestritt Haddad.

Tod in Palermo

Ein ehemaliger Heroinsüchtiger wird in seiner Wohnung aufgefunden, General Alberto Dalla Chiesa, Italiens erfolgreichster Terroristenfahnder, wird in seinem Auto erschossen, die Arbeiterfamilie Bonora sitzt an der Bahre der vierjährigen Luisetta, die von den Trümmern eines gesprengten Hauses, das die Mafia verkommen ließ, erschlagen worden war. Alle drei schrecklichen Ereignisse hängen miteinander zusammen, und alle diese Ereignisse haben drei Ursprünge gemeinsam: Sizilien, Mafia, Heroin. Sizilien, immer schon das Zentrum der „Ehrenwerten

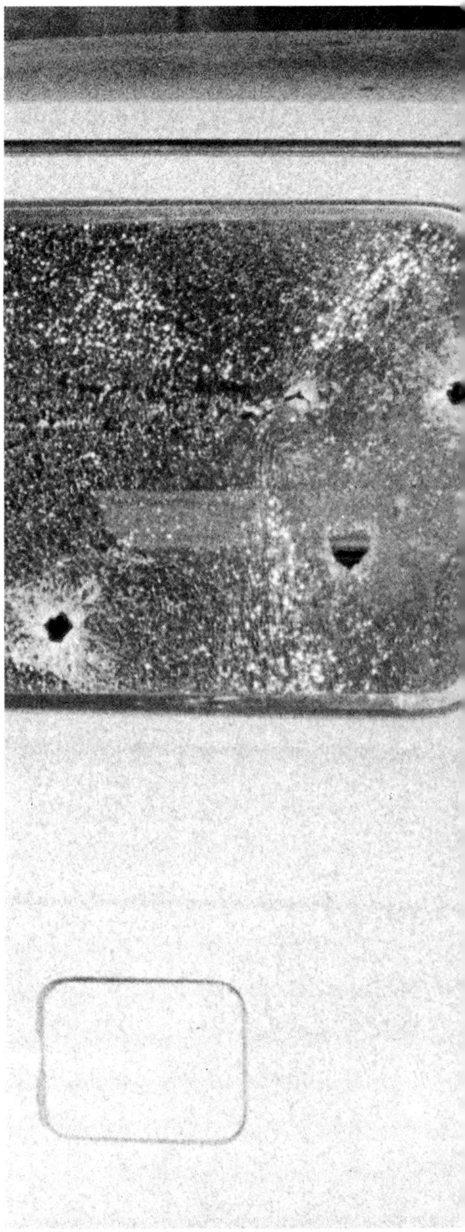

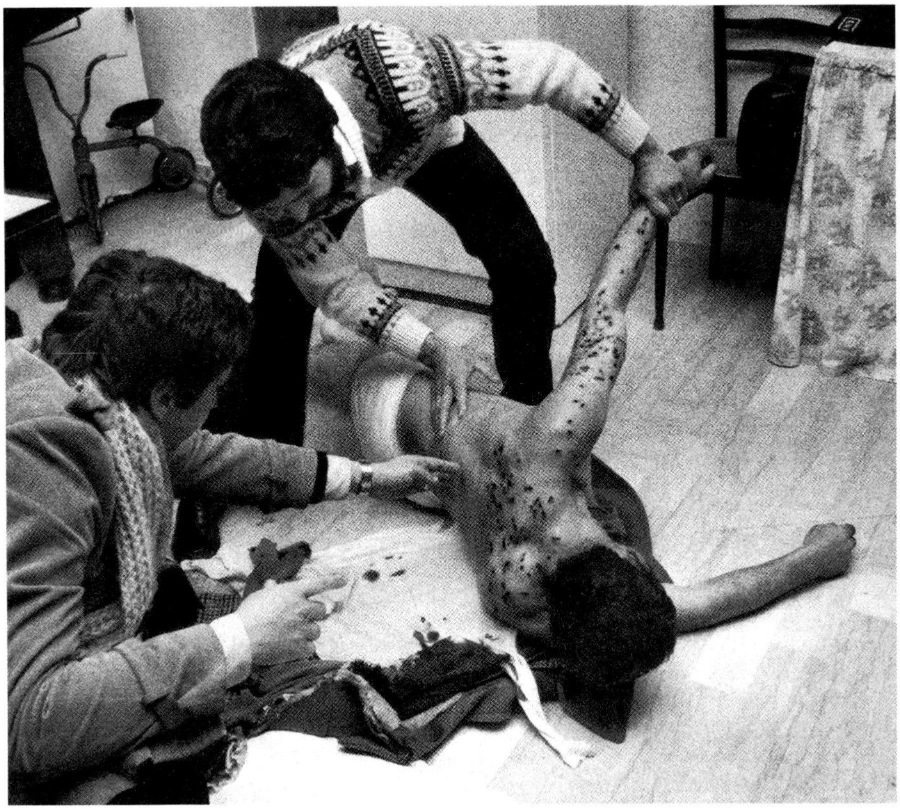

Gesellschaft", ist seit 1977 zum wichtigsten Umschlagplatz für Heroin geworden. Untersuchungsrichter Giovanni Falcone aus Palermo, 44, schätzt: „Die Mafia verdient jährlich etwa 1,5 Milliarden Mark mit Drogen." Er erklärt: „Weil man mit Heroin jetzt in zwei Monaten so viel verdienen kann wie früher in zwei Jahren, ist innerhalb der Mafia alles in Bewegung gekommen. Die schlachten sich ab im Kampf um die Kontrolle des Markts."
Der amerikanische McClellan-Report beschreibt die Wertsteigerung des Heroins auf dem Weg vom Libanon über Sizilien in die USA so:
Ein Kilo Morphin-Base kostet in Libanon 1000 Dollar. Die Mafia

verkauft das daraus gewonnene reine Heroin für 22 000 Dollar an die Cosa Nostra in New York, die es über Händlerringe absetzt, die das Heroin mit Milchpulver oder anderen Substanzen „strecken" und schließlich in kleinen Tüten verkaufen. Kilo-Endpreis: 225 000 Dollar. Um Licht in das Dunkel dieses schmutzigen Krieges zu bringen, wurde General Dalla Chiesa nach Palermo geschickt, der Mann, der in fünf Jahren vier Attentaten entkommen war. „Ich persönlich kann vielleicht Angst haben", sagte er, „aber als Präfekt darf ich nie zeigen, daß ich welche habe." Also fuhr er bei Dienstantritt am 30. April 1982 vom Flughafen Palermo mit dem Taxi in sein neues Büro, von Journalisten begleitet. Und an seinem Todestag, am 3. September 1982, fuhr ihn seine 32-jährige Ehefrau Emanuela im ungepanzerten Privatwagen durch die Innenstadt von Palermo. Aus mehreren Kalaschnikows wurden beide so grausam zerfetzt, daß nicht einmal die nächsten Angehörigen sie später sehen durften. Wie immer auf Sizilien gab es keine Zeugen.

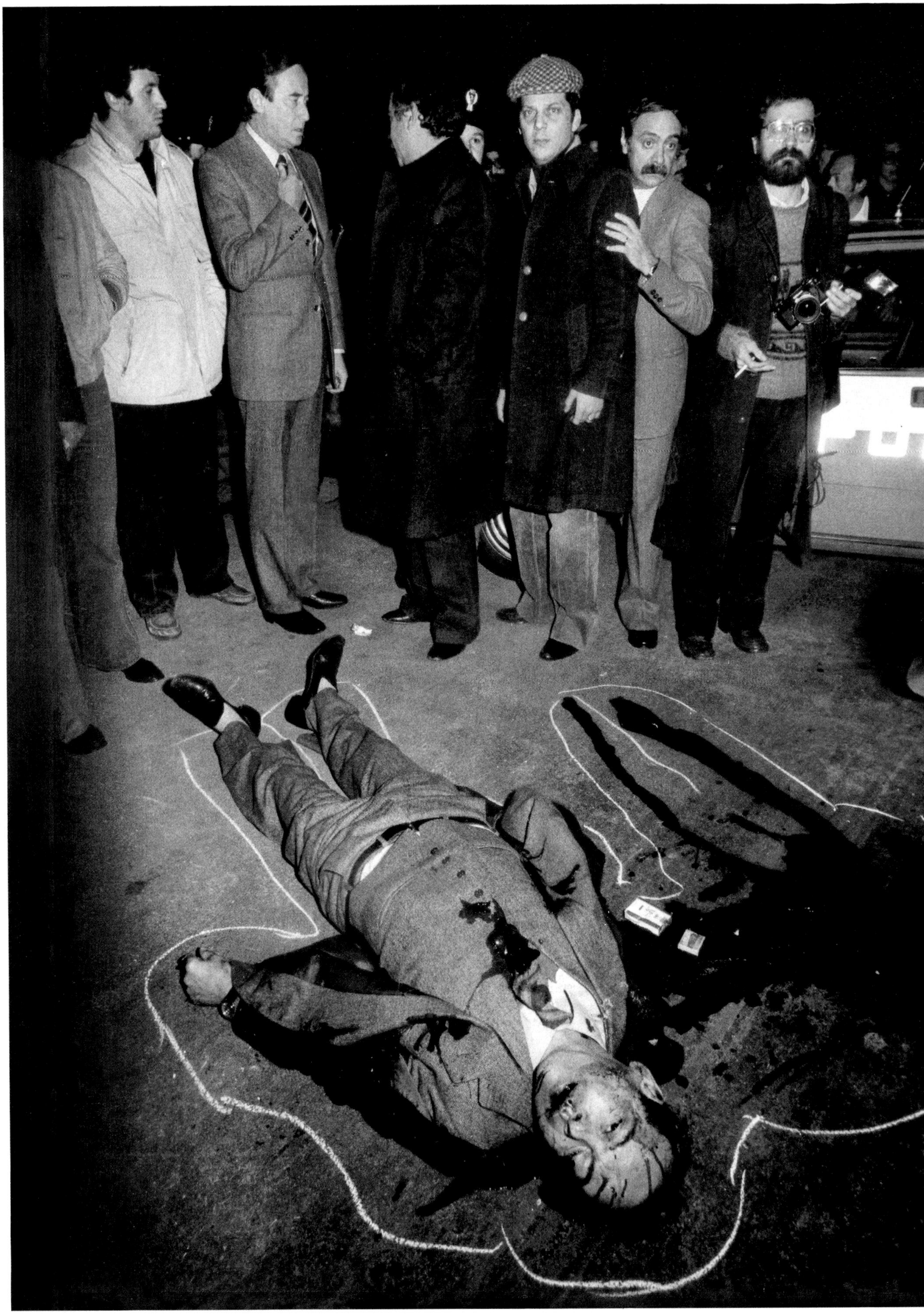

Sie spielen das Spiel vom Tod

Ein Busunternehmer liegt erschossen am Boden, Polizisten, Reporter und Bürger aus den nahegelegenen Häusern versuchen, den Mord zu ergründen. Das Bild des Schreckens wurde in Italien so alltäglich, daß die Kinder von Palermo ein Spiel daraus machten: Sie zeichnen mit Kreide die Lage der Leichen auf die Straße und legen sich in die Skizzen. Im Jahre 1982 wurden allein auf Sizilien im Krieg der Mafia mehr als 140 Menschen getötet, mehr als 130 „vermißt". Meist geht es um Heroin.

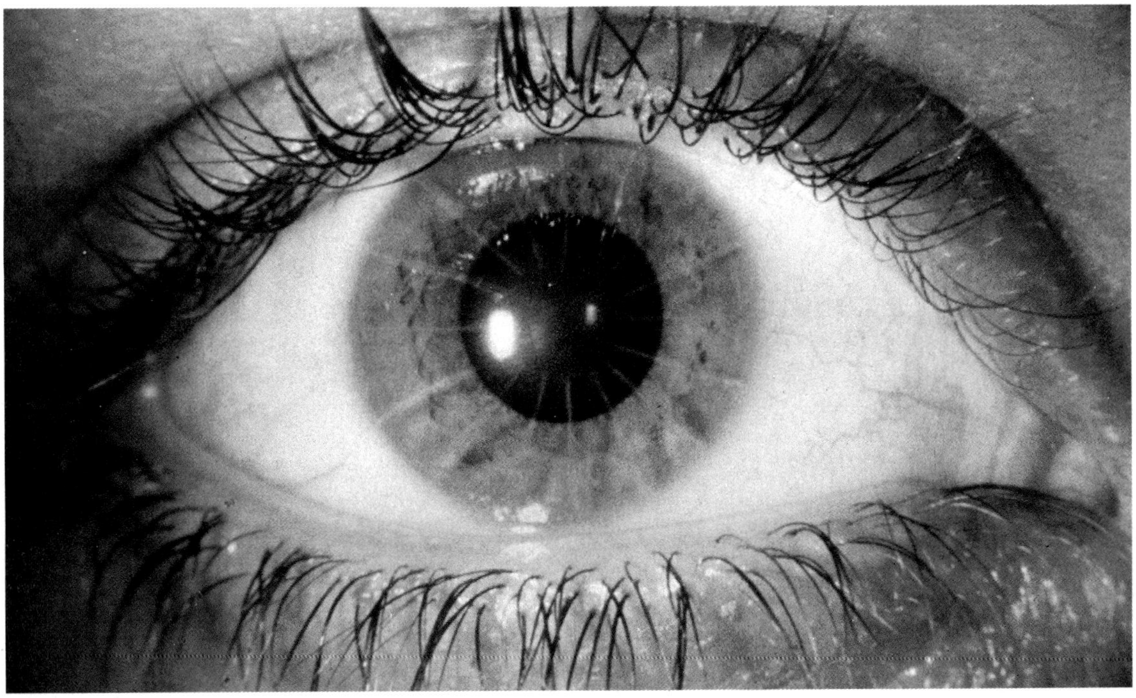

Das Auge nach dem Eingriff. Deutlich sind die 16 Einschnitte in der Hornhaut zu sehen. Das Prinzip der Operation: Das zu lange Auge des Kurzsichtigen muß verkürzt werden. Das macht Fjodorow, indem er die Krümmung der Hornhaut verändert. Die Schnitte schwächen den Rand der Hornhaut. Dadurch flacht sich der zentrale Teil ab. Die Lichtstrahlen werden jetzt nicht mehr vor, sondern auf der Netzhaut gebündelt.

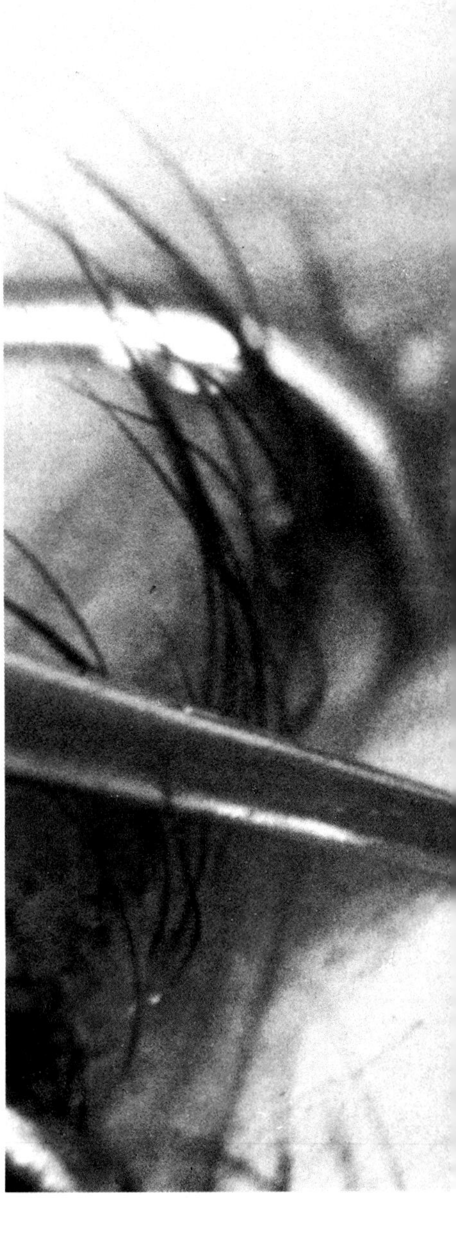

Dieser Mann im Tarnanzug mit den geschossenen Enten am Gürtel ist der Moskauer Augenarzt Professor Swjatoslaw Fjodorow. Als Direktor des „Instituts für Mikrochirurgie am Auge" wurde er weit über die Grenzen seines Landes bekannt, weil er durch Schnitte in die Hornhaut Kurzsichtige von ihrer Brille befreit. 5000 Sowjetbürger hat er bereits operiert. Während seine Kollegen in den USA bereits seine Methode praktizieren, sind die Augenärzte in Europa noch skeptisch. Sie befürchten Schäden der Hornhaut, die sich nicht mehr reparieren lassen. Mit seinen Schnitten will Fjodorow erreichen, daß sich der zentrale Teil der Hornhaut (Kreis) abflacht, damit die Lichtstrahlen nicht so stark gebündelt werden. Bevor er sein Messer ansetzt, um die Hornhaut wie Tortenstücke einzuschneiden, hat er sie mit Tropfen unempfindlich gemacht. Wie tief er schneiden muß, hat ein Computer berechnet.

Kühne Schnitte gegen Kurzsichtigkeit

Um Kurzsichtigen, die ihre Brille leid sind, auch ohne Gläser zu normalem Sehen zu verhelfen, greift der Moskauer Augenarzt Professor Swjatoslaw Fjodorow zum Diamantmesser. Mit 16 radialen Schnitten verändert er die Wölbung der Hornhaut und damit ihre optische Brechkraft. Die Kuppel wird flacher, die Sicht besser. Die meisten Patienten können nach diesem Eingriff ihre dicken, teils entstellenden Brillen weglegen.

Fast jeder vierte Mensch auf der Welt ist sehbehindert, ist kurz- oder weitsichtig, sieht unscharf oder verzerrt wie beim Astigmatismus. Fjodorow: „Und was haben die Augenärzte zu bieten? Nach wie vor machen sie ihre Patienten zu Sklaven von Sehhilfen, die das Blickfeld verengen, das Gesicht entstellen, kaputtgehen oder beschlagen. Über 5000 Kurzsichtige haben wir durch einen kleinen Eingriff von 15 Minuten glücklich gemacht."

Jedes Auge wird vor dem Eingriff vermessen: der Grad der Kurzsichtigkeit, die Dicke der Hornhaut, ihr Krümmungsradius, der Innendruck. Alle diese Daten gibt der Arzt in einen Computer ein, der ihm dann die Schnittiefe und den Durchmesser der zentralen Hornhaut, die nicht durchschnitten wird, berechnet. Der Effekt der sogenannten Keratotomie hängt ab von dem zentralen Hornhautstück, das sich durch die Schnitte abflacht. Der Eingriff geschieht in lokaler Betäubung durch Tropfen. Unter dem Mikroskop schneidet Fjodorow vom Irisrand zur Mitte hin. In wenigen Minuten ist die Oberfläche der Hornhaut in 16 Sektoren geteilt wie eine Torte. Die Schnitte verheilen in ein paar Wochen. Bis zu 14 Dioptrien hat Fjodorow Kurzsichtigen nehmen können. Sie müssen allerdings bis auf den Sehfehler gesunde Augen haben. Patienten, deren Kurzsichtigkeit Jahr für Jahr zunimmt, oder bei denen die Hornhaut durch eine Infektion erkrankt ist, die den grauen Star haben oder eine geschädigte Netzhaut, werden nicht operiert.

Fjodorows kühne Operationstechnik wird heute auch schon in den USA praktiziert. Westeuropäische Augenärzte halten sich noch zurück: sie befürchten irreparable Schädigungen der Hornhaut. Wer hierzulande seine Brille loswerden will, wird also vorerst nach Amerika fliegen müssen.

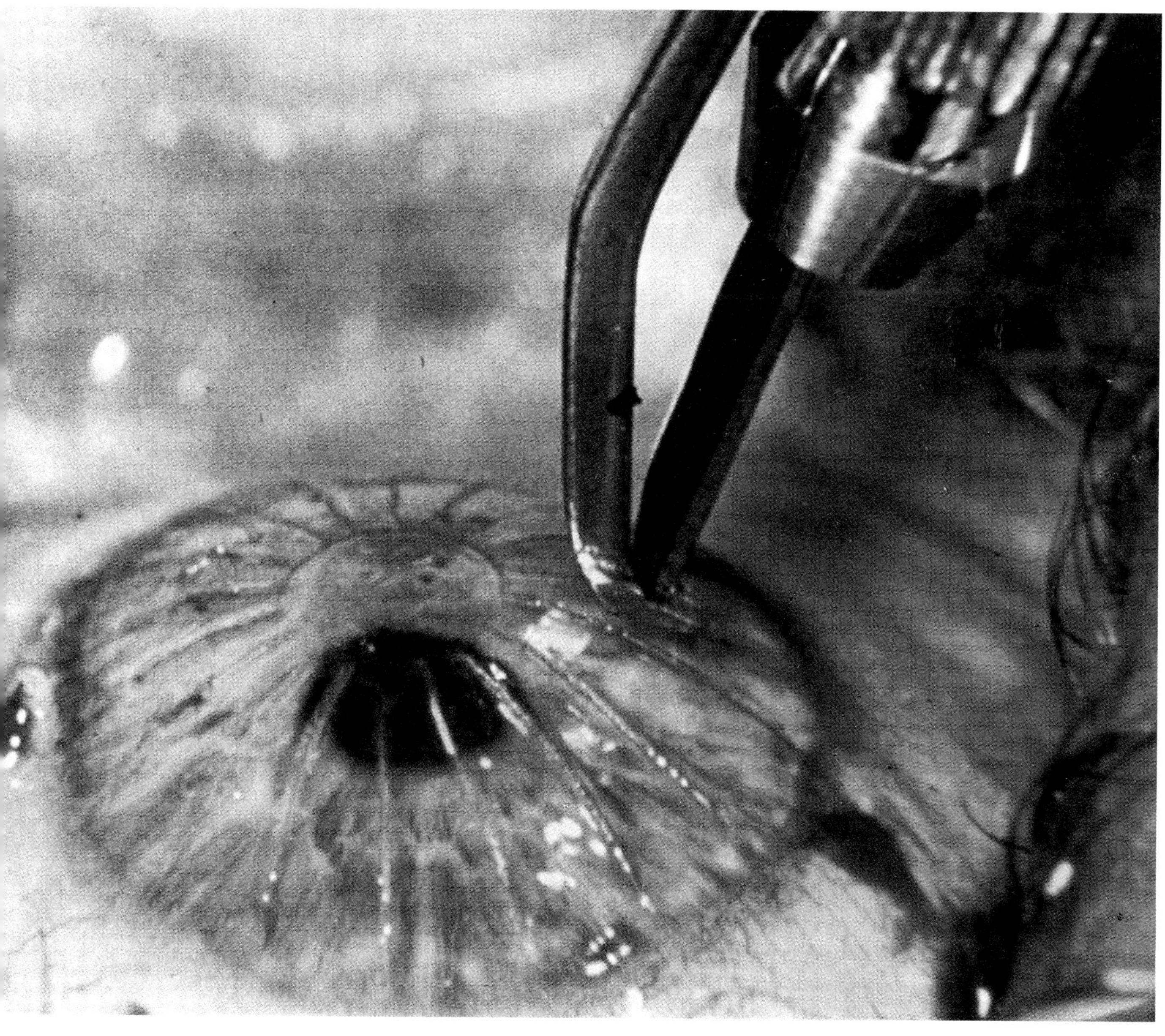

Strahlen ersetzen das Skalpell

Es ist das hellste Licht, das wir kennen. Und es hat eine unbändige Kraft. In einem einzigen Laserstrahl steckt, selbst wenn er so dünn ist wie ein Haar, noch immer die Macht, Haut und Muskeln eines Menschen zu zerschneiden, zu verschweißen oder einfach zu verdampfen. Inzwischen vernichten Laserblitze auch manchen Krebs: Tumore in Haut oder Hirn, Stimmbändern oder Auge, Blase oder Geschlechtsorganen – immer häufiger schmelzen sie unter der Hitze der Laserstrahlen. Amerikanische Ärzte haben eine raffinierte Form der Laserbehandlung entdeckt. Sie spritzen Patienten mit schwer erreichbaren Tumoren einen roten Farbstoff ins Blut ein, der sich in den Krebszellen gut ablagert. Zwei Tage später jagen sie einen Laserstrahl durch Glasfasern ins kranke Gewebe. Farbstoff und Laser bringen die Atmung der Zellen durcheinander. Der Tumor stirbt. Diese Behandlung ist aber noch nicht Routine geworden.

Ein roter Laser dringt durch Glasfasern in eine Krebsgeschwulst im Mund ein. Zwei Tage vorher haben die Ärzte der Patientin einen Farbstoff ins Blut gespritzt, der das Tumorgewebe besonders lichtempfindlich gemacht hat. Farbstoff und Laserstrahl stoppen die Atmung der Krebszellen. Der Tumor stirbt.

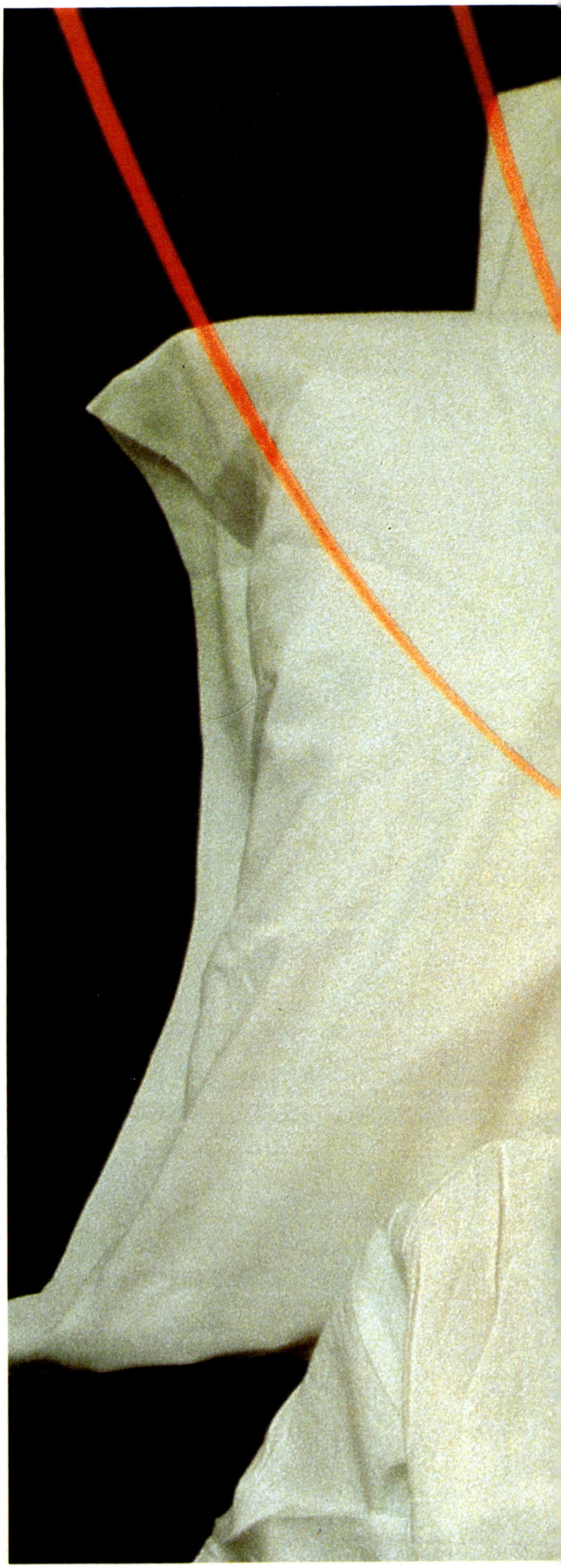

Wie ein Blitz schlägt der Laserstrahl in ein krankes Gehirn ein. Seine Hitze tötet Tumorzellen, die das Skalpell des Chirurgen nicht erreichen konnte. So präzise, daß Kranke heute oft nur einmal unters Messer müssen.

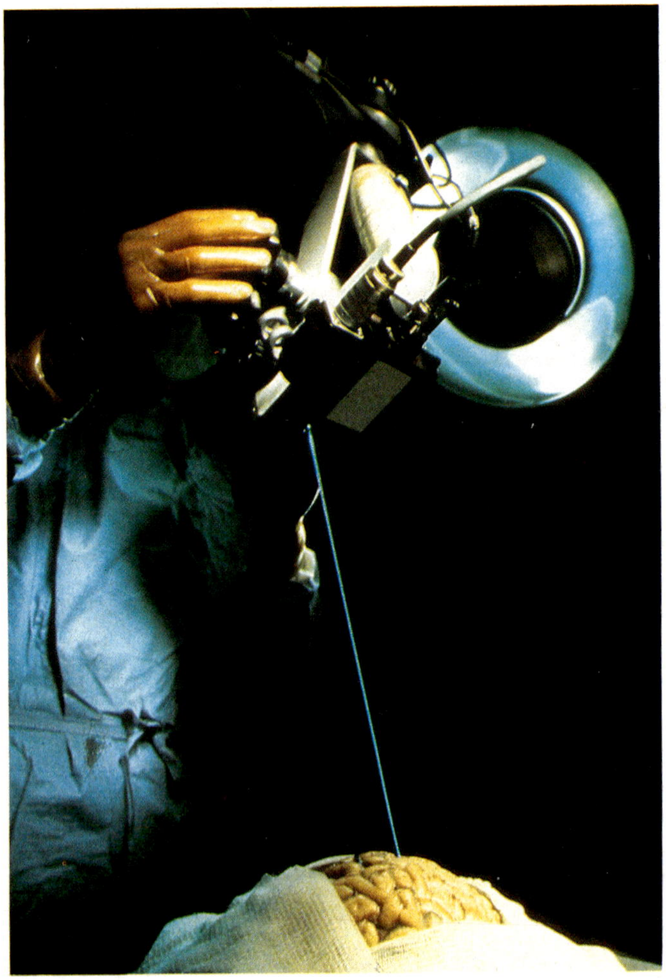

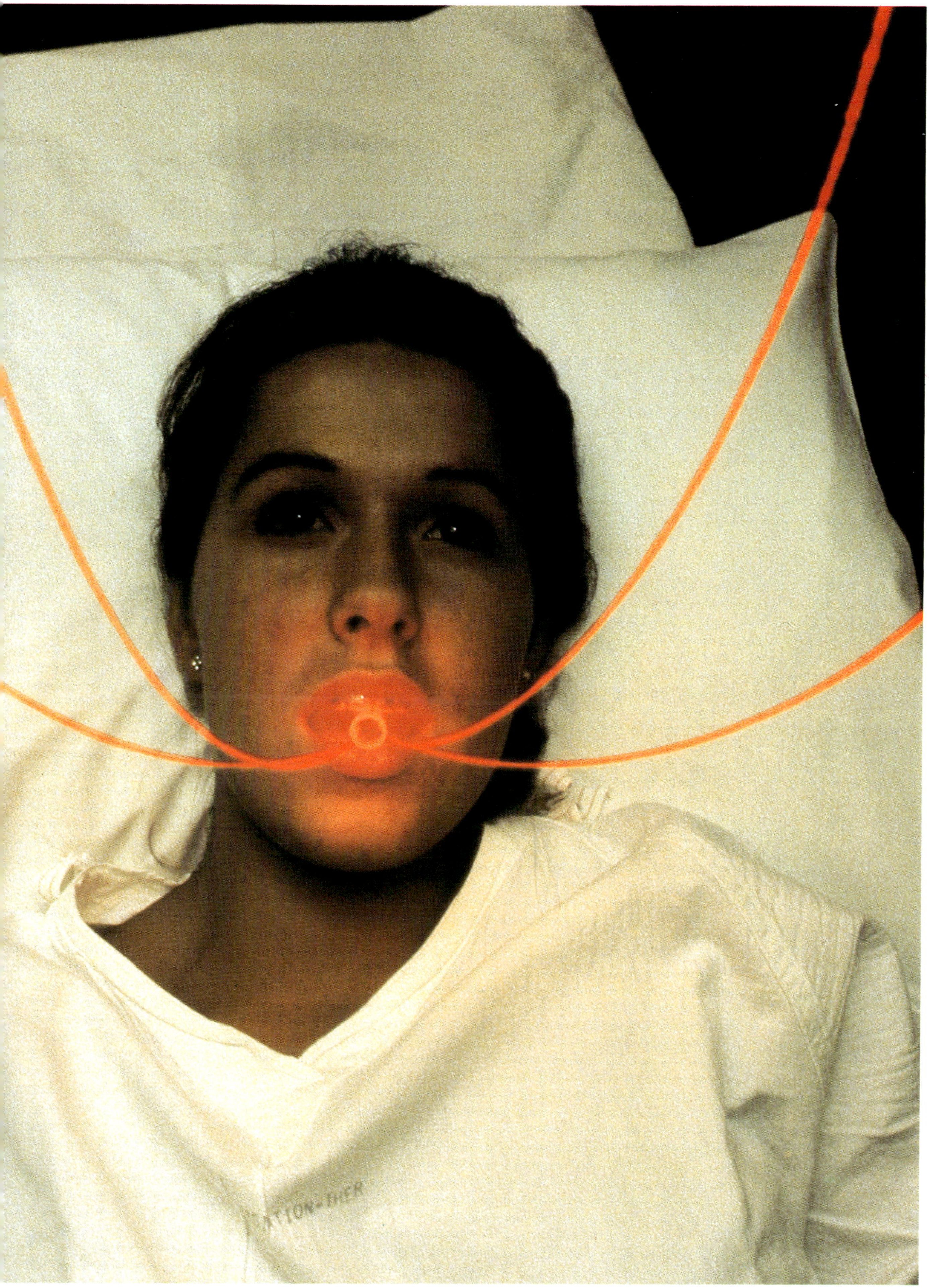

Die schwarze Lust

Die Schneider-Asse waren sich einig wie nie zuvor. Die Trendmacher der Mode sahen 1982 alle schwarz. Und sie tauchten in den schwarzen Farbtopf, was ihnen unter die Finger kam.
Ihr Schwarz war dennoch kein Fall von Traurigkeit.
Denn mit Schwarz war der Teufel los.
Die Modemacher hatten es mit grellen Neonfarben verhext. Sie renovierten Schwarz mit knallbunten Accessoires mal mondän, mal sexy, mal herb, mal romantisch.
In Paris entwarf der Deutsche Karl Lagerfeld für Chloé solche knöchellangen Tageskostüme mit kunterbunt verzierten Jacken.

Blanker Po und schwarzes Leder

Mit 38 wollte der Pariser Modefotograf André Berg mal was Neues probieren. Biedere Bilder von braven Modefähnchen hatte er zur Genüge machen müssen. Er griff zu härteren Sachen: schwarzem Leder und Gummiklamotten. In Sex-Shops suchte Berg sich zusammen, womit Beate Uhse gute Geschäfte macht. Dann schnappte sich der Franzose das amerikanische Fotomodell Henrietta und schloß sich mit ihr eine Woche lang in ein Pariser Fotostudio ein. Das Ergebnis: Der Bildband „Catalogue", ein 126-Seiten-Schocker für Modefans und ein Schlager für Lederfetischisten. Um Pornographie, sagte der Lichtbildner, gehe es ihm nicht, sondern um eine Parodie auf die Mode von heute, denn „die ist viel zu sachlich und viel zu wenig sexy, da ist kein Platz mehr fürs Delirium".

Glänzende Kurven

**Als 1974 der Tanga erfunden wurde, jener winzigste Badefetzen des Jahrhunderts, stürzten sich die Badeanzug-Macher an die Arbeit. Sie mischten jahrelang kräftig im Tanga-Geschäft mit. Dann ging ihnen die Puste aus. Kleiner war der Winzling nicht zu schnippeln.
Also probten sie den Gegenschlag – mit Erfolg. Sie schneiderten hochelastische, strumpffeine Glanzstücke, die sich knackig um die Kurven schmiegen.**

Wilde Weiber aus London

Man nehme: eine hübsche Engländerin, hülle sie in Zwirn aus Tüll oder Plastik, behänge sie mit Blechschmuck, färbe ihre Haare grellbunt. Danach nenne man sie Siouxie, Fay Five oder Toyah und drücke ihr ein Mikrofon in die Hand. Fertig ist der Star '82.

Schöne neue Welt

Die neue Heimat der Avantgarde ist gelackt und gekachelt. Der Trend vom Trödel zum eitlen Tand hat Omas Sofa aus den Kneipen und Wohnungen verbannt. Leer ist das Reich der Sinne, Neonröhren malen grelle Kringel ins Nichts. Wer auf sich hält in der Welt des schönen Scheins, macht den blanken Fußboden zur Beziehungsebene und liegt im Kargen. Zum kühlen Interieur paßt die Leichenbittermiene der Null-Ästheten, die vom Verdruß im Stil der Zeit kündet. Schauhaus ist das Szene-Café, in dem jeder jeden mit Blicken seziert. Männliche New-Wave-Fans tragen Nyltesthemden zu Trachtenjankern, weibliche Wellenreiter gefallen sich im Kaltmamsell-Look der sechziger Jahre – glitzernder Lurex, Schmetterlings-Sonnenbrille und Plastik-Ohrgehänge. Die Träume der Schikkeria sind aus buntem Kunststoff; Resopal und Nylonplüsch als letzter Schrei im weißen Alptraum. In der Kälte der Nacht treffen sich die Ruhelosen in Bars mit dem Flair von Pissoirs, um bonbonfarbene Drinks zu schlürfen. Synthesizer-Musik kommt aus der Tiefe des Raumes und zerhackt die eisige Stille. Schöne neue Welt.

Der internierte Arbeiterführer Lech Walesa darf sich in einem Liegestuhl sonnen. Auf seinem Zwangswohnsitz an der sowjetischen Grenze ist der 39jährige rundlich geworden. Solche Fotos wurden nicht ohne Absicht in den Westen lanciert. Sie sollten zeigen, daß der frühere Chef der Gewerkschaft „Solidarität" während seiner elfmonatigen Internierung kein schlechtes Leben hatte. Von Anfang an war die Regierung darauf aus, die Heldenfigur zu demontieren.

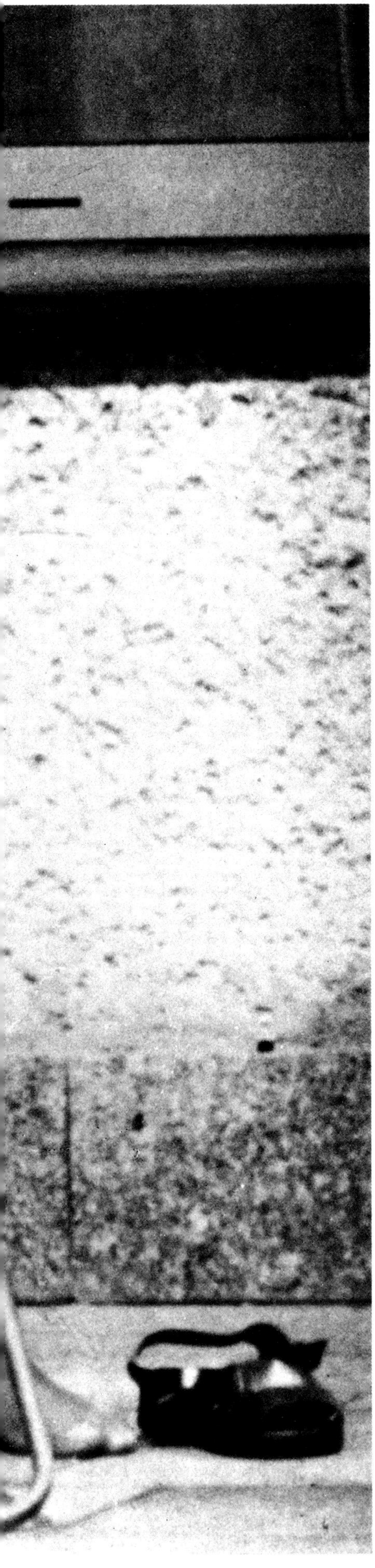

Die Macht besiegt den Freiheitswillen

Als das Jahr begann, herrschte tiefe Depression. Auf den Polen lastete ein Regime, das sie nicht gewählt und nicht gewollt hatten. Weil die Kommunistische Partei fürchtete, außer der Sympathie des Volkes nun auch noch die Macht zu verlieren, hatte sie das Militär zu ihrer Rettung gerufen. Das Kriegsrecht, seit dem 13. Dezember 1981 in Kraft, sollte dem Land wieder Ruhe und Ordnung bescheren – nach all den stürmischen Monaten des demokratischen Aufbruchs, in denen erstmals in einem Ostblockland eine unabhängige Gewerkschaft entstanden war. Nun waren die „Solidarität" suspendiert, ihre Aktivisten interniert oder untergetaucht, und Schritt für Schritt begannen die Militärs, das Rad der Geschichte in Polen zurückzudrehen. Über 1000 Journalisten wurden entlassen, die Massenmedien wieder auf Parteilinie getrimmt. Streiks waren verboten, Versammlungen genehmigungspflichtig, Schlüsselbetriebe militärischen Kommissaren unterstellt. Lange schien es, als sei die verordnete Ruhe im Lande trügerisch, als sei der Freiheitsgeist der Polen ungebrochen. Immer dann, wenn einer der vielen nationalen Feiertage nahte, mußten die Militärs zittern. Denn an diesen Tagen gingen Tausende, meist junge Leute, auf die Straßen, schwenkten „Solidarität"-Fahnen, riefen „Nieder mit der Diktatur!" und

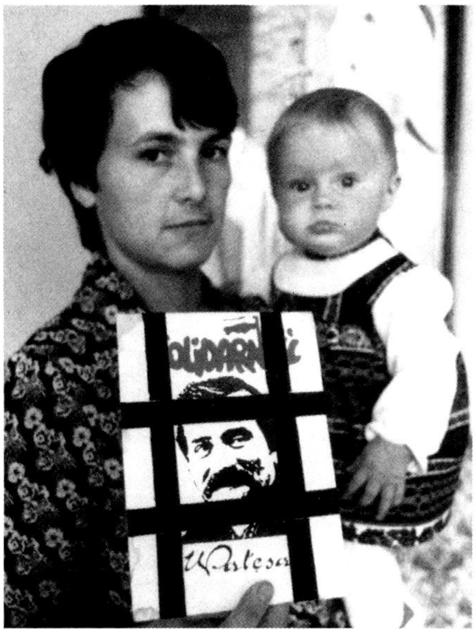

Danuta Walesa hält Maria Victoria im Arm, das jüngste ihrer sieben Kinder, dazu ein Poster ihres internierten Mannes. Zusammen mit seinem Beichtvater, Pfarrer Jankowski, war sie die einzige, die Lech Walesa regelmäßig sehen konnte. Den größten Teil seiner Haftzeit verbrachte der entmachtete Gewerkschaftschef in dem ehemaligen Jagdschloß Armalewo im äußersten Südosten Polens. Es hatte vorher als Erholungssitz für führende Parteifunktionäre gedient. Auch der französische Staatschef Giscard d'Estaing war hier schon auf Bärenjagd gegangen.

In der Hafenstadt Danzig schießen Polizisten in Zivil auf Demonstranten. Die ständig neu aufbrechenden Unruhen forderten mehrere Tote und viele Verletzte. Das Vorgehen von Militär und Polizei gegen die aufbegehrende Menge vertiefte die Kluft zwischen Volk und Staat. Die Polen sprachen nicht vom „Kriegszustand", sondern schlicht vom „Krieg". Sie verglichen die herrschenden Militärs mit den deutschen Okkupanten im Zweiten Weltkrieg. Immer wieder schallten den Sicherheitskräften bei ihren Einsätzen „Gestapo"-Rufe entgegen.

Die Leiche eines jungen Mannes, der an einem Kopfschuß starb, wird von Freunden weggetragen. Er war einer von zwei Toten, die es bei den Unruhen am 31. August in der Stadt Lubin gab. Nach den blutigen Auseinandersetzungen blockierte das Militär tagelang alle Zugänge und Nachrichtenverbindungen zur Stadt. Die Straßenschlachten des 31. August, dem zweiten Jahrestag der Unterzeichnung des Danziger Abkommens zwischen streikenden Arbeitern und der Regierung, waren das letzte große Aufbäumen des Volkes gegen das Unvermeidliche – den Verlust der errungenen demokratischen Freiheiten, die über kurz oder lang das sozialistische System zu Fall gebracht hätten.
Im Spätherbst war der Widerstand – vorerst – gebrochen.

Mit einem „Bauzaun" sperrten Arbeiter im August den Warschauer Siegesplatz ab. Monatelang hatte dort die Bevölkerung zum Zeichen des Protests gegen das Kriegsrecht ein Blumenkreuz ausgelegt. Die Warschauer aber suchten sich sofort einen neuen Platz in der Altstadt. Nun lag das Kreuz auf dem Schloßplatz, täglich von Menschen umsäumt. Erneut wurde, wie so oft in der Geschichte, die Religion zum großen Hoffnungsanker der Polen. Doch die mächtige Katholische Kirche des Landes geriet zunehmend zwischen die Fronten. Erzbischof Glemps Appelle zu besonnenem Verhalten brachten ihm die Kritik von Priestern ein, die klare Stellungnahmen gegen die Regierungspolitik verlangten.

„Freiheit für Lech Walesa!" So war es am 1. Mai, dem Tag der Arbeit, am 3. Mai, dem Gedenktag der ersten polnischen Verfassung, dem 22. Juli, dem offiziellen Nationalfeiertag, und am 31. August, als die Polen des Danziger Abkommens gedachten, mit dem die Arbeiter 1980 der Regierung demokratische Rechte abgetrotzt hatten. An all diesen Tagen gingen Autos und Busse in Flammen auf. Steine flogen gegen Wasserwerfer, die verhaßten „Zomo"-Sicherheitskräfte prügelten Demonstranten zusammen, Schüsse fielen, Menschen starben und wurden für das Volk zu Märtyrern. Doch als die Regierung am 8. Oktober die „Solidarität" endgültig verbot, regte sich in den polnischen Städten nur noch schwacher Widerstand. Und als am 10. November, dem zweiten Jahrestag der amtlichen Zulassung der „Solidarität", ein von der Untergrundführung ausgerufener Generalstreik scheiterte – da wurde deutlich, daß das Militär eben doch am längeren Hebel saß. Großzügig konnte die Regierung die meisten der anfangs rund 5000 Internierten entlassen und sogar dem früheren „Solidarität"-Führer Lech Walesa gestatten, nach elfmonatiger Haft nach Hause zurückzukehren – er war ja, so Regierungssprecher Urban, nur noch „Privatperson". Wenige Tage später wurde die „Privatperson" Walesa jedoch stundenlang unter Verschluß gehalten: Die Sicherheitsbehörden verhinderten so eine geplante Rede auf dem Gelände der Danziger Lenin-Werft. Am 13. Dezember, dem Jahrestag der Ausrufung des Kriegsrechts, konnte es sich die Regierung leisten, den Ausnahmezustand „auszusetzen" – mit dem wohlverstandenen Hinweis, ihn jederzeit wieder einführen zu können, wenn es die Lage erfordere. Das bißchen mehr Freiheit in Polen sollte den Westen veranlassen, seine Wirtschaftssanktionen aufzuheben. Denn für Polens Regierung gibt es nur eine Chance das Vertrauen des Volkes wiederzugewinnen: den „ungarischen Weg" einer ökonomischen Gesundung mit wachsendem Konsum und maßvoller politischer Liberalisierung. 1982 war das Volk nicht bereit, die Regierung dabei zu unterstützen. Lethargie und passiver Widerstand in den Betrieben verhinderten, daß sich das Land unter dem Kriegsrecht wirtschaftlich erholte.

Lech Walesa, Symbolfigur des Kampfes der Polen um mehr Demokratie, ist wieder zu Hause. Vom Fenster seiner Wohnung in Danzig aus spricht er, ein Mikrophon in der Hand, zu einer vieltausendköpfigen Menschenmenge, die sich zu seiner Begrüßung versammelt hat. Seine Nachbarn sind auf ihre Fensterbänke gestiegen, um ihn sehen und hören zu können. Doch der einstige Chef der „Solidarität", hinter dem einmal zehn Millionen Anhänger standen, besitzt keine Macht mehr. Seine Organisation ist verboten. Zwar hat er allen Versuchen der Regierung widerstanden, ihn „umzudrehen". Aber nach einem Jahr Kriegsrecht kann er den Herrschenden nicht mehr gefährlich werden. Der Widerstandswille der Polen ist vorerst gebrochen.

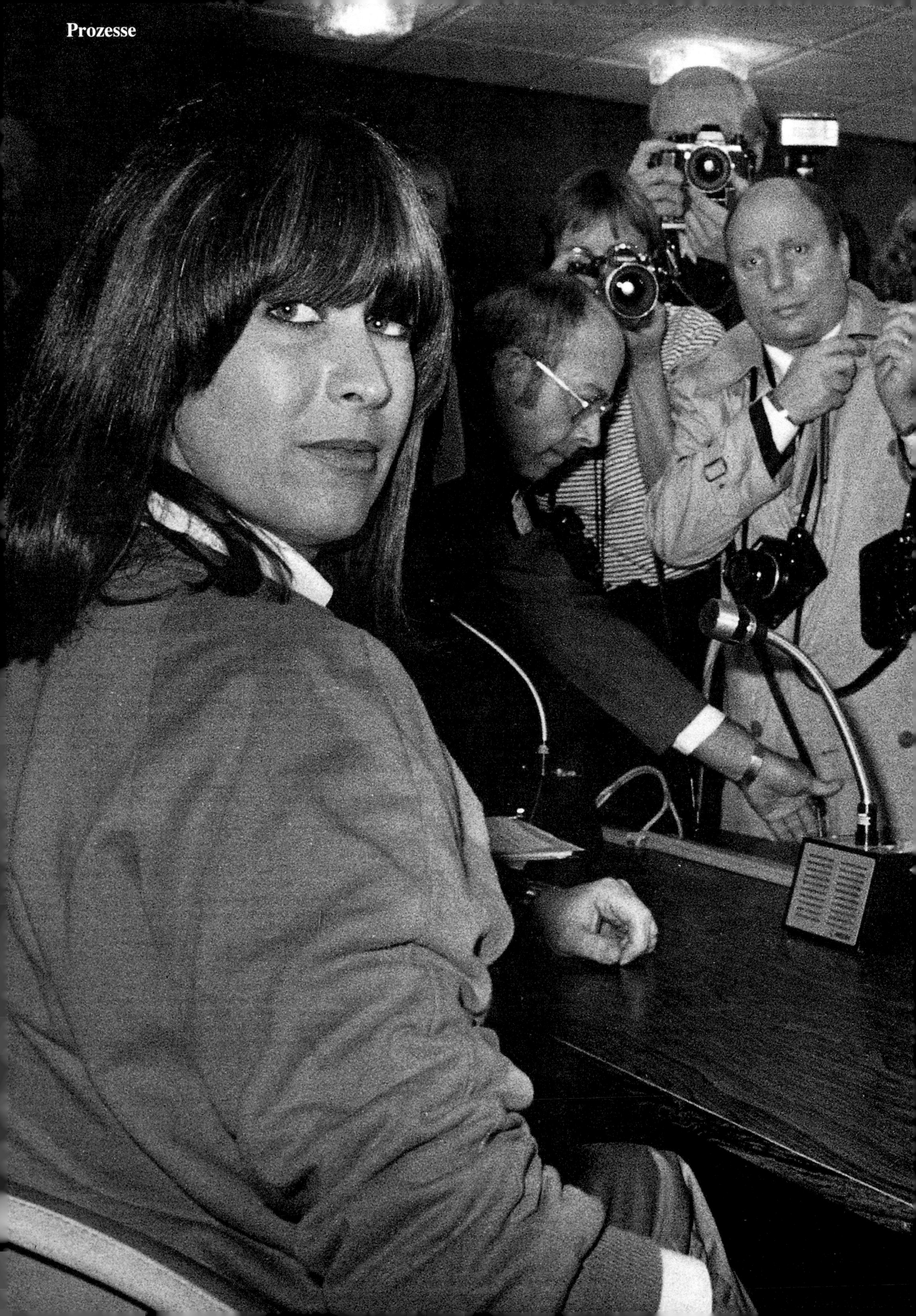

Strafprozeß des Jahres

Kühl, schön – und heimtückisch? Umstellt von Fotografen, sitzt Marianne Bachmeier vor dem Lübecker Schwurgericht. Die 31jährige „Rache-Mutter" hatte 1981 mit sieben Schüssen den Mann niedergestreckt, der zuvor ihre Tochter Anna mit einer Strumpfhose erdrosselt hatte. Für die Staatsanwaltschaft heimtückischer Mord. Für Millionen Deutsche ein Selbstbefreiungsakt in einem Staat, der mit Triebtätern allzu lasch umgehe. Unter der Woge von Emotionen wurde Bachmeiers Opfer rasch vergessen: Klaus Grabowski, ein Triebtäter.

Mord – um die Familie zu retten

Stundenlang schildert der 48jährige Diplom-Volkswirt Günter Adler am 8. Februar vor dem Landgericht Karlsruhe, wie er „seine Familie vor einer feindlichen Umwelt" abschirmte, seine fünf Kinder nach „strengen Moralvorstellungen" erzog und schließlich den Zusammenhalt der Familie durch die auf 800 000 Mark angewachsenen Schulden zerbröckeln sah: „Alle waren mit sich und der Welt zufrieden, aber ich und meine Familie schienen in die endgültige Katastrophe zu treiben." Um seine Familie zu retten, ermordete er die elfjährige Fabrikantentochter Cornelia Becker. Am 3. November 1980 hatte Adler das Mädchen auf dem Schulweg entführt und noch am selben Tag im Keller seines

Büros mit einem Hammer erschlagen. Dann forderte er in zahlreichen Erpresserbriefen zwei Millionen Mark für die Freilassung des Kindes. Sieben Wochen lang ließ er Eltern, Polizei und Öffentlichkeit in dem Glauben, Cornelia sei noch am Leben. Papst Johannes Paul II. appellierte an den Entführer, vom „grausamen Tun" abzulassen, im Fernsehen flehte die Mutter „um Erbarmen", Bittgottesdienste wurden abgehalten. Bis kurz vor Weihnachten ein Förstersohn beim Christbaumschlagen die im Wald verscharrte Leiche entdeckte. Tags darauf wurde der Akademiker in seiner Karlsruher Villa verhaftet. Aufgebrachte Bürger zwangen seine Familie, die Stadt fluchtartig zu verlassen. Günter Adler wurde am 5. August 1982 zu lebenslanger Freiheitsstrafe verurteilt.

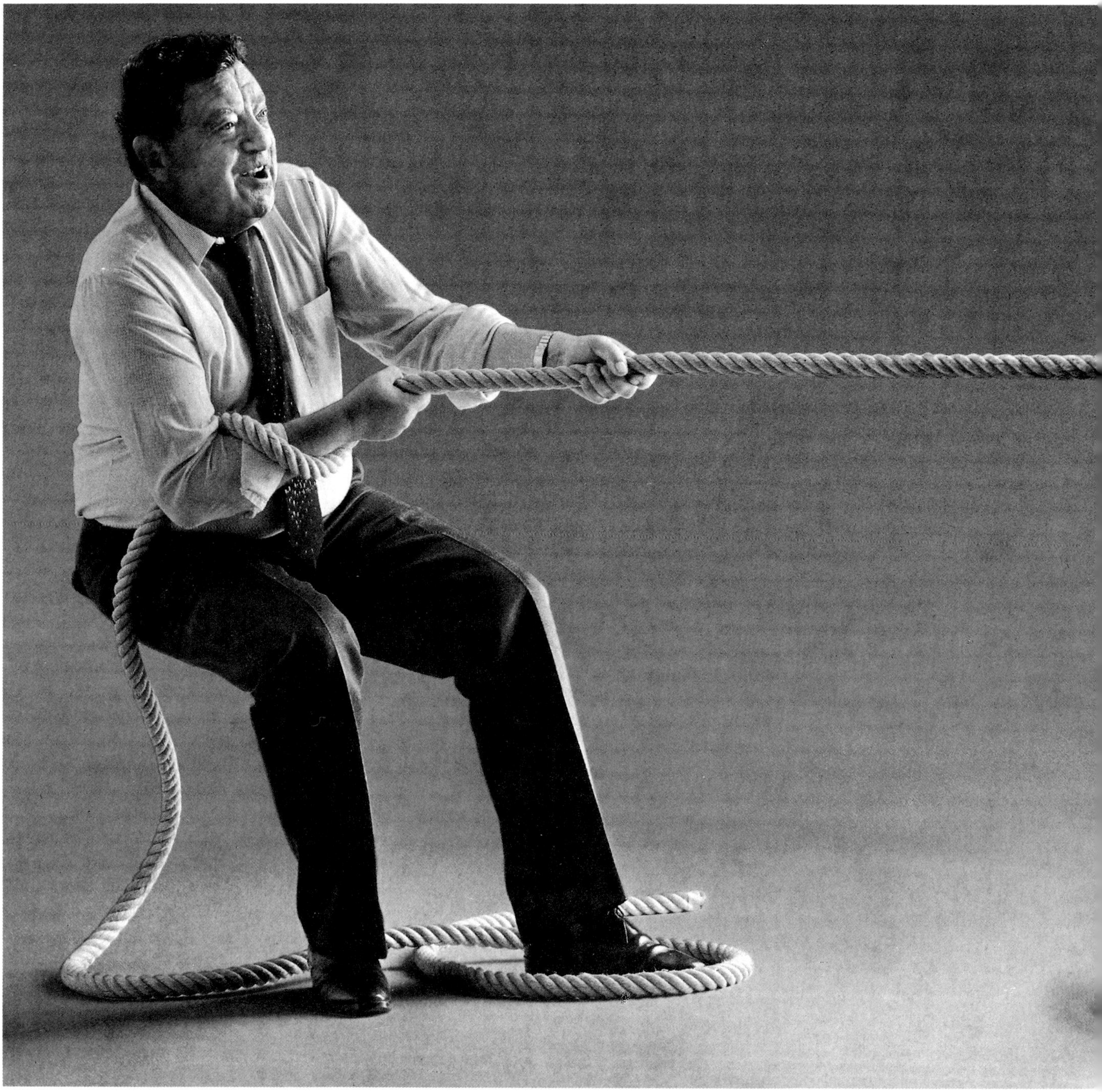

Tauziehen um die Macht am Rhein

Die Wende in Bonn fand ohne Franz Josef Strauß statt. Während der CDU-Chef Helmut Kohl am 1. Oktober in der Bundeshauptstadt mit viel Pathos das „große Erbe Konrad Adenauers" übernahm, schimpfte der CSU-Vorsitzende im bayerischen Kulmbach auf die Liberalen, die gerade den Hamburger Helmut Schmidt gestürzt und den Mainzer Helmut Kohl zum Kanzler gemacht hatten.

Strauß attackierte wieder einmal die neuen Partner Hans-Dietrich Genscher und Otto Graf Lambsdorff wegen ihres „Beitrags zu dem Chaos", das die Sozial-Liberalen am Rhein hinterlassen hätten. Doch das laute Intermezzo konnte nicht darüber hinwegtäuschen, daß Helmut Kohl, „der Mann, der seine Grenzen kennen muß" (Strauß), als Sieger aus dem Koalitions-Tauziehen hervorgegangen war. Nach 35 Jahren „Dienst am Volk" (Kohl) hatte der Mitgründer der CDU den Gipfel seiner Karriere erreicht: Die Koalition aus SPD und FDP war geplatzt, alle Versuche des CSU-Chefs waren überstanden, seine Kanzlerschaft zu hintertreiben, und die Unterstützung einer „ausreichenden Mehrheit" in der gespaltenen FDP war gesichert. Gemeinsam mit seinem liberalen Kompagnon Genscher hatte Kohl monatelang die Wende vorbereitet, um sie dann im Frühherbst endlich zu vollziehen. Die Endphase des Wechselspiels begann am Montag, dem 30. August.

Bundeskanzler Helmut Schmidt, gerade vom Urlaub am Brahmsee zurückgekehrt, sitzt mit seinem Vertrauten Hans-Jürgen Wischnewski sowie Außenminister Genscher und Wirtschaftsminister Graf Lambsdorff im Kanzleramt beisammen, um sich Aufschluß über die Absichten der FDP-Spitze zu verschaffen. Genscher

weicht aus. „Gegenwärtig" sei kein Wendemanöver geplant. Forderungen der Liberalen nach Korrektur am Haushaltsentwurf für 1983 haben Schmidt verärgert. An seiner Stelle, fährt er den Grafen an, würde er abweichende Auffassungen zur Wirtschaftspolitik schriftlich darlegen. „Genau das habe ich vor", kontert Lambsdorff.

Als am Abend das SPD-Präsidium tagt, wird eine Agenturmeldung über ein neues Interview des Grafen hereingereicht. Lambsdorffs Kernthese: „Der hessische Wähler entscheidet, was er von einem Wechsel der FDP in eine andere Koalition hält. Das würde

Kaum war die Macht in Bonn für die Christdemokraten greifbar nahe, gab es schon den ersten Hauskrach. Während CDU-Chef Helmut Kohl und sein neuer liberaler Partner Hans-Dietrich Genscher Neuwahlen erst für das erste Viertel des Jahres 1983 anpeilten, wollte CSU-Chef Franz Josef Strauß die Bundesbürger sofort nach dem Regierungswechsel an die Urnen rufen. Sein Kalkül: Verärgert über Genschers Wendemanöver würden die Wähler die FDP aus dem Bundestag katapultieren und der CDU/CSU die absolute Mehrheit verschaffen. Als neuer Außenminister und Vizekanzler stünde dann Strauß bereit. Eine Rücksichtnahme auf die politischen Zielvorstellungen eines freidemokratischen Koalitionspartners wären nicht mehr notwendig. Nach dem Ergebnis der Hamburger Bürgerschaftswahl vom 19. Dezember (die SPD errang die absolute Mehrheit, die FDP scheiterte an der Fünf-Prozent-Klausel) scheint es nun zwar möglich, daß die FDP bei der Bundestagswahl am 6. März durchfällt, aber ein absoluter Wahlsieg der CDU/CSU ist fraglich: Der „Genosse Trend" gab der SPD zum Jahresende nach langer Pause neuen Auftrieb.

Freitag, 1. Oktober 1982, 17.35 Uhr: Mit den Stimmen von CDU/CSU und FDP ist Helmut Kohl nach dem Sturz von Helmut Schmidt zum neuen Bundeskanzler gewählt worden. Nach seiner Vereidigung nahm der CDU-Vorsitzende und bisherige Oppositionsführer im Bundestag auf der mit einem Blumenstrauß geschmückten Regierungsbank Platz. Das große Problem des neuen Regierungschefs: Er steht im Schatten seines Widersachers von der CSU, Franz Josef Strauß. Kohl weiß, daß der CSU-Chef ihm nicht viel zutraut und ihn eigentlich nur als „Kanzler unter einem Vizekanzler Strauß" akzeptiert. Der CDU-Spitzenmann muß damit rechnen, daß der Bayer ihm jederzeit ein Bein stellen wird, wenn er es für opportun hält.

für uns in Bonn eine wichtige Erkenntnis sein." Bundeskanzler Helmut Schmidt, der die Zweideutigkeiten und taktischen Spielchen seiner freidemokratischen Koalitionspartner schon lange satt hat („Das Gerede von der Wende höre ich jetzt zwölf Monate lang") fühlt sich düpiert. Den übrigen Spitzengenossen geht es ähnlich. Einmütiger Beschluß: Der FDP-Chef soll gezwungen werden, „Farbe zu bekennen".

Einen Tag später, am 31. August, treffen sich Kohl und Strauß im bayerischen Inntal zu einer Wanderung, um unter vier Augen die politische Lage zu besprechen. Mit Genscher, so berichtet der Bonner Oppositionsführer dem gestrengen CSU-Chef, stehe er seit Wochen in regelmäßigem Kontakt über eine neue christlich-liberale Regierungsbildung. Der FDP-Chef plane, im Oktober das sozial-liberale Bündnis durch den Auszug der vier FDP-Minister zu kippen. Strauß nickt wohlgefällig, dringt aber zugleich auf baldige Neuwahlen, um die neue Regierung vom Wähler für vier Jahre bestätigen zu lassen.

Am Dienstag, dem 7. September, hat Otto Graf Lambsdorff seine Schularbeiten gemacht. Das „Manifest der Marktwirtschaft" liegt vor. Es läuft auf eine radikale Demontage des Sozialstaates hinaus. Lambsdorff weiß, daß er mit diesem brisanten Papier die Koalition sprengen kann. Und er ist entschlossen, es zu tun. Noch am gleichen Tag trägt er seine Thesen in der FDP-Fraktion vor. Die Reaktion ist geteilt. Den Rechten erscheint das Papier als „richtungweisend", den Linken gilt es als „sozial unausgewogen". Fraktionschef Wolfgang Mischnick versucht, die Wogen zu glätten. Dies sei kein FDP-Dokument: „Der Ressort-Minister trägt die Verantwortung."

Donnerstag, 9. September: Vor dem Bundestag versucht Helmut Schmidt, den FDP-Chef in die Enge zu treiben. Wer wechseln wolle, solle das klar und offen sagen. „Die Bürger im Lande haben genug von Finessen und Gerüchten." Genscher erwidert kühl: Die Grenze der Zusammenarbeit müsse dort liegen, „wo man sich gegenseitig überfordert". Die Passage wird allgemein als Absage an die Koalition mit der SPD interpretiert. Fünf Tage später stellt der Kanzler im Ka-

Abschied vom Kanzleramt: Begleitet von einem Sicherheitsbeamten, der einen dem Kanzler zuvor überreichten Blumenstrauß in der Hand hält, geht Helmut Schmidt durch den Park des Palais Schaumburg zum Kanzler-Bungalow. Der Sozialdemokrat mußte dem Mann seinen Platz als Regierungschef räumen, den er stets für unfähig gehalten hat, die Bundesrepublik zu regieren und ihre Probleme zu lösen. Daß die Wähler Schmidts Kompetenz vertrauten, bewiesen sie am 26. September: Bei der hessischen Landtagswahl stärkten sie dem gestürzten Kanzler und der SPD den Rücken. Entgegen allen Voraussagen blieben die Christdemokraten mit ihrem Spitzenkandidaten Alfred Dregger nur zweiter Sieger. Doch trotz dieses Erfolges war Schmidt nicht bereit, noch einmal als Kanzlerkandidat der SPD in die geplante Bundestagsneuwahl zu ziehen. Die notwendige Rücksicht auf seine angegriffene Gesundheit zwang ihn zum Rückzug aus dem politischen Alltagsstreß.

binett Wirtschaftsminister Lambsdorff zur Rede. Seine Thesen widersprächen der Regierungspolitik. Schmidt zu Lambsdorff: „Welche politischen Absichten haben Sie? Was ist Ihre Antwort auf Spekulationen, Sie wollten eine andere Koalition?" Der FDP-Minister lenkt ein. Nicht alle seine Überzeugungen müßten realisiert werden und schon gar nicht auf einmal.

Schmidt ist nicht zufrieden mit dieser Erklärung. Als Genscher seinem Wirtschaftsminister mit der Bemerkung beispringt, die Vorlage einer solchen Denkstudie sei ein ganz normaler Vorgang, wird der Kanzler grantig: „Das ist ein ganz und gar ungewöhnlicher Vorgang, daß ein Regierungsmitglied die Koalition in Frage stellt. Sie haben 24 bis 48 Stunden Zeit, das zu klären."

Am späten Nachmittag erklärt Schmidt dem Parteivorsitzenden Willy Brandt und dem Fraktionschef Herbert Wehner, er wolle nun in die Offensive gehen und durch Mobilisierung der öffentlichen Meinung den Weg zu Neuwahlen freimachen. Die Verzögerungsstrategie Genschers sei er nicht mehr bereit, länger hinzunehmen.

Am Tag darauf, es ist Donnerstag, der 16. September, telefoniert Kohl zum wiederholten Male mit Genscher. Was er tue, wenn Schmidt den Wirtschaftsminister vor die Türe setze, will Kohl wissen. Genscher: „Dann ist die Koalition auf jeden Fall zu Ende." Auch mit Strauß führt der CDU-Vorsitzende ein „sehr langes" Ferngespräch. Beide sind sich einig, daß sich die Union keinesfalls mit Schmidt auf eine Vereinbarung über Neuwahlen einlassen darf. Erst müsse die CDU/CSU die Regierung übernehmen, um dann Neuwahlen anzusteuern.

Am nächsten Morgen treffen sich Genscher, Lambsdorff sowie Innenminister und Koalitionswechsel-Gegner Gerhart Baum um 8.15 Uhr mit Mischnick in dessen Arbeitszimmer. Der Kanzler hat den Wirtschaftsminister zum Rapport bestellt. Die Parteifreunde wollen ihm noch einige Ratschläge mit auf den Weg geben. Als er die Runde verlassen hat, vertraut Genscher seinen Kollegen Baum und Mischnick an: „Wenn der Kanzler in seiner Bundestagsrede für Neuwahlen eintritt, trete ich zurück." Nach Lambsdorffs Rückkehr vom Kanzler weiß Genscher, daß Schmidts Geduld

Letzte Schönheitspflege vor dem gemeinsamen Fernsehauftritt. FDP-Chef Hans-Dietrich Genscher und sein neuer Regierungspartner von der CDU/CSU, Helmut Kohl, wollen den Bürgern die Notwendigkeit der Bonner Wende erklären. Jahrelang hatte Genscher mit dem Argument um Wähler geworben, nur die FDP als Partner der SPD könne eine Regierung Strauß/Kohl verhindern. Im Herbst wollten Otto Graf Lambsdorff und er Partner der Christdemokraten werden, um in Bonn an der Macht zu bleiben und die eigenen Kabinettsposten zu retten. Mit diesem Wechsel bescherte er seiner Partei eine schwere Zerreißprobe. Achtzehn Bundestagsabgeordnete der FDP gaben Kohl bei der Kanzlerwahl ihre Stimme nicht. In den Ländern, Kreisen, Städten und Gemeinden wurden die Liberalen von einer Austrittswelle geschüttelt.

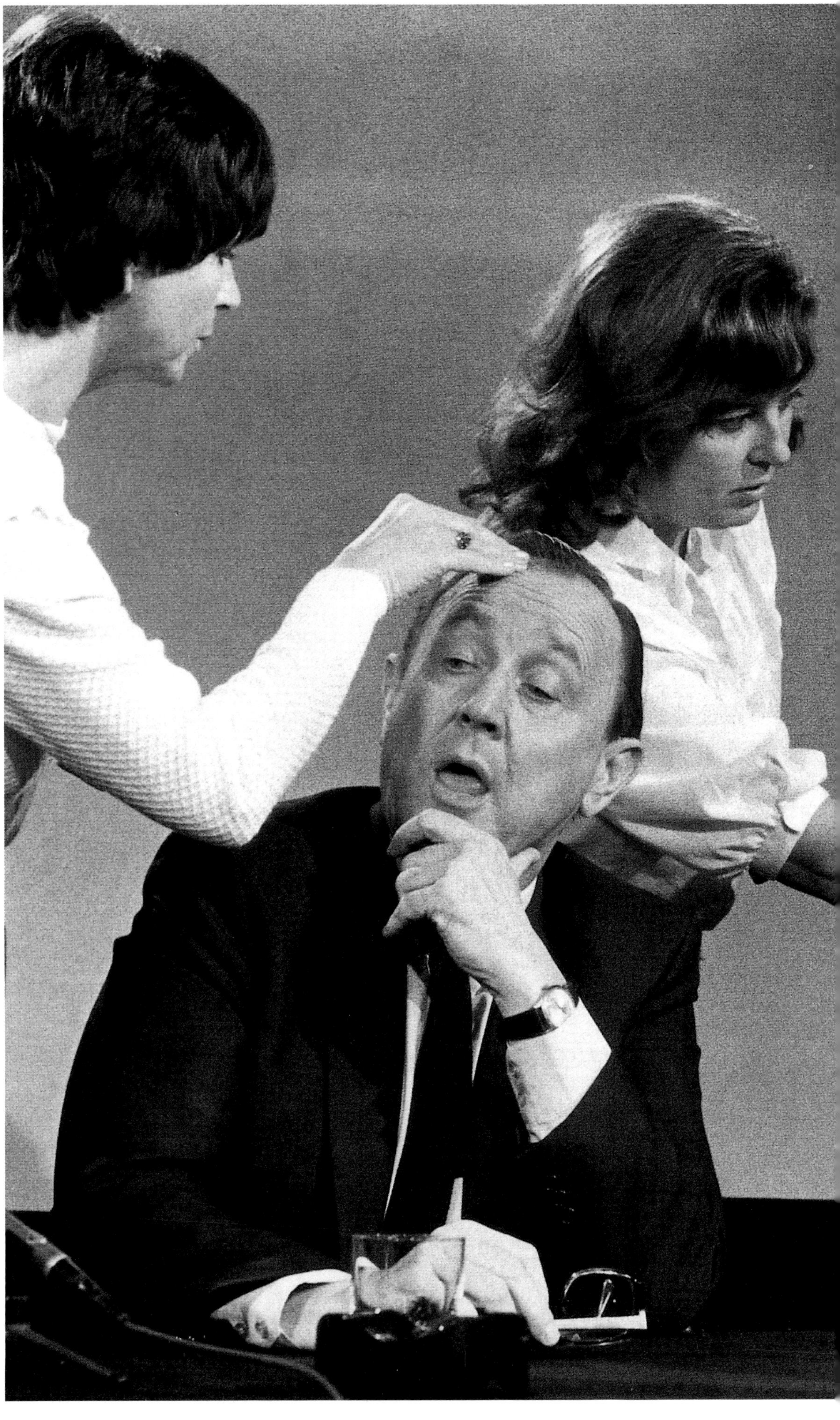

zu Ende ist. Erst jetzt entschließt er sich zum Rücktritt, dem die anderen FDP-Minister später folgen. Gegen 10 Uhr gehen Genscher und Mischnick zum Regierungschef. Dort erklärt der FDP-Chef seine Demission als Außenminister. Daraufhin Schmidt zu Mischnick: „Das ist gut so, sonst hätte ich die FDP-Minister entlassen."

Als erste der drei Fraktionen tritt an diesem Tag die CDU/CSU zusammen. Kohl: „Wir haben einen Tag vor uns, der in die Geschichte eingehen wird. Unser Volk, die Welt blickt auf uns." Dann macht er die Parlamentarier mit seiner Marschroute vertraut: Die Union wolle als Regierungspartei in die nächste Wahl gehen. „Wer damit nicht einverstanden ist, den bitte ich um Handzeichen." Niemand meldet sich. Kohl scheint am Ziel. Die Kanzlerschaft ist greifbar nahe. Doch da zeigt Franz Josef Strauß noch einmal Muskeln. Ihm paßt der Zeitplan des CDU-Chefs nichts. Während Kohl Neuwahlen erst für das erste Viertel des Jahres 1983 anpeilt, verlangt Strauß, den Bundestag sobald wie möglich nach der Wahl des neuen Kanzlers aufzulösen.

Die CDU ist dagegen, den Haushalt 1983 von einer „Übergangsregierung" verabschieden zu lassen. Was Strauß will, ist klar: Baldige Neuwahlen sollen der Union die absolute Mehrheit verschaffen und die FDP aus der Regierung drängen, damit der CSU-Chef dann im Kabinett Kohl den Posten des Außenministers und Vizekanzlers übernehmen kann. Die Querschüsse aus Bayern trafen nicht ins Ziel. Strauß mußte nachgeben. Am 1. Oktober wurde Kohl zum neuen Regierungschef gewählt. Die Neuwahlen wurden auf Anfang März 1983 terminiert – die Zustimmung des Bundespräsidenten vorausgesetzt. In dem seit 13 Jahren herbeigesehnten, jetzt endlich vollzogenen Regierungswechsel sehen die Konservativen die Chance, die Reformen der sozial-liberalen Ära wieder aufzuheben (Motto: Rückwärts in die Zukunft) und die Wirtschaft zu beleben. Doch zum Jahreswechsel war von Aufbruchstimmung nicht viel zu spüren, fast alle Wirtschaftsdaten waren negativ – und auch das Ergebnis der Hamburger Bürgerschaftswahl vom 19. Dezember gab den Hoffnungen der christlich-liberalen Koalition einen Dämpfer.

Todessturz am Ententeich

Die erste Weltmeisterschaft der Military-Reiter in Deutschland sollte den seit Jahren protestierenden Tierschützern beweisen, daß diese Vielseitigkeitsprüfung aus Dressur. Springen und Geländeritt keine Tierquälerei ist. Doch dann ereignete sich ausgerechnet in Luhmühlen der dritte tödliche Unfall des Jahres. Wie vor ihm die Engländerin Sara Bailey und der Deutsche Wolfgang Rühs wurde auch der Schweizer Ernst Baumann von seinem stürzenden Pferd erschlagen. Weil sein eigener Wallach sich auf dem Transport verletzt hatte, war der 33jährige auf dem Ersatzpferd eines Teamkameraden gestartet. Er mißachtete damit eine Grundregel der Military-Reiter, die Stärken und Schwächen eines Tieres genau zu kennen. Als der Schweizer mit dem 15jährigen Hengst Beaujour de Mars das vorletzte der 32 Hindernisse erreichte, war das älteste der 72 gestarteten Pferde schon am Ende seiner Kraft. Der Absprung mißlang, der Hengst überschlug sich und stürzte auf seinen Reiter, der den schweren Brustkorbquetschungen auf dem Weg ins Krankenhaus erlag. Die meisten Zuschauer erfuhren von dem tödlichen Ausgang erst auf dem Heimweg. Die Funktionäre wollten den Wettbewerb nicht beenden lassen, bevor nicht der Sieger feststand, die britische Amazone Lucinda Prior-Palmer-Green.

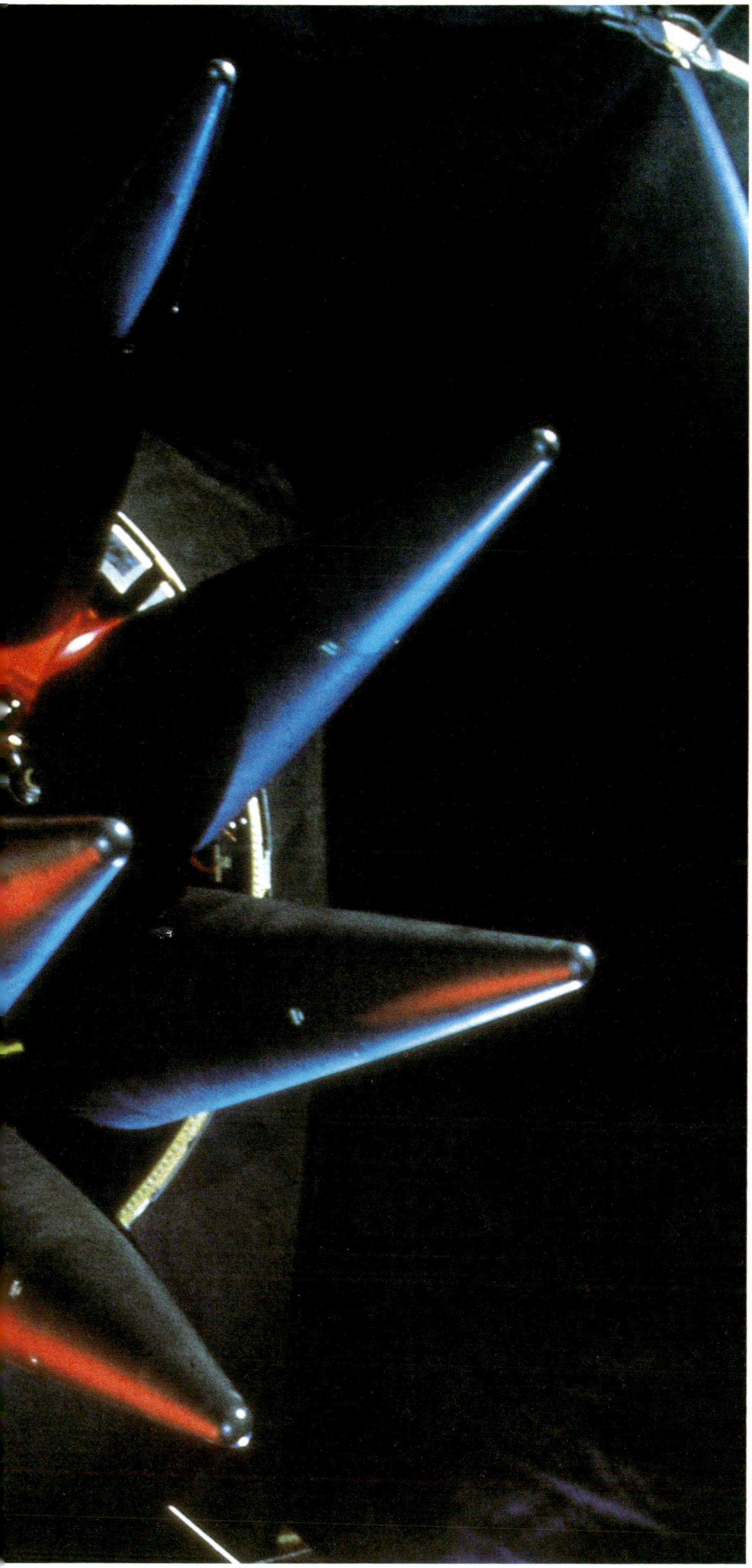

Zehn schwarze Killer

Amerikas jüngste Schreckenswaffe zeigt ihre Zähne: zehn schwarze Atomsprengköpfe, jeder mit einem Kaliber von 350 Kilotonnen (zum Vergleich die Hiroshima-Bombe: 13 Kilotonnen). Sie sitzen in der Spitze der 22 Meter langen Interkontinentalrakete MX oder „Peacekeeper (Friedensbewahrer), wie Präsident Reagan sie im November 1982 taufte. Die „heimatlose Rakete", für die in den vergangenen Jahren mehr als 30 Stationierungsverfahren ersonnen wurden, hat noch immer keine Startrampe gefunden: Der Plan Reagans, die MX ab 1986 in enger Nachbarschaft („dense pack") im US-Bundesstaat Wyoming zu stationieren, fiel im amerikanischen Kongreß durch. Das Problem, für das die USA bisher erfolglos eine Lösung suchen: Wie kann man Interkontinentalraketen so aufstellen, daß sie vor einem feindlichen Überraschungsangriff sicher sind? Die Techniker sagen: gar nicht. Nur raketenbestückte U-Boote in den Tiefen der Weltmeere seien noch vor Entdeckung sicher. Doch die US-Luftwaffe wehrt sich dagegen, das Raketengeschäft der Marine zu überlassen. So sucht sie weiter nach einer Heimat für ihre MX-Raketen. Der Kongreß bewilligte dafür weitere sechs Milliarden Mark.

Die Straße zum Frieden – mit Raketen gepflastert?

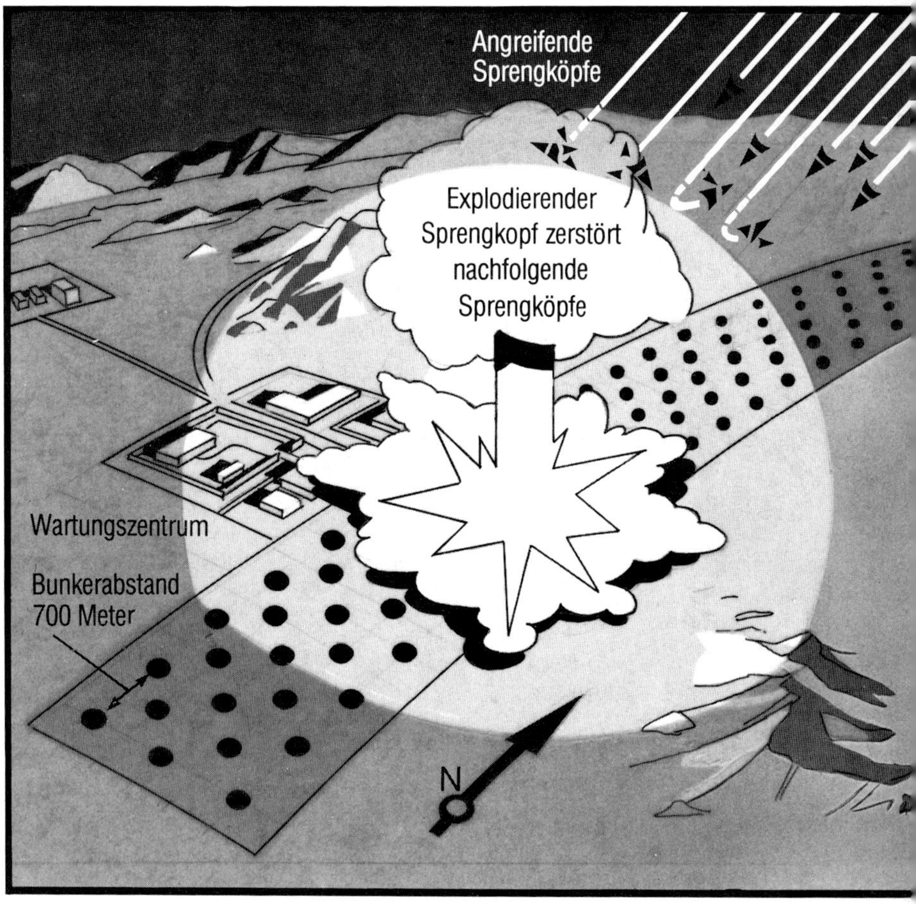

Die Adresse ist symbolträchtig: „Straße des Friedens". An dieser Straße in Genf stehen die Gebäude der amerikanischen und der sowjetischen Abrüstungsmissionen. Dort tagen seit der Jahreswende 1981/82 abwechselnd jeweils dienstags und freitags die Verhandlungskommissionen der beiden Supermächte, um sich darüber zu einigen, ob und wie die atomaren Mittelstreckenwaffen beider Seiten in Europa verringert werden können.

Es ist ein Verhandlungswettlauf gegen die Nachrüstung. Denn wenn die Konferenz ergebnislos bleibt, sollen – so der Nato-Doppelbeschluß – ab Ende des Jahres 1983 die ersten neuen Pershing 2-Atomraketen der Amerikaner in der Bundesrepublik stationiert werden. Die bisherigen Pannen bei der Erprobung der neuen Geschosse sollen nach Angaben des US-Verteidigungsministeriums den Zeitplan nicht gefährden. Ebenfalls ab Jahresende 1983 werden auch 464 Marschflugkörper „Cruise Missiles" mit Atomsprengköpfen in Europa stationiert, 96 von ihnen ab 1986 in Wüschheim im Hunsrück.

Wüschheim, ein winziges Dorf im Hunsrück, gerade 270 Seelen stark. Im Mittelpunkt das Kriegerdenkmal, mit dem der 18 Toten zweier Weltkriege gedacht wird. Das kleine Dampfsägewerk ist der größte Betrieb im Ort. Die einzige Gaststätte hat nur abends geöffnet. Im Staatsforst dicht hinter den Häusern werden die Atomgeschosse stationiert – und Wüschheim in der Verbandsgemeinde Simmern wird eines der bevorzugten Ziele sowjetischer Atomraketen sein.

Zu diesen 96 Marschflugkörpern kommen möglicherweise 48 weitere hinzu, wenn nicht Belgien seine Haltung noch ändert. Diese zusätzlichen 48 Flügelbomben sollten eigentlich im Nachbarland aufgestellt werden, doch die Regierung in Brüssel fürchtet den Protest der Bevölkerung. Deshalb wird in der Nato erwogen, diese Flugkörper in Friedenszeiten in Deutschland zu lagern. Erst kurz vor ihrem Einsatz sollen sie – so diese Überlegungen – über die Grenze nach Belgien gebracht werden.

Vielleicht kommen mit der Nato-Nachrüstung ja auch wieder die besseren Tage für das Dorf. Denn nicht immer war Wüschheim ein so armseliger Flecken, daß selbst zum Gottesdienst die Gläubigen über die Dörfer pilgern müssen, weil die Kirche längst nicht mehr im eigenen Dorfe ist. Vor fast 2000 Jahren waren die Römer hier, als unweit noch eine Grenzstation ihres Weltreichs stand – einige der Besatzer von damals liegen noch heute hier, unter den Grabhügeln am Rande der „Hunsrück-Höhenstraße", deren Nähe Wüschheim seinen neuen, künftigen Aufschwung verdankt.

Denn das war einer der Gründe, die den Bundessicherheitsrat am 2. Oktober 1981 bewogen, ausgerechnet Wüschheim als Stationierungsort auszuwählen: die Nachbarschaft der gut ausgebauten Hunsrück-Höhenstraße, auf der sich im Krieg die „MAN"-Sattelschlepper mit den Marschflugkörpern in die Wälder nahe der französischen Grenze fortschleichen sollen – auf jedem Truck ein Startbehälter mit vier Atomgeschossen. Ohne diese Piste bliebe Wüschheim in seinem Schlaf wie einst Dornröschen – die Nachrüstung wird es wachküssen.

Mindestens 1500 US-Soldaten aller Dienstgrade werden für die Marschflugkörper-Basis angesiedelt – etwa zur Hälfte in und um Wüschheim, zur anderen Hälfte in Wiersdorf bei Bitburg, wo in etwa fünf Jahren die zentrale Reparatur- und Testbasis für alle Cruise missiles der Nato auf dem europäischen Kontinent entstehen soll.

Es werden nur US-Soldaten sein – anders als etwa in Großbritannien oder Italien. Dort werden die Nachrüstungs-Basen von einheimischem Militär bewacht. Die Bundeswehr erschien der Nato dafür nicht geeignet.

Der Bau der Stellungen wird aus dem Infrastrukturprogramm der Nato bezahlt, der deutsche Anteil beträgt 165,7 Millionen Mark nach dem Geldwert von 1981. Alle weiteren Kosten – so für die Unterkünfte dieser neuen Einheiten – werden von der Bundesrepublik getragen.

Im Bonner Verteidigungsministerium ist „der Kreis der Wissensträger eng begrenzt", wie sich Minister Manfred Wörner im Herbst 1982 versichern ließ. Dadurch, daß die wichtigsten Informationen nicht in Akten festgehalten, sondern nur mündlich weitergegeben würden, sei die Geheimhaltung

„Dense pack" (dichte Packung) nennt US-Präsident Ronald Reagan die neuartige Stationierungsmethode für die künftige Superrakete der USA. Alle 100 MX-Interkontinentalgeschosse mit der Bezeichnung „Peacekeeper" (Friedenswahrer) sollen dicht bei dicht im US-Bundesstaat Wyoming eingegraben und besonders fest verbunkert werden. Die listige Rechnung: Wenn die Sowjets mit einem ganzen Pulk von Sprengköpfen angreifen, zerstört die erste Explosion alle übrigen Angreifer, aber höchstens einen einzigen „Peacekeeper"-Bunker. Das Beängstigende an der Rechnung: Ob sie stimmt, beweist sich erst bei einem Atomkrieg.

gesichert. Diese Geheimhaltung betrifft insbesondere den Marschflugkörper-Standort Wüschheim, der auf Beschluß des Bundessicherheitsrates nicht bekanntgegeben werden darf – „auch nicht gegenüber örtlichen/regionalen Behörden". Nur der rheinland-pfälzische Ministerpräsident Bernhard Vogel wurde vom damaligen Verteidigungsminister Hans Apel kurz vor dessen Rücktritt in einem Gespräch unter vier Augen informiert.

Dabei wurde in Wüschheim längst mit den Vorarbeiten begonnen. Bodenproben an den geplanten Bauplätzen sind bereits untersucht, die Plätze vermessen, unter Tarnnamen werden Baupläne gezeichnet, erste Aufträge sind schon ausgeschrieben. Denn die „im Planungsstadium befindlichen Baumaßnahmen müssen 1983 begonnen" und deshalb „Sicherungsmaßnahmen für das Gelände zur Zeit vorbereitet" werden, wie dem Minister berichtet wurde.

Die strenge Geheimhaltung ist inzwischen bei Regierung und Opposition umstritten. Der einflußreiche Bundestagsabgeordnete Werner Marx (CDU) forderte, die deutschen Nachrüstungsstandorte bekanntzugeben – so wie es in Großbritannien und Italien geschehen sei.

Der Doppelbeschluß der Nato sieht eigentlich vor, daß die neuen atomaren Mittelstreckenwaffen nur aufgestellt werden, wenn die Verhandlungen in der Genfer „Straße des Friedens" zwischen den USA und der UdSSR über die Begrenzung solcher Waffen in Europa ergebnislos bleiben. Die USA hingegen – so wurde Minister Wörner berichtet – „haben bei der Sitzung der Special Consultative Group der Nato am 8. September 1982 bekräftigt, daß der Stationierungsbeginn Ende 1983 eingehalten wird".

Dann sollen die ersten der geplanten 108 Pershing-2-Raketen an die US-Truppen in Heilbronn, Mutlangen und Neu-Ulm ausgeliefert werden. Aus dem internen Bericht für den Verteidigungsminister: „Der Beginn der Einsatzbereitschaft ist für Ende 1983 mit provisorischen Einrichtungen möglich. Für die volle Einsatzbereitschaft sind Baumaßnahmen (Raketenlager und Wartungsgebäude) in einem Kostenumfang von etwa 20 Millionen Mark erforderlich. Die USA drängen auf Einleitung der Maßnahmen und Fertigstellung bis Juli 1984."

Die „Wissensträger" im Verteidigungsministerium rechnen wohl nicht mehr mit einem Erfolg der Genfer Mittelstreckenwaffen-Verhandlungen. „Verhandlungsansätze, Verhandlungsziele und Verhandlungssubstanz haben sich bisher als unvereinbar erwiesen. Überlegungen darüber, ob und wie es möglich ist, aus dieser Sackgasse herauszukommen, wurden im Auswärtigen Amt und im Verteidigungsministerium . . . nicht erarbeitet", heißt es in dem Bericht für den Minister weiter. Es gehöre zu den Grundsätzen der Bundesregierung, „daß deutsche Sicherheitsinteressen die Stationierung zusätzlicher amerikanischer Nuklearwaffen mit Reichweiten bis auf das Territorium der Sowjetunion gebieten" – es sei denn, die Sowjetunion würde alle ihre Mittelstreckenraketen ersatzlos verschrotten.

Doch das – so die Argumentation des Kreml – kann sie nur, wenn auch die Nato und Frankreich auf ihre Mittelstreckenwaffen in Europa verzichten. Kurz vor Ende des Jahres 1982 machte der neue Kreml-Chef Jurij Andropow überraschend ein neues Verhandlungsangebot; Die Sowjetunion sei bereit, bis zum Ende des Jahrzehnts ihre auf Westeuropa gerichteten Mittelstreckenraketen auf die gleiche Zahl zu verringern, mit der umgekehrt sie selbst aus Westeuropa bedroht werde. Das bedeutet in Zahlen: Moskau ist bereit, seine etwa 600 Mittelstreckenraketen älterer und neuer Typen auf 250 zu verringern, von denen dann nur 150 SS 20 mit 450 Sprengköpfen gegen Westeuropa gerichtet bleiben; die restlichen 100 Geschosse blieben gegen China gerichtet. Unklar blieb an dem Angebot jedoch, ob die überzähligen Raketen verschrottet oder nur irgendwo eingelagert würden.

Dem Westen war die Offerte nicht genug. Denn die Nato hätte dabei auf die Nachrüstung verzichten müssen. Das jedoch will sie nur, wenn die Sowjetunion auf alle Mittelstreckenraketen verzichtet – und damit auf den Ausgleich gegen die französischen und britischen Raketen.

Zugleich bot der Kreml-Chef an, auch die strategischen Atomwaffen um ein Viertel zu verringern, falls auch die USA ihr Arsenal verringern. Damit griff er einen Vorschlag von US-Präsident Ronald Reagan auf, dessen Offerte allerdings auf landgestützte Interkontinentalraketen beschränkt war. Diese Reduzierung der strategischen Atomwaffen ist Gegenstand einer zweiten Konferenzrunde, die – seit dem 29. Juni 1982 – in Genf parallel zu den Mittelstreckenrunden statt findet. „START" wurde diese Konferenz hoffnungsvoll getauft – Kürzel für "Strategic Arms Reduction Talks" (Verhandlungen über die Verminderung strategischer Waffen). Es wird erwartet, daß im Laufe des Jahres 1983 die beiden Konferenzrunden zusammengelegt werden.

Diese kombinierte Abrüstungskonferenz könnte eine Wende im Wettrüsten bringen, wenn sich die Hoffnungen an sie erfüllen. Doch auch diese Wende wäre nur relativ: Selbst wenn nicht nur ein Drittel, sondern vier Fünftel aller strategischen Atomwaffen verschrottet würden, bliebe noch genug Vernichtungskraft, um die Erde auf Dauer unbewohnbar zu machen.

Mitten in einem Gewirr aus zermanschten Personen- und Lastwagen liegt eine amerikanische Atomrakete vom Typ „Pershing", teilweise mit Lösch-Schaum bedeckt. US-Offiziere beeilen sich nach dem Unglück zu erklären, daß der Nuklear-Sprengkopf nicht montiert gewesen sei und für die Bevölkerung keine Gefahr bestanden habe. In der Nacht des Unglücks wurde dennoch die ganze Gemeinde Waldprechtsweier evakuiert. Erst dann rückte ein – ziviler – Kran an und lud das Geschoß auf eine neue Lafette um. Beim Abtransport gab es dann noch weitere Probleme: Polizisten entdeckten am Ersatz-Truck einen abgefahrenen Reifen und erzwangen einen Radwechsel. Dann blieb der Wagen nach kurzer Fahrt erneut stehen – weil die Bremsflüssigkeit ausgelaufen war.

Rakete im Dorf

Eine Nacht lang war die badische Gemeinde Waldprechtsweier 37 Jahre nach Kriegsende noch einmal fest in amerikanischer Hand. Mit ohrenbetäubendem Krachen hatten sich am Abend des 2. November drei Lastzüge der 56. US-Feldartillerie-Brigade ineinander verkeilt, nachdem bei einem der Trucks auf der Gefällstrecke durch den Ort die Bremsen versagt hatten. Einen entgegenkommenden Volkswagen und vier parkende Autos hatten die olivfarbenen Brummer vorher noch zu Schrott gewalzt. In dem VW starb der 54jährige Fahrer. Kurze Zeit nach dem Unfall übernahm die amerikanische Militärpolizei das Kommando in dem Ort: die gewählten Gemeinderäte mußten draußen bleiben, während im Rathaus Polizeibeamte und Brandmeister der Feuerwehren unter Oberaufsicht von US-Offizieren eine Evakuierung des 1200-Einwohner-Dorfes beschlossen. Der Grund für die Geheimniskrämerei: Mitten im Ort lag auf einem der schrottreifen Transporter eine amerikanische Atomrakete vom Typ „Pershing".

Das Bremsversagen in Waldprechtsweier war der bisher letzte in einer Kette von Unfällen mit amerikanischen Pershing-Transportern im Raum zwischen dem Nordschwarzwald und Schwäbisch-Gmünd in den letzten zwei Jahren:

- Am 25. Februar 1981 brannte ein Raketentransporter nach einem Vergaserbrand mitsamt dem Geschoß ab.
- Am 2. November 1981 konnte ein brennender Truck gelöscht werden, ehe das Feuer auf die Rakete übergriff. Brandursache diesmal: Ein defekter Reifen hatte sich entzündet.
- Am 16. März 1982 stellte die Polizei bei einem Raketentransporter, der in der Innenstadt von Schwäbisch-Gmünd den Verkehr gefährdete, eine gebrochene Kardanwelle und ein Loch im Benzintank fest.
- Am 9. Juli 1982: Wieder Feuer an einem Transporter bei Schwäbisch-Gmünd, nachdem ein Reifen geplatzt war. Bevor sich der Fest-Treibstoff der Rakete entzünden konnte, wurde der Brand gelöscht.
- Am 1. August 1982 passierte das gleiche in Möglingen. Auch hier wurde der Wagen rasch gelöscht, weil zufällig ein Feuerwehrmann vorbeikam, der seine Kollegen alarmierte.
- Am 2. November schließlich – acht Stunden vor dem Unglück in Waldprechtsweier – donnerte ein US-Raketentruck in einen Obstgarten am Ortseingang von Schwäbisch-Gmünd.

Siegfried Merten, stellvertretender Vorsitzender der Gewerkschaft Öffentliche Dienste, Transport und Verkehr (ÖTV), kennt sich mit US-Autos aus, weil viele von deutschen Zivilangestellten gefahren werden, die in der ÖTV organisiert sind. Nach dem Unglück in Waldprechtsweier klagte er: „Für die Militärs ist der Umgang mit solchen Tötungsinstrumenten wie den Pershing-Raketen völlig normal. Dadurch verlieren sie jeden Maßstab für die Gefährlichkeit ihrer Fracht."

AUTO-BÖHLER
Schweres leicht gemacht

Schuß in den Ofen

Alle bisherigen Testflüge der Pershing 2-Atomrakete endeten als Mißerfolge. Beim letzten Start 1982 flog das Projektil zwar mehr als 300 Kilometer weit, doch die Navigationseinrichtungen arbeiteten fehlerhaft. Dabei hatten besonders auf diesem Versuch die Hoffnungen von Militärs und Herstellerfirma Martin-Marietta gelegen, endlich die Funktionsfähigkeit der Pershing 2 zu beweisen. So jedoch blockierte der US-Kongreß vorerst alle weiteren Gelder für die Erprobung. Sie geht dennoch weiter – es ist noch Geld aus dem vorigen Jahr da.

Am 22. Juli 1982 hob erstmals eine Pershing 2 zu einem Testflug ab. Der Start auf Cape Canaveral in Florida wurde ein grandioser Fehlschlag.

Schon nach 17 Sekunden schießt der Flugkörper aus seiner Bahn. Die Rakete beginnt zu torkeln und gerät außer Kontrolle.

Sekunden später explodiert die erste der beiden Raketenstufen. Bevor die Techniker im Kontrollzentrum die Selbstzerstörung auslösen können, rasen die Reste des Flugkörpers unkontrolliert aufs Meer hinaus.

Die Raketenspitze mit Steuerungs- und Navigationseinrichtungen versinken wenige Augenblicke, nachdem dieses Foto aufgenommen wurde, im Wasser.

Giftgas — der lautlose Tod

Das amerikanische Sondermunitionslager „Fischbach Depot" in der Westpfalz ist gesichert wie eine Festung. Dort lagern Atomwaffen und Nervenkampfstoffe. Würde eines der Giftgasfässer undicht, müßte das Gebiet bis zum Rhein evakuiert werden. Dieses Depot ist das zentrale Giftgaslager der US-Truppen in Europa. Es ist zugleich das einzige außerhalb der USA. Nach Schätzung des Stockholmer Sipri-Instituts lagern hier 2000 bis 10000 Tonnen Nervenkampfstoffe der Typen GB und VX — genug, um weite Teile Mitteleuropas zu entvölkern. Einige Milligramm GB — in Deutschland als „Sarin" bezeichnet — sind tödlich; von dem ungleich giftigeren VX genügt zum Tod sogar ein Spritzer von weniger als einem Milligramm auf der Haut. Die Betroffenen werden vornehmlich die Zivilisten sein, denn ihnen fehlen Gasmasken und Schutzkleidung (Bild Mitte). Obendrein treibt der Wind den heimtückischen Stoff mit verheerender Wirkung unkontrolliert über Dutzende von Kilometern. US-Giftgasexperten rechnen denn auch bei einem Gaskrieg mit mindestens 20 Ziviltoten je getötetem Soldaten.
Der rheinland-pfälzische DGB hat inzwischen gegen die Lagerung von Nervenkampfstoffen auf bundesdeutschem Gebiet Verfassungsbeschwerde eingereicht. Der Prozeß kommt der Bundesregierung ungelegen: Verteidigungsministerium und Auswärtiges Amt schieben sich gegenseitig die Pflicht zu, vor dem Verfassungsgericht auszusagen. Derweil ist in Fischbach schon für die Zukunft geplant: Für viele Millionen Dollar wird das Depot ausgebaut. Weitere fünf Lager in der Bundesrepublik sollen demnächst für chemische Waffen hergerichtet werden, davon je mindestens eines im Allgäu und im Schwarzwald.

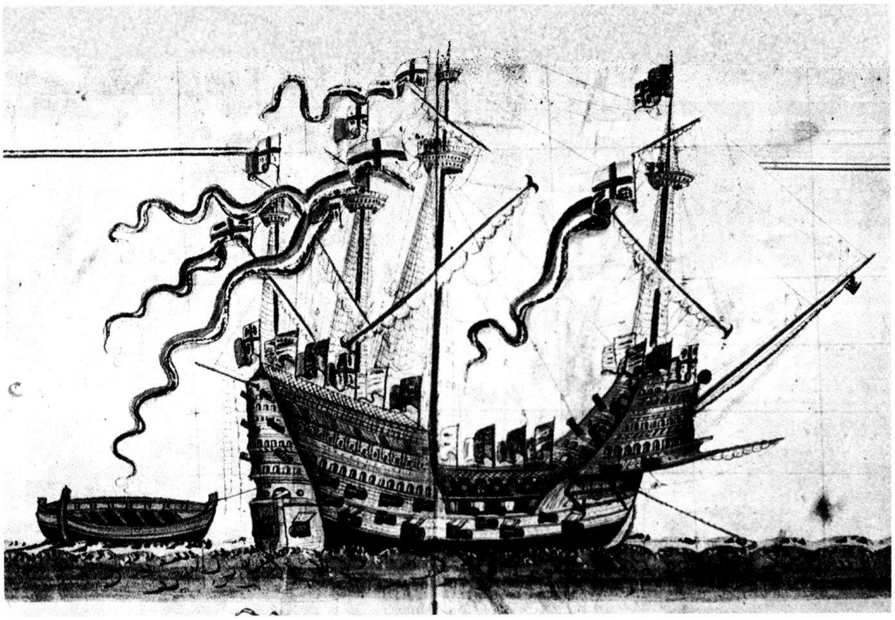

Wiege für die „Mary Rose"

Schiffssirenen ertönten, Leuchtraketen schossen empor, und die Zuschauer klatschten Beifall, als am Morgen des 11. Oktober das Wrack der „Mary Rose" aus dem Wasser tauchte. 437 Jahre lang hatte das einstige Flaggschiff des englischen Königs Heinrich VIII. vor Portsmouth im Schlamm geruht, seit es 1545 mit 700 Mann an Bord in einer Windbö gekentert war. Diese Katastrophe wurde für die heutigen Archäologen allerdings ein Glücksfall, denn sie erschloß ihnen ein Stück Seemannsalltag der Tudor-Zeit. In jahrelanger Arbeit bargen Hunderte von Hobbytauchern unter fachkundiger Leitung mehr als 17 000 Einzelteile aus dem Schiff: Kanonen und Munition, Anker und Schiffsglocke, Küchengeräte und Kompasse, Werkzeuge des Zimmermanns und die Instrumentenkiste des Schiffsarztes. Höhepunkt der 20 Millionen Mark teuren Aktion aber war die Bergung des Schiffsrumpfes selbst. Die morschen Spanten mußten zunächst mit einem Stahlgerüst und Seilen stabilisiert werden. Dann wurde das Wrack hydraulisch aus dem Schlammbett gehoben und in eine mit Luftsäcken gepolsterte Stahlwiege gelegt. Schließlich zog der Schwimmkran „Tog Mor" die schwarzen Eichenplanken samt dem Stahlgerippe an die Oberfläche. Es werden noch Jahre vergehen, bis alle Funde eingeordnet und konserviert sind. Dann sollen sie in Portsmouth im „Mary Rose-Museum" ausgestellt werden.

HAVEN
T.O.W.I

Ein Meister nach Maß

Der Frankfurter Abiturient Michael Groß, 18, war der überragende Athlet der Schwimmweltmeisterschaften im südamerikanischen Ecuador. In sechs Disziplinen errang er fünf Medaillen: Gold über 200 Meter Schmetter-

ling und 200 Meter Kraul, Silber über 100 Meter Schmetterling sowie Bronze mit der 4-mal-200-Meter-Kraul- und der 4-mal-100-Meter-Lagen-Staffel. Dabei kam dem erfolgreichsten bundesdeutschen Schwimmer aller Zeiten zweifellos die enorme Spannweite seiner Arme von 2,27 Meter zugute, aber auch sein Leistungswille und sein Trainingsfleiß.

1
2
4
5
6
9
10
11
12
13
14
15
16

Die Festung der Sowjet-Herren

Der Moskauer Kreml, Sitz der Sowjet-Herren, seit Jahrhunderten eine geheimnisumwitterte Festung. Hier ein Aufriß:

1 Garten vor dem Großen Kreml-Palast
2 Großer Kreml-Palast
3 Einer der Palast-Eingänge
4 Sitzungssaal des Obersten Sowjet
5 Lenin-Statue
6 Präsidiums-Podium des Obersten Sowjet
7 Parkett und Ränge, Diplomaten-Logen über den Zugängen
8 Alexandersaal, für Staatsempfänge
9 Georgssaal, für Diplomaten-Empfänge und Ordensverleihungen
10 Raum der Zaren-Leibgarde
11 Katharinensaal; hier wurde 1970 der „Moskauer Vertrag" zwischen Bundesrepublik und UdSSR unterzeichnet
12 Großer Prunksalon
13 Terem-Palast
14 Kreuzkammer des Terem-Palastes
15 Kleiner Terem-Palast mit Aussichtstürmchen
16 Türme der Terem-Kirchen
17 Mariä-Himmelfahrts-Kirche
18 Zwölf-Apostel-Kirche
19 Zaren-Kanone
20 Facetten-Palast, für Staatsempfänge
21 Glockenturm „Iwan der Große"
22 Mariä-Verkündigungs-Kathedrale
23 Erzengel-Michael-Kathedrale

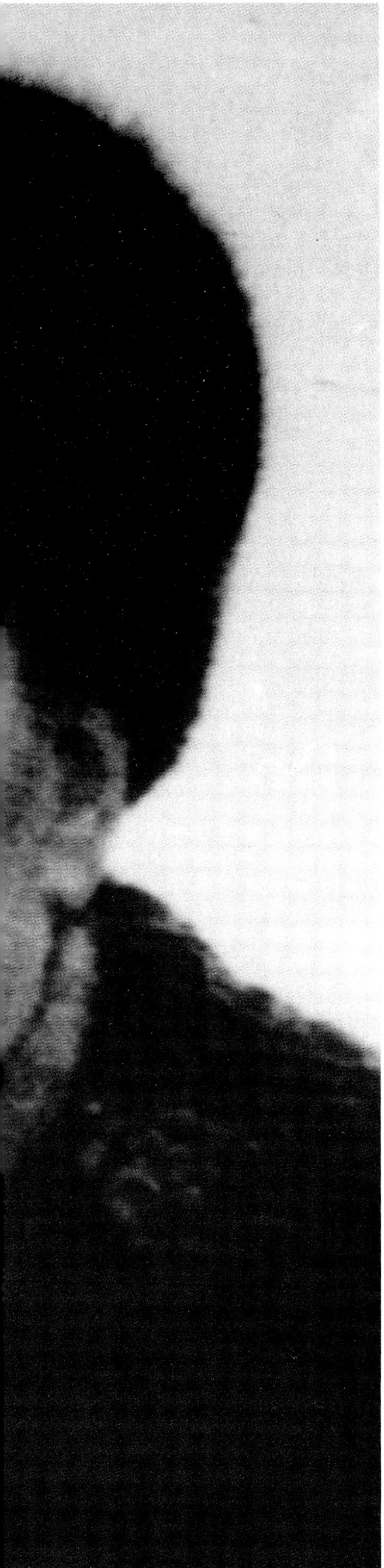

Machtwechsel in Moskau

Machtwechsel in Moskau: Schon vom Tode gezeichnet, kaum fähig, die Hand zum Gruß zu heben – so erlebte die Welt Leonid Breschnjew bei seinem letzten öffentlichen Auftritt auf dem Lenin-Mausoleum am Jahrestag der Oktoberrevolution. Drei Tage später starb er; nach weiteren drei Tagen stand sein Nachfolger fest: Unerwartet schnell wählte das Plenum des Zentralkomitees der KPdSU den 68jährigen Jurij Wladimirowitsch Andropow zum neuen Generalsekretär. Der Mann, der als Sowjet-Botschafter in Budapest die Niederwerfung des Ungarn-Aufstands koordiniert und 16 Jahre lang den allmächtigen Staatssicherheitsdienst KGB gelenkt hatte, setzte sich gegenüber Breschnjews engstem Vertrauten Konstantin Tschernenko durch. Andropow, der als umgänglicher Gesprächspartner und tatkräftiger Organisator beschrieben wird, weckte Hoffnungen auf eine Lockerung der verkrusteten sowjetischen Innen- und Außenpolitik. Doch schon in seiner ersten Rede machte der neue Parteichef klar, daß es in der Schicksalsfrage der Abrüstung keine raschen Fortschritte geben wird: „Wir wissen sehr gut, daß wir die Imperialisten nicht zum Frieden überreden können. Er muß verteidigt werden, indem wir uns auf die unbesiegbare Macht der Sowjet-Streitkräfte verlassen."

Sowjetunion

Das Ende einer Ära: Staats- und Parteichef Leonid Iljitsch Breschnjew, der die Sowjetunion 18 Jahre lang führte, ist tot. In Moskau tragen Offiziere und Mitglieder des Politbüros – Ministerpräsident Nikolaj Tichonow, der ehemalige Geheimdienstchef Jurij Andropow, ZK-Sekretär Konstantin Tschernenko und Außenminister Andrej Gromyko (mit Hut) – den offenen Sarg zum Grab an der Kreml-Mauer. Der unter Arteriosklerose leidende Generalsekretär war mit 75 Jahren an Herzversagen gestorben. Breschnjew war erst der dritte Parteichef nach Lenin.

Jurij Andropow, 68, neuer Generalsekretär der KPdSU und damit Chef im zentralen Machtorgan, dem Politbüro. Früher Ungarn-Botschafter, ZK-Sekretär und von 1967 bis 1982 KGB-Chef.

Konstantin Tschernenko, 71, zweitmächtigster Mann in der Kreml-Hierarchie als ehemaliger Protégé Breschnjews. Seit 1965 in leitender Funktion im ZK, seit 1976 ZK-Sekretär, erst vier Jahre im Politbüro.

Wiktor Grischin, 68, mächtiger Parteichef des Bezirks Moskau, ehemaliger Eisenbahner und elf Jahre lang Chef des sowjetischen Gewerkschaftsverbands. Seit 1971 als Vollmitglied im Politbüro.

Dimitrij Ustinow, 74, seit 1976 Verteidigungsminister und Politbüro-Mitglied, Hauptvertreter der Rüstungs- und Militärinteressen im Kreml, machte Karriere durch 40 Jahre Aufrüstung, trieb vor allem den Ausbau der „Roten Flotte" voran.

Nikolaj Tichonow, 77, gilt als einer der fähigsten Wirtschaftsmanager der UdSSR und wurde 1980 Ministerpräsident. Der Stahlingenieur kam erst sehr spät – mit 74 – in die Parteispitze.

Grigorij Romanow, 59, stieg vom Schiffbau-Fachmann zum Parteichef seiner Heimatstadt Leningrad auf, ein Technokrat mit Vorliebe für festliches Gepränge. Sechs Jahre im Politbüro.

Andrej Gromyko, 73, dienstältester Außenminister der Welt (seit 1957), davor Diplomat in Amerika und England. Spitzname: „Mr. Njet". Kam mit Andropow 1973 ins Politbüro. Maßgeblicher Architekt der Außenpolitik.

Michail Gorbatschew, 51, der Jüngste im überalterten Politbüro, in das der Agrarexperte 1980 aufrückte. Als ZK-Sekretär seit 1978 zuständig für die von Mißernten geplagte Landwirtschaft.

Wladimir Schtscherbitzkij, 64, als KP-Chef der Ukraine einer der „Gebietsfürsten" im Politbüro, aber wenig einflußreich. Vor elf Jahren von Breschnjew in die Führung geholt.

Dinmuhamed Kunajew, 71, seit 18 Jahren Parteichef von Kasachstan, Sohn eines Moslems. Breschnjew holte ihn 1971 ins Politbüro. 1962 hatte Chruschtschow ihn als Regierungschef Kasachstans abgesetzt.

Arwid Pelsche, 83, Veteran der Oktoberrevolution und Senior im Politbüro, Vollmitglied seit 1966. Der Lette leitete die mächtige Kontrollkommission der KPdSU.

Geidar Alijew, 59, das erste Politbüromitglied, das unter Andropow ernannt wurde. 1967–69 KGB-Chef in Baku, seither Parteichef von Aserbeidschan. Machte sich einen Namen im Kampf gegen die Korruption.

Der Parteichef, der aus der Kälte kam

Kreml-Astrologie ist ein mühsames Geschäft – und Leonid Breschnjew hat es den Korrespondenten in Moskau und den Analytikern im Westen nicht sehr erleichtert. Schon seit er 1973 wegen Krankheit für längere Zeit aus der Öffentlichkeit verschwand, wurde über seinen Nachfolger spekuliert. Lange Zeit galt der ZK-Sekretär für Parteiarbeit, Andrej Kirilenko, als „Kronprinz", zuletzt Breschnjews enger Vertrauter Konstantin Tschernenko, ebenfalls Sekretär im Zentralkomitee der KPdSU. Sicher war nur, daß auch der neue Parteichef aus den Reihen des – Ende 1982 zwölf Mitglieder zählenden – Politbüros kommen würde, denn hier konzentriert sich alle Macht im Sowjetstaat. Am 10. November starb Breschnjew in Moskau. Noch ehe das Kandidatenkarussell wieder in Schwung kam, stand der neue Generalsekretär bereits fest: Am 12. wählte das ZK-Plenum Jurij Andropow ohne langen Machtkampf. Dem Mann, der von 1967 bis Anfang 1982 den Staatssicherheitsdienst KGB geleitet hatte, war es gelungen, seinen Hauptrivalen Tschernenko in einem rasanten Endspurt zu überrunden. Er begann im Winter mit einer Kriminalaffäre im Moskauer Staatszirkus, in die auch Breschnjews Tochter Galina verwickelt zu sein schien. Der KGB ermittelte. Sollte mit Intrigen bewiesen werden, daß Breschnjew so machtlos geworden war, daß er selbst seine Familie nicht mehr schützen konnte? Die Frage blieb unbeantwortet, denn Partei-Ideologe Michail Suslow, zweitmächtigster Mann in der Hierarchie, schaltete sich ein, und ein KGB-Vize beging auf merkwürdige Weise Selbstmord. Doch am 25. Januar starb Suslow. Andropow verabschiedete sich vom KGB. Im Mai wagte er die Herausforderung Tschernenkos, als es um Suslows Erbe ging. Er siegte – und fast gleichzeitig verlautete aus östlichen Diplomatenkreisen, nun sei er aussichtsreichster Kandidat für die Nachfolge Breschnjews. Als Parteichef bleibt Andropow zunächst auf altem Kurs: Entspannung ja, nur keine „Vorgabe-Konzessionen". Die Genfer Abrüstungsverhandlungen werden zeigen, ob es dem neuen KPdSU-Chef mit der Entspannung ernst ist.

Andropow will Breschnjews Kurs in der Rüstungspolitik ohne Einschränkungen fortsetzen, auch wenn die Entspannungspolitik darunter leidet. Neben dem Streitthema der westlichen „Nachrüstung" gegen die neuen sowjetischen SS-20-Raketen tauchte am Jahresende ein neues Element in der „Bedrohungsanalyse" der Nato auf: Aus einer Studie des US-Militärgeheimdienstes DIA wurde bekannt, daß die UdSSR seit zwei Jahren auch ihre Kurz- und Mittelstreckensysteme in der DDR „modernisiert". Erstmals wurden laut DIA Kernwaffen-Depots außerhalb der Sowjetunion angelegt. Dort sollen Nuklearsprengköpfe für die an 25 Orten in der DDR stationierten Atomraketen und die von DDR-Stützpunkten aus operierenden Atombomber lagern (siehe Karte). Überdies meldeten die Amerikaner die Vorverlegung des sowjetischen Mittelstreckenbombers Su-24 auf die DDR-Basis Brand/Briesen und den Austausch alter „Frog"-Raketen durch moderne SS-21-Systeme. Die übrigen alten Atomraketen vom Typ „Scud" bleiben.

Scud-Raketen wie diese gehören seit Jahren zum Nuklearpotential der Sowjets in der DDR. Sie können von fahrbaren Rampen abgeschossen werden und erreichen Ziele in bis zu 280 Kilometer Entfernung. Scuds verfügen über einen Atomsprengkopf. Während sie von der nach US-Geheimdienstberichten laufenden Modernisierung der sowjetischen Kurzstreckensysteme unberührt bleiben, soll die Frog-Rakete (Reichweite: 70 Kilometer) durch die zielgenauere und 50 Kilometer weiter reichende SS 21 abgelöst werden. Scuds sind an fünf Orten in der DDR stationiert, Frogs an weiteren 19.

25 Jahre – zwei Frauen

Die Frau mit der Rauchfackel bei dieser sowjetischen Bergungsübung ist erst die zweite Raumfahrerin in einem Vierteljahrhundert. 114 Männer haben Russen und Amerikaner ins All geschickt, seit die neue Epoche 1957 mit Sputnik I begann. Die Pilotin Swetlana Sawizkaja, 34, blieb im August acht Tage an Bord der Raumstation Saljut 7. Der Erstflug der Pionierin Walentina Tereschkowa liegt 19 Jahre zurück, die Premiere der US-Astronautin Anna Fisher steht noch in den Sternen.

CCCP

Der spanische Sozialistenchef Felipe Gonzalez im Wahlkampf, der seiner Partei im Oktober zum größten Triumph ihrer hundertjährigen Geschichte verhalf. Im Luxusbus mit Arbeitstisch und Liege, Video und Kühlschrank hetzte Gonzalez durch alle spanischen Provinzen. Unterwegs leger gekleidet und Havannas rauchend, die ihm Fidel Castro schickt, zog er vor jeder Kundgebung Jackett und Schlips an: Der Sozialist wollte sich den Spaniern als gemäßigter Staatsmann präsentieren, der nicht die Faust ballt und nicht die Internationale singt. Konservative Militärs und besorgte Banker sollten nicht unnötig provoziert werden. Gonzalez' vorsichtiges Reformprogramm überzeugte auch bürgerliche Wähler.

Felipe Gonzalez: ein Sozialist auf bürgerlichem Kurs

Für die Spanier heißt er nur Felipe. Freund und Feind, Wähler und Rivalen, alle nennen ihn beim Vornamen: Kein anderer Politiker ist in Spanien so populär wie der erst 40jährige Sozialistenführer Felipe Gonzalez, der seit dem 2. Dezember als neuer Regierungschef in Madrid amtiert – der jüngste in Europa.
Ihm vor allem verdankt seine Spanische Sozialistische Arbeiterpartei (PSOE), daß sie bei den Wahlen vom Oktober die absolute Mehrheit im Parlament eroberte – fast doppelt so viele Sitze wie die konservative „Volksallianz". Zum ersten Mal, seit Franco vor über vier Jahrzehnten die spanische Linke mit blutigem Bürgerkrieg von der Regierung vertrieben und zerschlagen hatte, gelangten die Sozialisten wieder an die Macht.
Mehr als jeder seiner Gegenspieler verkörpert Felipe Gonzalez ein modernes Spanien, das von der traditionellen Spaltung des Landes in zwei unversöhnliche politische Lager nichts mehr wissen will. Schon die jungenhafte, natürliche Art des Kleinbauernsohns aus Sevilla hebt sich ab vom starren, altspanischen Stil. Anders als mancher Politiker der rechten Partei hat Gonzalez sein Mäntelchen nie nach dem Wind gehängt und schon immer demokratische Gesinnung bewiesen. Als junger Arbeiter-Anwalt und, seit 1962, in der damals verbotenen Sozialistischen Partei, leistete er Widerstand gegen das Franco-Regime. Doch nach dem Tod des Diktators war der junge Sozialistenchef klug genug, die schwierige Demokratisierung Spaniens nicht durch den Ruf nach Revanche zu gefährden. Vielmehr begann er, seine Partei konsequent „von Dogmatismus und Fixierung auf die Vergangenheit" abzubringen. Sie sollte auch für bürgerliche Wähler attraktiv sowie für argwöhnische Militärs und Unternehmer akzeptabel werden. So schwor Gonzalez die seit jeher gegen die Monarchie eingestellten Sozialisten auf den – im Volk als Demokraten geachteten – König Juan Carlos ein. Mit seinem vorübergehenden Rücktritt vom Posten des Generalsekretärs setzte Gonzalez durch, daß seine Partei auf ihr Etikett „marxistisch" verzichtete. Und bis zur Selbstverleugnung stützten die Sozialisten nach dem militärischen Putschversuch vom 23. Februar 1981 die bürgerliche Regierung der zerfallenden Zentrumsunion (UCD).
Wenn nicht schon dadurch, dann hat Gonzalez durch sein gemäßigtes Programm jene vielen ehemaligen UCD-Wähler gewonnen, die den Sozialisten im Oktober zu ihrem überwältigenden Sieg verhalfen. Nicht von sozialistischer Revolution ist darin die Rede, sondern von längst überfälligen bürgerlichen Reformen. Lieber will der neue Regierungschef „sich der Mäßigung schuldig machen, als unnötige Spannungen in der spanischen Gesellschaft schaffen". Anders als sein Genosse Mitterrand in Frankreich will Gonzalez in Spanien nichts verstaatlichen außer dem Hochspannungsnetz, und auch ein Pakt mit den Kommunisten kommt für ihn nicht in Frage. Den früher geforderten Rückzug Spaniens aus der Nato will er „nicht überstürzen". Zunächst einmal sollen der aufgeblähte Staatsapparat und das unterentwickelte Schulwesen modernisiert werden. Hauptziel ist aber, die in die Krise geratene spanische Wirtschaft wieder anzukurbeln. Wo bisher jährlich 300 000 Arbeitsplätze verlorengehen, verspricht Gonzalez 200 000 neue pro Jahr. Und obgleich seine Politik nur mit zusätzlichen öffentlichen Ausgaben zu bestreiten ist, will er gleichzeitig Spaniens Staatsverschuldung und Inflation verringern: Ziele, die in einer Zeit weltweiter Depression fast unerreichbar scheinen.
Vom Erfolg oder Mißerfolg auf wirtschaftlichem Gebiet aber hängt das Schicksal der sozialistischen Regierung weitgehend ab. Versagt sie hier, werden ihr nicht nur die Wähler weglaufen. Der Widerstand der Unternehmer würde wachsen, die einem sozialistischen Spanien sowieso den Bankrott prophezeit haben. Die im Parlament unterlegene Rechte könnte sich um so eher versucht fühlen, außerparlamentarischen Boykott gegen die Linksregierung zu mobilisieren. Vor allem aber könnten dann auch die Putschisten wieder ihre Stunde gekommen sehen: jene Franco-Nostalgiker, die der Demokratie schon am Vortag der Wahlen mit Waffengewalt den Garaus machen wollten.

Den letzten Winter verbrachte Michael Luchting, der „schöne Mischa", im sonnigen Süden. Mit seiner dunkelhaarigen Manuela und deren hübscher Freundin ließ er sich als Sunnyboy fotografieren. Doch der Urlaub vom Kiez war der Anfang vom Ende. Denn am 1. März wurde Luchting mit 16 Kollegen auf Gran Canaria als angeblicher Mädchenhändler verhaftet. Als er nach Monaten wieder in Hamburg war, hatten seine Kollegen ihn entmachtet. Der König ohne Reich hängte sich auf.

Kampf um Macht und Marktanteile

„Auf St. Pauli wird schneller gestorben, als beerdigt werden kann", sagte ein Trauergast, als das Milieu von einem König Abschied nahm. Der „schöne Mischa" Luchting vom Zuhälterring „GMBH" wurde feierlich zu Grabe getragen. Er hatte sich aus Gram darüber erhängt, daß ihn seine Mitgesellschafter wegen zu langer Abwesenheit vom Kiez aus dem Geschäft gedrängt hatten. Immerhin bekam Mischa ein pompöses Staatsbegräbnis mit Blumenmeer, 300 Kerzen, Polizeibewachung und zahllosen Kränzen. Einen hatte „SS-Klaus" Breitenreicher geschickt. Der konnte leider nicht mehr selbst an der „schönsten Beerdigung der letzten zwanzig Jahre in Hamburg" (so der Bestatter) teilnehmen – er war gerade auf der Reeperbahn erschossen worden. Kopfschuß wie bei seinem Freund „Angie" Becker. Seit die Wirtschaftsflaute auch den Kiez erreicht hat, ist der Kampf um Macht und Marktanteile rauher geworden. Ein hoher Kripobeamter von der Davidswache befürchtet gar, es könne schlimmer werden als bei den Bandenkriegen der 60er Jahre. Hauptrivalen um das große Geld sind heute die „GMBH" – 1100 Mädchen und 100 Millionen geschätzter Jahresumsatz – und die rund 80 Nachwuchszuhälter der „Nutella" – 350 Damen –, die jetzt nach oben drängen. Statt früher 1000 Mark kommen die Mädchen heute pro Nacht nur noch auf 300 Mark. Ein böser Umsatzeinbruch und Grund genug fürs schnelle Sterben auf St. Pauli.

Auf St. Pauli herrscht ein blutiger Machtkampf. Auch auf dem Kiez gehen die Geschäfte schlechter. Es wird zwischen den Zuhältern hart um Marktanteile und Führungspositionen gefighttet. Und beim Kampf um die Kunden schlagen die Damen einer Rivalin auch schon mal eins aufs Auge. Fünf Tote hatte es 1982 auf St. Pauli schon gegeben, da krachte es nach dem Streit zweier Mädchen schon wieder – noch zwei Leichen.

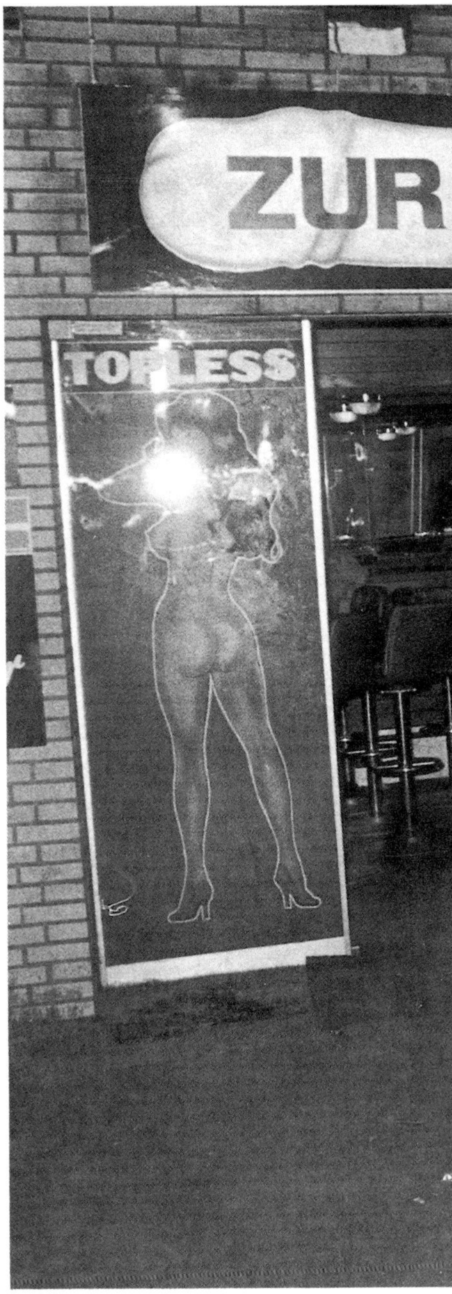

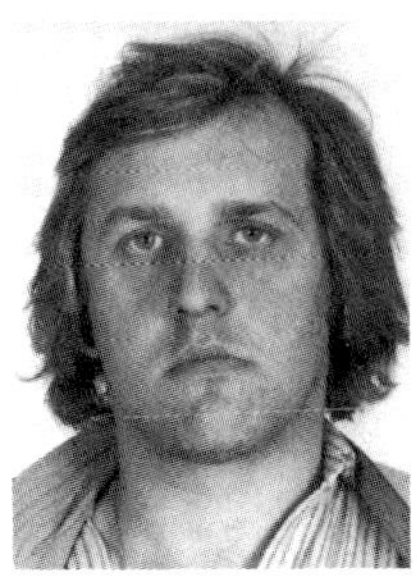

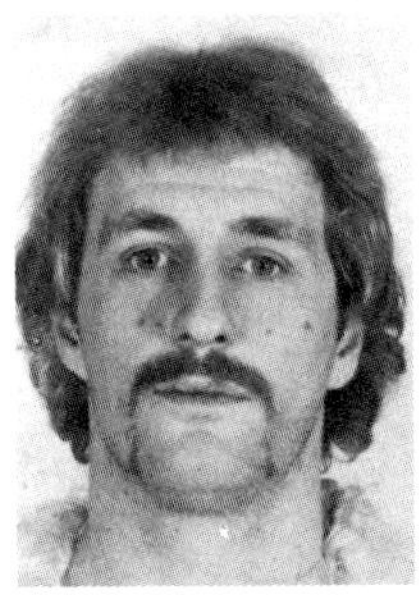

„Unsere Mandanten haben in Notwehr geschossen", sagen die Anwälte von Wolfgang Pohndorf, Sieghard Schmidt und Karl-Heinz Bauer. Ihre Opfer waren die Konkurrenten Jürgen „Angie" Becker und „SS-Klaus" Breitenreicher. Der harte „Karate-Tommy" Born kam mit einem Streifschuß davon.

In der Nacht zum 22. Oktober wird aus dem Eros-Center auf der Reeperbahn ein Sarg getragen. Kurz zuvor war es im Salon „Bel Ami" zu einer Schießerei zwischen Zuhältern gekommen. Zu dritt, sagt später der Karatekämpfer Thomas Born, wollten er und seine Freunde „Angie" und „SS-Klaus" im „Bel Ami" 2000 Mark Verdienstausfall für eines ihrer Mädchen eintreiben, das sich auf dem Kiez ein blaues Auge geholt hatte. Doch die Bordellbesitzer vom „Bel Ami" verhandeln nicht, sondern schießen. Drei Tage später stellen sie sich der Polizei. Die tödlichen Schüsse seien Notwehr gewesen. Mindestens zehn Mann vom Zuhälterring „Nutella" seien auf sie losgegangen.

Wenn ein St.-Pauli-König in die Grube fährt – dann fährt er standesgemäß. Dem „schönen Mischa" von der Zuhälter-GMBH spendierten seine Freunde einen Rolls-Royce aus achttausend weißen Nelken. In der Halle B auf dem Hamburger Friedhof Ohlsdorf brannten 300 Kerzen. Der über neun Zentner schwere Eichensarg war mit Orchideen geschmückt. Daneben in schwarzen Rahmen Fotos von Michael Luchting. Und über allem stand in roten Nelken „Aloha" – lebe wohl.

Meinem
Schmusi
in
Liebe

Abschied von einem ausgebooteten Gesellschafter: Die Chefs des mächtigsten Hamburger Zuhälter-Rings, der GMBH, stehen mit Kavalierstaschentuch im schwarzen Paletot und Trauerrosen in der Hand am offenen Grab des „schönen Mischa": Gründungsmitglied Harry Voerthmann mit dunkler Brille und „Beatle" Vogeler. Daneben Aufsteiger Uwe Schwensen. Der Blonde mit dem traurigen Blick nahm nach der Entmachtung von Michael Luchting dessen Platz in der Geschäftsführung ein.

Von der Rampe in den Tod

Stuntman Frank Valverde plante im Hafen von Marseille eine riskante Vorstellung. Auf einem Turm sollten fünf Autos übereinandergestapelt werden, dann wollte der 43jährige Sensationsdarsteller in hohem Tempo über eine Rampe fahren, im Flug das oberste der fünf Fahrzeuge herunterstoßen und schließlich im Wasser des Hafenbeckens landen. Valverde startete – und flog zu kurz. Sein Ferrari traf den Autostapel zu tief und knallte unkontrolliert aufs Wasser. Als die Helfer kamen, war Valverde tot. Eigentlich hatte das ganze Spektakel einem guten Zweck dienen sollen: Mit seinem Auftritt wollte der Franzose Geld für eine Polen-Spende sammeln.

Die Willkür der Apartheid: Früh im Morgengrauen treibt die südafrikanische Polizei schwarze Bewohner einer Slumsiedlung am Rande von Kapstadt zusammen. Sie werden in ein scheinunabhängiges schwarzes „homeland" innerhalb der Republik Südafrika gebracht, ein „Heimatland", das die meisten von ihnen nie gesehen haben. Damit werden sie zu Ausländern im eigenen Land. Wenn sie weiterhin in den weißen Industriestädten arbeiten, können sie aus dem geringsten Anlaß abgeschoben werden — etwa, wenn sie einer schwarzen Gewerkschaft beitreten. Diese Arbeiterorganisationen wuchsen 1982 an wie nie zuvor — und der Staat der weißen Rassisten bekämpfte sie mit allen Mitteln: Streikverbot, Massenverhaftungen, Folter und Schlimmerem: Am 5. Februar starb der Arzt Neil Aggett (links), weißer Sekretär der vorwiegend schwarzen Gewerkschaft AFCWU, im Johannesburger Polizeigefängnis. Augenzeugen zufolge war er vorher gefoltert worden. Bei Streiks, wie im Bild rechts während eines Ausstands der Busarbeiter in Johannesburgs Vorstadt Soweto, hetzt die Polizei Hunde auf die Arbeiter. Doch die Bewegung ist nicht zu stoppen.

„Wir haben nichts zu verlieren als unsere Ketten"

Die Warnung des Jahres kommt aus der Republik Südafrika. Ausgesprochen hat sie im Sommer ein Amerikaner, Robert McNamara, ehemaliger Präsident der Weltbank. Die Politik der Rassentrennung, sagte er bei einer Rede in Johannesburg, „wird schließlich zu einem katastrophalen Rassenkonflikt führen. Südafrika wird in den neunziger Jahren eine ebenso große Bedrohung für den Weltfrieden darstellen wie heute der Nahe Osten." Nach wie vor haben in Südafrika die politischen Vertreter der 4,5 Millionen Weißen allein und ausschließlich das Sagen. Die Mehrheit der 20 Millionen Schwarzen ist politisch rechtlos, ebenso die 2,5 Millionen Mischlinge und die 800 000 Asiaten. Die Machthaber denken nicht daran, das zu ändern, sondern wollen alle Schwarzen ausbürgern in sogenannte „homelands", zehn öde Gebiete, die formell unabhängig wären, aber wirtschaftlich nichts anderes als Vasallenstaaten der Apartheid-Republik. Doch die Schwarzen wehren sich zunehmend gegen das Unrechtsregime, wenn auch in diesem Jahr blutige Aufstände ausblieben. Ihr neues Instrument sind Gewerkschaften, denen sich schon über 250 000 schwarze Arbeiter angeschlossen haben. Während Südafrikas Wirtschaft mit dem Goldpreis in die Krise stürzte, wurde 1982 mehr gestreikt als je zuvor. Zunächst geht es um gerechte Löhne und bessere Arbeitsbedingungen wie im Juli bei einem Streik gegen die Autokonzerne Ford, General Motors und Volkswagen im Raum Port Elizabeth, aber Erfolge im Arbeitskampf ermutigen die Schwarzen auch zum Kampf gegen die politische Unterdrückung. Ein Johannesburger Gewerkschaftsführer: „Wir haben nichts zu verlieren als unsere Ketten." Die Buren-Regierung von Premierminister P.W. Botha schlägt zurück: Über 300 Gewerkschaftsführer wurden verhaftet, viele im Gefängnis gefoltert (im Februar starb einer von ihnen), und als im Sommer 27 000 Arbeiter in den Goldminen streikten, schoß die Polizei scharf. Zehn Arbeiter wurden getötet und fast 100 verwundet.

Bei ihrer Verhaftung einen Colt in der Tasche: Top-Terroristin Brigitte Mohnhaupt, 33. Die Chefdenkerin galt nach dem Tode von Ulrike Meinhof und Gudrun Ensslin als eigentliche Anführerin der RAF.

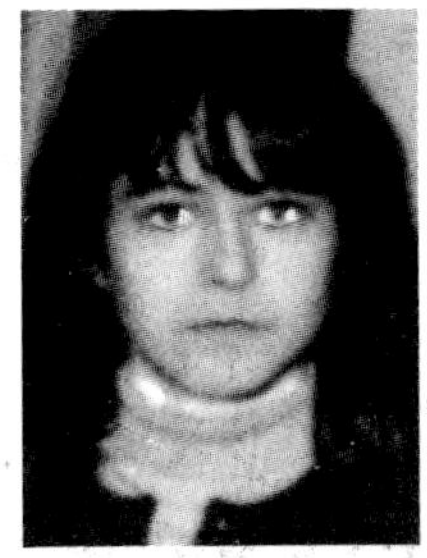

In einem Waldgehege südlich von Frankfurt überwältigt: Top-Terroristin Adelheid Schulz, 27, Quartiermacherin der RAF und Freundin von Christia Klar.

Im Sachsenwald bei Hamburg der Polizei ins Netz gegangen: der meistgesuchte Terrorist Christian Klar. Über sechs Jahre lang hatte der RAF-Führer die Fahnder genarrt. Nach der Verkündung des Haftbefehls in Karlsruhe wurde er mit Handschellen gefesselt im Hubschrauber wieder nach Hamburg gebracht.

Das Ende der Roten Armee Fraktion

Die Reihen der Terroristen haben sich gelichtet. Im November konnte die Polizei auf dem Fahndungsplakat die Fotos von gleich drei prominenten Anführern der RAF durchkreuzen. Denn mit der Verhaftung von Brigitte Mohnhaupt, Adelheid Schulz und Christian Klar war den Fahndern nach langer Zeit wieder ein spektakulärer Coup gelungen. Die beiden Frauen waren der Polizei am 11. November in der Nähe des Örtchens Heusenstamm südlich von Frankfurt in einem Forstgehege ins Netz gegangen. Bei Christian Klar hatte die seit Tagen aufgestellte Falle am 16. November im Sachsenwald bei Hamburg zugeschnappt. Alle drei gehörten zum innersten Führungszirkel der RAF, allen drei wirft der Generalbundesanwalt die Beteiligung an mehreren Morden, an der Ponto- und Schleyer-Ermordung sowie an anderen schweren Straftaten wie dem Bombenanschlag auf das US-Hauptquartier in Ramstein oder dem Attentat auf den amerikanischen General Kroesen vor. Der innerhalb weniger Tage erfolgte Doppel-Fang bestätigte den von Fahndern seit längerem beobachteten Schwund in der Terror-Szene, die Mitte der siebziger Jahre mit Mord- und Entführungsfällen den „Krieg in den Metropolen" eröffnet hatte. Das Schreckensjahr 1977 brachte die Eskalation mit den Morden an Generalbundesanwalt Buback, Bankier Ponto, Arbeitgeberpräsident Schleyer und vielen ihrer Sicherheitsbeamten. Doch danach verlor die RAF an Durchschlagskraft. Der Sicherheitsapparat hatte zurückgeschlagen. Was seit 1975 als harter Kern gejagt wurde, ist inzwischen gestorben wie Ulrike Meinhof, Gudrun Ensslin und Andreas Baader, abgeurteilt wie Knut Folkerts oder Günter Sonnenberg, untergetaucht wie Susanne Albrecht oder bei der Festnahme erschossen worden wie Willy Peter Stoll oder Elisabeth van Dyck. Der Großangriff der RAF auf den Staat war abgeschlagen.

Für das stark dezimierte Restkorps war seither die Luft dünner geworden. Wegen der ausgesetzten Belohnung von 100 000 Mark für Hinweise zu ihrer Festnahme hatten die vier Top-Terroristen Brigitte Mohnhaupt, Adelheid Schulz, Christian Klar und Inge Viett Kontakte zu Helfern und Sympathisanten abgebrochen – aus Angst vor Verrat. Das Quartett mußte jetzt selbst Kurierdienste leisten, Wohnungen, Autos und Geld beschaffen. Das Risiko der Entdeckung stieg. Die Fahndungen des Bundeskriminalamts (BKA) und der Landespolizeien wurden immer effektiver, die RAF wurde in die Enge getrieben. Die Verhaftungen vom November bedeuteten das Aus für die Rote Armee Fraktion.

Doch deren Ende heißt noch lange nicht, daß auch der Terror beendet ist. Seit Jahren ziehen BKA und Bundesanwaltschaft gegenüber einer anderen Terror-Organisation den kürzeren, die in der Öffentlichkeit kaum bekannt ist. Sie zählt mehr Mitglieder, führt gefährlichere Aktionen durch und ist wesentlich aktiver als die RAF. Insgesamt 139 Anschläge gehen auf das Konto der „Revolutionären Zellen (RZ). „Die RZ stellen das stärkste Gewalttäterpotential dar", heißt es in einer BKA-Studie. Und: „Den RZ ist es weitgehend gelungen, sich dem polizeilichen Zugriff zu entziehen."

Einer der wichtigsten Gründe für die Unauffälligkeit der RZ-Mitglieder: Die meisten von ihnen leben nicht im Untergrund, sondern gehen bürgerlichen Berufen nach. Gegen ihren „Freizeit-Terrorismus" ist das Bundeskriminalamt vorläufig noch machtlos: Die Rasterfahndung mit Hilfe von Elektronenrechnern muß erst noch verfeinert und auf die neuartigen Verhaltensmuster umgestellt werden.

Bombe für Carlos

Der 22. April brachte den Parisern wunderschönes Frühlingswetter – und einen grausamen Sprengstoffanschlag mitten im Zentrum, zwischen Champs Elysées und der vornehmen Avenue King George V. Um Punkt 9.02 Uhr explodierte in einem orangefarbenen Opel vor dem Haus Rue Marbeuf 33 eine Bombe. Eine Passantin starb, 63 Menschen wurden verletzt. Wochen vorher hatte der international gesuchte Top-Terrorist „Carlos" die Freilassung zweier verhafteter Komplicen gefordert und mit „brutalen Maßnahmen" gedroht. Zur selben Zeit, als die Bombe hochging, begann der Prozeß gegen die beiden. Zwei Monate nach dem Attentat nahm die römische Polizei auf dem Flughafen Fíumicino eine Deutsche mit einem Koffer voll Sprengstoff fest: Die Lehrerin Christa Margot Fröhlich aus Hannover, die vor Jahren im Verdacht gestanden hatte, für Ulrike Meinhof eine Wohnung gemietet zu haben. Damals konnte man ihr nichts beweisen. Diesmal scheint sie Kurier für Carlos gewesen zu sein: Zeugen erkannten in ihr die „blonde attraktive Frau" wieder, die am 19. April im jugoslawischen Ljubljana einen orangefarbenen Opel gemietet hatte – jenen Wagen, der drei Tage später in der Rue Marbeuf in die Luft flog.

Die Hasenhatz von Idaho

Weil die vergangenen Winter so mild waren, haben sich die Hasen im US-Staat Idaho so vermehrt, daß sie scharenweise über die Felder herfallen. In blutigen Jagden versuchen die Farmer nun, der Plage Herr zu werden. In breiter Front rücken die Jäger vor und treiben die Tiere vor sich her. In panischer Angst rasen die Langohren in ihr Verderben.

Sie stürzen sich in vorher aufgestellte Zäune, nachfolgende Tiere pressen die vorderen zu einer zappelnden, wogenden Menge zusammen. Dann kommen die Killer. Mit Stangen und Knüppeln dreschen sie auf die zuckende Masse ein. Manche Bauern machen sich einen besonderen Spaß: Hasen, die sich noch bewegen, werden herausgezogen, hochgeworfen und dann wie der Ball beim Baseball-Spiel mit einem schweren Schläger in der Luft abgefangen. Proteste von Tierschützern gegen die Horror-Treibjagden lassen die Farmer in Idaho kalt. Sie rechnen ihren Gegnern die Schäden durch Hasenfraß vor: Ernteverluste von über zehn Millionen Dollar in diesem Jahr. „Zahlen Sie mir vielleicht die 156 000 Dollar, die ich durch Hasen auf meinen Weizenfeldern verloren habe?" fragte Farmer Orvin Twitchell aus Mud Lake einen Protestler. „Diese verrückten Tierschützer sollen sich bloß nicht so aufregen", empörte sich ein anderer Idaho-Farmer, „wenn die in ihrer Stadt 'ne Ratte sehen, hauen sie doch genauso drauf!"

Die tödliche Mutprobe

„Aussteigen nicht gestattet" steht mit großen Buchstaben auf einer Holztafel. Auf keinen Fall sollen die Besucher im Serengeti-Safari-Park in Hodenhagen in der Lüneburger Heide ihre Autos verlassen. Denn zwischen deutschen Kiefern tummeln sich hier 13 Tiger. Anfang August fährt Dietrich Speer, Volontär bei der „Walsroder Zeitung", mit Tierpfleger Simon Compton-Hall durch das Freigehege. Der junge Fotograf hatte kurz vorher ein neugeborenes Hochlandrind fotografiert. Auf dem Rückweg hat der Tierpfleger eine fatale Idee: Der hochgewachsene blonde Mann will vor dem Warnschild mit den Tigern posieren. Er steigt aus dem sicheren Auto, geht auf das Tigerrudel zu und lotst zwei Tiere mit Kraulen

und Streicheln auf die Tafel zu. Dietrich Speer fotografiert. Durchs Objektiv sieht er, wie Simon Compton-Hall lachend versucht, eine Raubkatze hochzustemmen und ihre Pranken auf das Schild zu schieben. Im selben Augenblick schlägt das Tier zu.

Der Pfleger stürzt zu Boden. Jetzt kommen die anderen Tiger. Compton-Hall wehrt sich verzweifelt. Mit Händen und Füßen versucht er, die Meute fernzuhalten. Der Fotograf sitzt wie gelähmt in seinem Auto. Simon Compton-Hall schreit um sein Leben. Sein Kollege Hans Schröder hört die Hilferufe und fährt mit seinem vergitterten VW-Käfer zum Unglücksort. Jetzt reagiert auch der Fotograf. Hupend und mit aufgeblendeten Scheinwerfern fährt er auf den Tiger zu, der Simon am Nacken gepackt hat und mit sich schleift. Das Tier läßt den Schwerverletzten fallen. Ein anderer Tiger packt zu und zieht den leblosen Körper vom Auto weg. Hans Schröder öffnet die Tür seines VW und schießt dreimal in die Luft. Die Raubkatzen weichen zurück. Der Fotograf zieht Simon Compton-Hall in seinen Opel-Kadett auf den Beifahrersitz. Die Notärzte können den todesmutigen Tierpfleger nicht mehr retten. Die Tiger haben ihm das Genick gebrochen.

Dicke Luft über München

**Die Türme der Frauenkirche ragen an einem Wintertag aus den Abgasen von Autos, Heizungen und Industriebetrieben. Festgehalten durch eine wärmere Luftschicht belagerte der Smog tagelang die weißblaue Hauptstadt. In den Krankenhäusern wurden über Atembeschwerden und Kreislaufstörungen eingeliefert.
Bei Stufe I des Smogalarms wird empfohlen, freiwillig auf das Autofahren zu verzichten.**

Regen, der Europa sauer macht

Schwedische Schulkinder protestierten mit Postkarten an die Bundesregierung gegen die schwefelhaltigen Abgase aus dem Ruhrgebiet. Skandinavische Seen haben den Säuregehalt von Weinessig, der dem letzten Fisch Saures gibt. In deutschen Wäldern, von denen zehn Prozent als verloren gelten, versprühen Rettungswagen Kalk gegen die Übersäuerung des Bodens. Kirchenfenster, Baudenkmäler und Dome zerbröckeln unter den unsichtbaren Giftfrachten aus der Luft. Und auch der Mensch, so zeigen amerikanische Untersuchungen, wird Opfer einer der größten Umweltbelastungen des 20. Jahrhunderts.

Der „Saure Regen" ist eine schleichende Umweltkatastrophe. Die Folgen jahrzehntelanger Luftverschmutzung werden erst heute deutlich. Wie bei den Masern ist die Inkubationszeit für die Industriegesellschaften vorbei. Schwefeldioxid und Stickstoffoxid entstehen bei der Verbrennung von Kohle, Heizöl oder Diesel. In der Atmosphäre verbinden sich die Giftstoffe zu Säuren, die mit dem Regenwasser verteilt werden.

Nach einer Untersuchung der internationalen Wirtschaftsorganisation OECD hat sich der Ausstoß von Schwefel innerhalb von zwei Jahrzehnten mehr als verdoppelt. Pro EG-Bürger fiel 1978 fast ein Zentner reiner Schwefel aufs Land. In der Bundesrepublik ist der Regen seit Mitte der sechziger Jahre zehnmal saurer geworden.

Im Waldboden löst die Säure giftiges Aluminium, das über die Wurzeln in die Bäume dringt und dort als Zellgift wirkt. Ein fauler Naßkern unterbindet den Wassertransport von der Wurzel in die Krone. Nadelbäume wie Tannen und Fichten werden kahl. Aber auch Laubbäume wie die Buche oder Ulme sterben – trotz des jährlichen Blattwechsels – unter der sauren Last.

Als Ursache für die Schwefelschwaden ermittelte das Bundesinnenministerium zu 90 Prozent die Verbrennung von Öl und Kohle in Kraftwerken sowie privaten Haushalten. Hohe Schornsteine, vorgeschrieben durch das Bundesimmissionsschutzgesetz, sorgen für eine weiträumige Verteilung über die europäischen Grenzen. Im internationalen Giftbombardement exportiert die Bundesrepublik genausoviel Schwefeldioxid, wie – insbesondere aus osteuropäischen Ländern – eingeführt wird.

Mit einer neuen Verordnung für Großfeuerungsanlagen will die Bundesregierung die Maximalwerte für Schwefeldioxidbelastungen herabsetzen. Der Bundesverband Bürgerinitiativen Umweltschutz (BBU) kritisiert die halbherzige Reform, da mit neuen Technologien bei Kohlekraftwerken die Luftverschmutzung noch stärker reduziert werden kann.

Der Kampf gegen das stille Sterben der Bäume kann erfolgreich sein. In den Innenstädten brachte der alljährliche Einsatz von Streusalz die grünen Riesen zum frühen Verwelken. Hundertjährige Kastanien wurden der freien Fahrt für Automobile geopfert. An den Blättern signalisieren vergilbte Ränder den langsamen Tod der Straßenbäume. Aber für 1982 beschlossen einige Großstädte wie Berlin und Hamburg, auf die salzigen Gaben weitgehend zu verzichten. Denn wenn die Bäume sterben, stirbt auch der Mensch.

Giftige Gaben für grüne Riesen. Streusalz auf den Straßen läßt in den Innenstädten Laubbäume früh verwelken. An den Rändern des Kastanienblatts zeigt sich die Baumkrankheit. Verlieren die Fichten, wie hier im Harz, ihre Nadeln, ist es zu spät. Der schwefelhaltige „Saure Regen" bedroht zehn Prozent des deutschen Waldes. Pro Bundesbürger fällt jährlich ein Zentner Schwefel aufs Land.

Harmonie hatte zwischen dem ehrgeizigen Außenminister Alexander Haig und seinem Präsidenten von Anfang an nicht geherrscht. Der leicht aufbrausende Ex-NATO-Chef erschien dem Weißen Haus häufig zu nachsichtig mit den europäischen Verbündeten, die nach Reagans Meinung zu Moskau mehr Distanz wahren sollten. Als Rom, Paris, London und Bonn dennoch auf ihrem Erdgas-Pipeline-Geschäft mit den Sowjets bestanden, verhängte der Präsident Sanktionen gegen die beteiligten Firmen. Haig, der von diesen drastischen Schritten vergeblich abgeraten hatte, fühlte sich nicht zum erstenmal übergangen und trat zurück. Mit Tennisspielen hält er sich seitdem fit. Seinen Platz im State Department übernahm der Finanzfachmann George Shultz, der, anders als sein Vorgänger, keine Ambitionen hat, selber einmal Präsident zu werden

Der amerikanische Traum von heute: Überleben

Die Ausrufung des „Hungernotstands" durch den Gouverneur des US-Bundesstaats Michigan kurz vor Weihnachten war eigentlich nur noch das Tüpfelchen auf dem I. Auch das zweite Amtsjahr von Präsident Ronald Reagan brachte den Vereinigten Staaten nicht den erwünschten (und versprochenen) Aufschwung. Im Gegenteil: Mit mehr als zwölf Millionen Arbeitslosen gab es einen traurigen Nachkriegsrekord. Sechs Millionen Amerikaner mußten nach Schätzungen privater Hilfsorganisationen ganz ohne staatliche Zuschüsse ums Überleben kämpfen. In Zelten, in Autos, in abbruchreifen Häusern verbrachten sie die Nächte in der Hoffnung auf Tagelöhnerarbeit. Am schlimmsten traf es die ehemaligen Wohlstandszentren. Chicago etwa, wo in den meisten Stahlwerken Massenentlassungen vorgenommen wurden, oder in Detroit, dem ehemaligen Automobilzentrum, wo jeder vierte Arbeiter stempeln gehen mußte und vier von fünf schwarzen Teenagern ohne Beschäftigung waren. In Wohnwagen und in klapprigen Karren machten sich Hunderttausende auf den Weg in den Süden, dessen Öl-, Elektronik- und Rüstungsindustrie Jobs verhießen. Doch für die meisten endete auch dieser Traum, der nicht mehr Wohlstand heißt, mit einer Enttäuschung. Ungelernte haben keine Chancen.

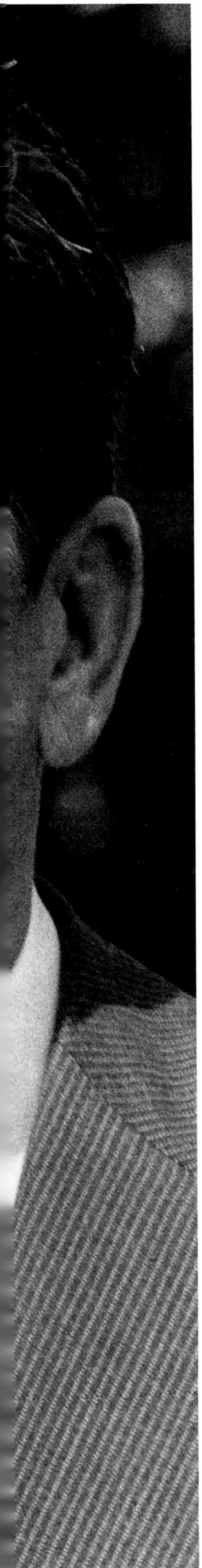

Trotz der wirtschaftlichen Misere, der hohen Zinsen, der zahlreichen Konkurse kam der Präsident in den Kongreß- und Senatswahlen am 4. November mit einem blauen Auge davon. Zwar sieht er sich für den Rest seiner Amtszeit einem stärker demokratischen und damit feindseligeren Repräsentantenhaus gegenüber, im Senat konnten die Präsidentschaftsanhänger ihre Majorität immerhin behaupten. Viele Wähler hielten dem unbeirrbar an seinem Kurs der Steuersenkungen und Ausgabenkürzungen (vor allem im sozialen Bereich) festhaltenden Reagan das Bemühen um wirtschaftliche Stabilität zugute. Die meisten Arbeitslosen und Sozialhilfeempfänger waren ohnehin nicht an die Urnen gegangen. Beeindruckt zeigten sich auch viele von seiner nach wie vor kompromißlosen Haltung gegenüber der Sowjetunion. Während Reagan und seine Gesinnungsfreunde für ihre strammen Parolen immer noch auf den Beifall des Durchschnitts-Amerikaners rechnen können, sehen Experten in Washington schon neue Schwierigkeiten für den Präsidenten am Horizont heraufziehen. Durch die steigenden Haushaltsdefizite werde es immer schwieriger, die anspruchsvollen Rüstungsprogramme durchzuhalten. Es gehe nicht an, soziale Hilfen weiter zu kürzen, während den Generälen des Pentagon jeder Waffenwunsch erfüllt werde. Bislang haben sich Reagan und sein Verteidigungsminister Caspar Weinberger allem Drängen nach Mäßigung erfolgreich widersetzt.

Auch die Hoffnung, durch Rüstungskontrollabkommen mit der Sowjetunion finanzielle Erleichterung zu erhalten, blieb unerfüllt. Im Gegenteil: Durch die auch von den Westalliierten kritisierte kompromißlose Haltung der US-Delegation in Genf gibt es kaum Aussichten, daß auf die Aufstellung von Mittelstreckenraketen, Cruise Missiles und Pershing II in Westeuropa verzichtet werden kann.

Das Mäkeln der Europäer am Rüstungskurs, am amerikanischen Engagement in Zentralamerika und dem immer stärker werdenden Handelsprotektionismus blieb in Washington nicht folgenlos. Zum erstenmal seit rund zehn Jahren wurde im US-Kongreß auf dem Capitol Hill von Washington wieder über den Rückzug der amerikanischen Truppen aus Europa diskutiert. „Wenn uns die Europäer nicht haben wollen, dann sollen sie sich doch gefälligst selber verteidigen", war nicht nur die Meinung des republikanischen Wortführers Ted Stevens aus Alaska. „Wenn heute eine Resolution über das Rückholen der mehr als 300 000 GI's zur Abstimmung gestellt würde", sagte der Mehrheitssprecher im Senat, Howard Baker, „wäre seine Annahme gewiß."

Selbst die nach dem Ausscheiden Edward Kennedys hoffnungsvollsten Reagan-Konkurrenten bei der demokratischen Partei haben sich von dieser Stimmung anstecken lassen. Senator John Glenn wirft den Europäern Vernachlässigung ihrer Bündnispflichten vor, und Walter Mondale, früher Vizepräsident unter Jimmy Carter, verlangt für die US-Wirtschaft nach mehr Schutzvorschriften gegen die europäische Konkurrenz.

Als Präsidentschaftskandidat der Demokraten schien Edward Kennedy bereits zwei Jahre vor der nächsten Wahl festzustehen. Durch die Propagierung eines „nuclear freeze", des Einfrierens aller Atomwaffen auf dem gegenwärtigen Stand, hatte er zusätzliche Anhänger gesammelt. Doch Anfang Dezember stieg der potentielle Reagan-Herausforderer überraschend mit der Begründung aus, er wolle sich mehr um seine Kinder kümmern. Kenner wollen außerdem wissen, daß Kennedy seine Gewinnchancen 1988 für noch besser hält als 1984. Im Kampf gegen das Wettrüsten spielen jetzt die Bischöfe der katholischen Kirche die Hauptrolle, zu der rund ein Drittel der US-Bevölkerung gehören (oben ihr Wortführer Joseph L. Bernardin).

Hoffnung aus Amerika?

Mit „pep talks", mit sonnigen Sprüchen, warb US-Präsident Ronald Reagan bei jeder Gelegenheit beim amerikanischen Fernsehvolk für seine neue Wirtschaftspolitik. Der Aufschwung stehe unmittelbar bevor, verkündete er zu Beginn des Jahres. Amerika sei auf dem Weg aus der Konjunkturflaute in „Golden Eighties", prophezeite er seinen Mitbürgern, ihr Land der unbegrenzten Möglichkeiten werde schon bald wieder dort stehen, wo es hingehöre: an der Spitze.

Mit den „Reaganomics", einer Mischung aus Monetarismus und einer von seinen Beratern ersonnenen sogenannten angebotsorientierten Wirtschaftspolitik, der supply-side-Theorie, wollte der Präsident den Problemen zu Leibe rücken. Paul Volcker, Chef der amerikanischen Notenbank, sollte getreu den Lehren von Milton Friedman, dem Altvater des Monetarismus, die Geldmenge knapp und die Zinsen hoch halten, um so die Inflation zu bekämpfen und den Dollar wieder hart zu machen. Zum ersten Januar 1982 verordnete Ronald Reagan eine fünfprozentige lineare Einkommensteuersenkung, im Juli eine zweite um zehn Prozent. Diese Steuergeschenke begünstigten vor allem Amerikaner mit hohem Einkommen, die einer scharfen Steuerprogression unterliegen. Großverdiener sparten fortan Tausende von Dollars im Monat, für die Mehrheit der Arbeitnehmer brachte die Steuersenkung wenig. Doch gerade die Begünstigung der Wohlhabenden hat System in Reagans Angebotstheorie: das Geld, das die Reichen plötzlich zusätzlich auf ihren Konten hatten, würden sie, so glaubte er, wieder investieren und damit die Konjunktur auf Touren bringen.

Doch weder das aufmunternde keep

Die Weltwirtschaft ächzte unter den Rekordzinsen in den USA und einem hohen Dollarkurs und trieb weiter in eine Konjunkturflaute. Doch auch im Land der unbegrenzten Möglichkeiten liefen die Geschäfte schlecht: Amerika sackte in die schwerste Rezession seit vierzig Jahren, Maschinen stehen still, die Unternehmer zeigen wenig Neigung zu investieren, und die Arbeitslosigkeit kletterte auf fast 12 Prozent. Zum Jahresende senkten Washingtons Währungshüter die Zinsen – der erste Schritt aus der Krise?

smiling des Präsidenten noch Mahnungen, mehr für Amerika zu tun, beeindruckten die Finanziers an der New Yorker Wall Street und die Unternehmer. Sie mißtrauten den „Reaganomics" und zogen nicht mit, wie es die Erfinder dieser Politik vorausgesagt hatten. Nichts funktionierte, der versprochene Aufschwung kam nicht in Sicht. Im Gegenteil, die US-Wirtschaft sackte in die schwerste Krise seit vierzig Jahren. Zwar konnte Paul Volcker Erfolge an der Inflationsfront verbuchen, die Preissteigerungsrate sank von 10,5 Prozent zu Beginn des Jahres auf 5,1 Prozent. Doch dafür handelten sich die Amerikaner mit 11,6 Prozent eine zweistellige Arbeitslosenquote ein. Investiert wurde weniger als im Jahr zuvor, mehr als 30 Prozent aller Maschinen und Produktionsanlagen mußten eingemottet werden. Für das laufende Haushaltsjahr notierte Finanzminister Donald Regan ein Defizit von 120 Milliarden Dollar, die sich die Regierung an den heimischen Finanzmärkten zusammenpumpen muß. Nicht zuletzt deshalb hielt sich die Prime Rate, der von der Notenbank festgelegte Leitzins, übers ganze Jahr auf Rekordhöhe. Schon zum Jahreswechsel begannen viele Länder unter den Auswirkungen der amerikanischen Geld- und Wirtschaftspolitik zu stöhnen. Zunächst traf es die zumeist hoch verschuldeten Entwicklungsländer, die durch die hohen US-Zinsen – die Prime Rate lag im Januar bei 20,5 Prozent – an den Rand der Zahlungsunfähigkeit gerieten. Ihnen fehlte plötzlich das Geld für in den Industrieländern bestellte Investitionsgüter und für Rohstoffe.

Doch auch die europäischen Länder litten unter der „Reaganomics". Die hohen Zinsen in den USA boten lukrative Anlagemöglichkeiten und lockten flüssiges Kapital über den großen Teich, das hierzulande zur Belebung der Konjunktur dringend in Fabriken und Maschinen hätte investiert werden müssen. Durch den Kapitalexport wurde der Dollar zu einer begehrten Währung, seit Januar stieg sein Kurs von 2,28 auf die Höchstmarke im November von 2,59 Mark. Die Folge: Die Güter, die die Bundesrepublik importieren und in US-Währung bezahlen muß – etwa Öl und Rohstoffe – wurden teurer. Zwar verbesserten sich gleichzeitig die Exportchancen der heimischen Industrie, weil der Kurs der Mark im Vergleich zum Dollar sank, doch bedingt durch die leeren Kassen in den traditionellen Abnehmerländern stagnierte auch bald dieses Geschäft.

So sah sich die Deutsche Bundesbank – um den Außenwert der Mark zu stützen und den Kapitalexport zu bremsen – gezwungen, auch ihrerseits das Zinsniveau hoch zu halten. In der flauen Konjunkturlage wäre eigentlich das Gegenteil vonnöten gewesen, nämlich der Wirtschaft billiges Investitionskapital anzubieten.

Eindringliche Warnungen und Mahnungen von Altbundeskanzler Helmut Schmidt und dem französischen Staatspräsidenten François Mitterrand an den amerikanischen Präsidenten, seine Wirtschaftspolitik im Interesse seiner Handelspartner zu ändern, fruchteten wenig. Ronald Reagan blieb bei seinem Kurs. Auch nach dem Weltwirtschaftsgipfel im Juni in Versailles zeigten die Währungshüter in Washington wenig Neigung, ihre Zinspolitik zu lockern. Erst im Herbst, als der Termin der US-Kongreßwahlen immer näher rückte und die Kritik in Reagans „Grand Old Party" an seiner Wirtschaftspolitik immer lauter wurde, ließ sich die Notenbank erweichen, die Prime Rate bis zum Oktober schrittweise auf 12 Prozent und im Dezember nochmals bis auf 8,5 Prozent zu senken.

Hungernotstand in Detroit

Mit Vorschlaghämmern zertrümmern wütende Automobilarbeiter in der amerikanischen Stadt Detroit einen japanischen Toyota. Die Konkurrenz der Mittelklassewagen aus Europa und Fernost führte dazu, daß in der Auto-Metropole am Erie-See 300 000 Arbeitskräfte auf die Straße gesetzt wurden. Detroit, noch vor wenigen Jahren Symbol für kapitalistischen Boom, geriet in die schwerste Krise seiner Geschichte. Kurz vor Weihnachten rief Bürgermeister Young den „Hungernotstand" aus. Kirchen und Wohltätigkeitsorganisationen eröffneten Suppenküchen und Obdachlosenasyle. „Motor City, U.S.A.", die einst so reiche Stadt, hat kein Geld mehr für die Armen.

Das Mädchen Kim wurde zum Symbol eines sinnlosen Krieges. Schreiend vor Angst und Schmerzen lief sie am 8. Juni 1972 mit ihren Schwestern um ihr Leben. Jagdbomber der südvietnamesischen Regierung hatten auf die aus ihrem brennenden Dorf fliehenden Kinder Napalm geworfen. Die Piloten sagten damals, sie hätten die Kinder für Vietcong-Rebellen gehalten. Zehn Jahre später fand

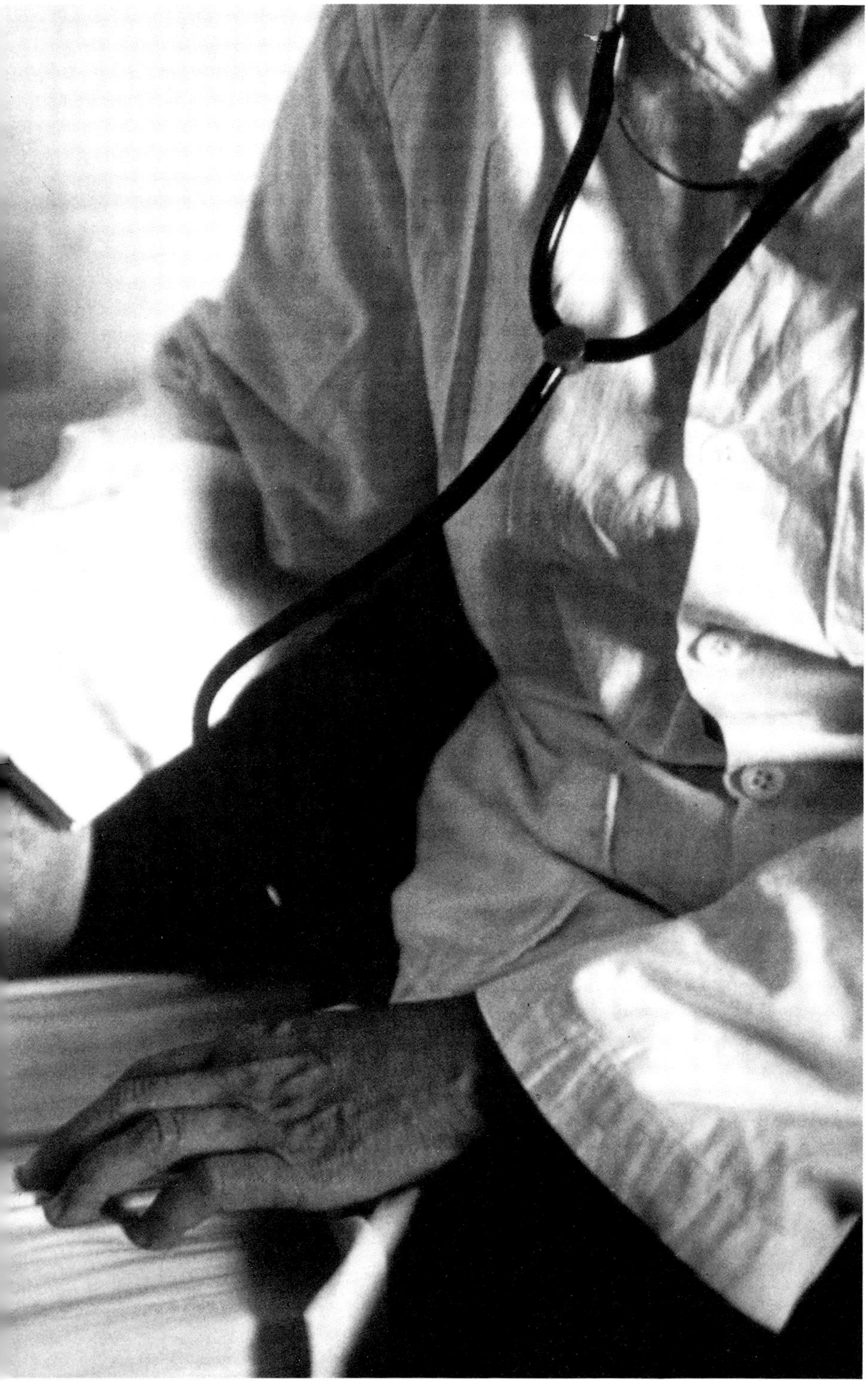

der STERN die jetzt zwanzigjährige Kim Chuc wieder. – Ihr verbrannter und mit Hautfetzen von den Beinen zusammengeflickter Rücken schmerzt noch immer. Wenn es sehr heiß ist, brechen die Wunden auf. „Sie hat das Gift noch im Körper", erklären die Ärzte. Ihnen fehlt es an Salbe und der richtigen Medizin. Weil der Westen das kommunistische Vietnam boykottiert, breiten sich Krankheiten und Seuchen aus.

„Ich starb in Vietnam und habe es nicht gewußt"

Seit 1975 ist der Vietnam-Krieg beendet, aber das Leiden an ihm noch lange nicht. „Um den Sieg von Moral und Gerechtigkeit" kämpfen 15 000 ehemalige GI's im größten Schadensersatzprozeß der US-Geschichte vor Gericht. Seit ihrem Einsatz in Südostasien leiden die Ex-Soldaten unter schweren Hautkrankheiten oder Krebs, ihre Frauen haben mißgebildete oder nicht lebensfähige Kinder zur Welt gebracht. Die Vietnam-Veteranen machen dafür das Entlaubungsmittel „Agent Orange" verantwortlich. Weil die US-Militärs den Dschungel durchsichtig machen und damit den kommunistischen Vietcong Versteckmöglichkeiten nehmen wollten, ließen sie insgesamt 50000 Tonnen dieses Herbizids auf Vietnam und ihre eigenen Truppen herabregnen. Das Pentagon in Washington vertraute dabei auf die Angaben der Hersteller, „Agent Orange" sei für Mensch und Tier unschädlich. Dabei war seit Ende der fünfziger Jahre bekannt, daß der chemische Entlauber die hochgiftige Substanz Dioxin enthält, deren Entfernung kostspielig, aber möglich ist. „Ich starb in Vietnam und habe es nicht gewußt", das Wort des 1978 an Darmkrebs gestorbenen US-Soldaten Paul Reutershan, ist zum Motto all jener geworden, die noch heute an Vietnam tragen. Und die gibt es nicht nur in den Vereinigten Staaten. Seit den „Agent Orange"-Einsätzen der Amerikaner ist auch in Vietnam die Zahl der Krebserkrankungen und der Fehl- und Mißgeburten dramatisch gestiegen. Für diese Kläger ist freilich kein Gericht zuständig.

Kaum hatte Bundespräsident Karl Carstens dem im Cut erschienenen Bundeskanzler Helmut Kohl die Ernennungsurkunde ausgehändigt, grübelte der neue Bonner Regierungschef bereits darüber nach, wie er dem Staatsoberhaupt baldige Neuwahlen schmackhaft machen konnte. Kohl wollte ein rasches Wählervotum, um ein Mandat für vier Jahre zu bekommen. Und er wußte, daß drei Viertel der Bundesbürger wählen wollten. Doch die nach einer fingierten Mißtrauensabstimmung Anfang Dezember erfolgte Auflösung des Bundestages war im Urteil renommierter Rechtsprofessoren eine Manipulation des Grundgesetzes.

Das absurde Neuwahl-Theater

Auf den 6. März 1983 werde er sein Vermögen setzen. „Ich nehme jede Wette an", versicherte CDU-Bundesgeschäftsführer Peter Rademski schon Anfang November, „daß die Wahlen stattfinden." In dem Glauben, Bundeskanzler Helmut Kohl werde sein Neuwahl-Versprechen einlösen, hatte der Parteimanager schon im Spätherbst mit den Wahlkampfvorbereitungen begonnen: Für 22 Großkundgebungen wurden Hallen angemietet, in den Kreisverbänden die ersten Kandidaten aufgestellt. Kohls Neuwahleifer war genau kalkuliert. Er war fest davon überzeugt, daß er aus den Wahlen am 6. März mit gestärkter Autorität hervorgehen werde. Bis zu diesem Termin konnte er noch die alte Regierung, also vor allem die Sozialdemokraten, für alle Übel verantwortlich machen. Im regulären Wahljahr 1984 wäre das nicht mehr gegangen. Dann wären es nicht mehr Helmut Schmidts Arbeitslose, sondern seine eigenen, die stempeln gehen müßten. Und ebenso klar war ihm, daß nur eine volle vierjährige Amtsperiode gute Voraussetzungen für eine spätere Wiederwahl schaffen konnte.

Vorteile bei Neuwahlen hatte sich auch die SPD ausgerechnet. Der noch vor Ende 1982 einsetzende Wahlkampf ersparte den Genossen ideologischen Streit und die nach dem Verlust der Bonner Regierungsmacht eigentlich erwarteten Flügelkämpfe. Dem Kanzlerkandidaten Hans-Jochen Vogel gelang es auf Anhieb, der Partei wieder Siegeszuversicht zu geben. Ihm half dabei die jedermann sichtbare Chance, bei den Neuwahlen die für Schmidts Sturz verantwortliche FDP aus dem Bundestag zu katapultieren – ein eindeutiges, wenn auch unausgesprochenes Wahlziel der SPD.

Bei soviel Eintracht der großen Parteien konnten die Liberalen nicht aus der Reihe tanzen, obwohl sie als einzige die Neuwahlen fürchten mußten: drohte damit doch ihr baldiger parlamentarischer Tod. Sie konnten nur noch auf ein Veto von Bundespräsident Karl Carstens hoffen. Denn ohne die Zustimmung des Staatsoberhaupts kann es in der Bundesrepublik keine Neuwahlen geben, weil das Grundgesetz kein Selbstauflösungsrecht des

Bundestages kennt. Die Verfassung kennt nur zwei Wege: den Rücktritt des Kanzlers oder eine mißglückte Vertrauensabstimmung. In beiden Fällen kann der Bundespräsident das Parlament auflösen, muß es aber nicht. Der Weg über den Kanzler-Rücktritt war für Helmut Kohl zu umständlich und außerdem unzumutbar, da er ihn zum politischen Verlierer gestempelt hätte. Nach Artikel 63 des Grundgesetzes hätte zunächst versucht werden müssen, im Parlament einen neuen Regierungschef zu wählen. Carstens wäre verpflichtet gewesen, unter den Abgeordneten einen Kandidaten zu benennen. Erst nach zweimaligem Fehlschlag dieses Versuchs hätte der Präsident die Volksvertreter nach Hause schicken und Neuwahlen ausschreiben können. Einfacher schien Kohl deshalb der Weg über die Vertrauensfrage. Er war allerdings nur gangbar, weil die Parteien zur Manipulation der Verfassung bereit waren. Kohl bat die Abgeordneten um das parlamentarische Vertrauen, hatte vorher aber sichergestellt, daß er bei der Abstimmung keine Mehrheit bekam, obwohl er Tage zuvor genau diese Mehrheit bei der Verabschiedung des Haushalts 1983 noch besaß. Dieser fragwürdige Kunstgriff ist bei namhaften Verfassungsjuristen auf schroffe Ablehnung gestoßen. Auch im Präsidialamt gaben einflußreiche Berater Karl Carstens den Rat, diese Manipulation am Grundgesetz nicht abzusegnen.

Als Mann für die mageren Jahre in der Opposition auf den Schild gehoben, hat der SPD-Kanzlerkandidat Hans-Jochen Vogel inzwischen gute Chancen, dem Kanzler Helmut Kohl den Sieg bei Bundestagsneuwahlen im März 1983 streitig zu machen. Nach dem klaren Erfolg bei der Bürgerschaftswahl am 19. Dezember in Hamburg sind die Sozialdemokraten wieder im Kurswert der Bundesbürger gestiegen.

Eine heile Welt

Bayerns Landesvater Franz Josef Strauß hat gut lachen. Und das nicht nur, wenn er bei Nato-Manövern für Fotografen posiert. In seinem Land ist die Welt noch in Ordnung, jedenfalls für konservative Zeitgenossen. Die Landtagswahl am 10. Oktober hat es wieder einmal bewiesen: Keine instabilen Verhältnisse, kein Hauch von Unregierbarkeit. Statt dessen eine klare absolute CSU-Mehrheit (58,3 Prozent) und eine ebenso eindeutig abgeschlagene SPD-Opposition (31,9 Prozent). Nur in München konnten die Genossen den übermächtigen Christsozialen einen Denkzettel verpassen. Aus Protest gegen den glücklosen CSU-Bürgermeister Erich Kiesl liefen viele Wähler zur SPD über und machten sie in sechs von 11 Wahlkreisen zur Siegerin. Die Kleinen dagegen blieben draußen vor der Landtagstür. Die FDP bekam die Quittung für Genschers unpopuläre Bonner Wende-Politik (3,5 Prozent). Und für die bayerischen Grünen war die Fünf-Prozent-Hürde etwas zu hoch (4,6 Prozent).

Die grüne Verführung. Für den nächsten Bundestag kandidiert die EG-Angestellte Petra Kelly. Die streitbare Politikerin erlitt im bayerischen Landtagswahlkampf einen Kreislaufkollaps. Nach basisdemokratischen Regeln gab sie dieses Jahr ihren Sitz im Bundesvorstand der Grünen auf. An der Basis bleibt auch der Hamburger GAL-Abgeordnete Thomas Ebermann. Nach einer Hausbesetzung wird er von der Polizei abgeführt. Als verlängerter Arm der außenparlamentarischen Bewegung wollen die Grünen nicht auf gewaltfreie Aktionen verzichten.

Kopfstand nach dem Sieg. Die Sportlehrerin Thea Bock, Spitzenkandidatin der Grün-Alternativen Liste, zeigt vor dem Hamburger Rathaus, was sie kann. Nach dreimonatigen Verhandlungen scheiterte jedoch ein rot-grünes Bündnis in der Hansestadt. Walther Leisler-Kiep (CDU) und SPD-Bürgermeister Klaus von Dohnanyi entschlossen sich zu Neuwahlen.

Mit dem Erfolg kam der Katzenjammer

Die Grünen müssen Farbe bekennen. Am 13. Januar 1980 wurde die Bundespartei „Die Grünen" gegründet. Über 16000 Mitglieder bekennen sich zu dem Parteiprogramm „ökologisch, sozial, basisdemokratisch und gewaltfrei". Die junge Partei eroberte nach Bremen und Baden-Württemberg weitere Parlamentssitze in Berlin, Niedersachsen und Hamburg und erhielt mehr Wählerstimmen als die Freidemokraten. Als neue vierte Partei wurden die Grünen zu einem Zünglein an der Waage für Regierungsbündnisse in Hessen und Hamburg. Sie haben das erstarrte Parteiengefüge der Bundesrepublik verändert.
Doch mit dem Erfolg kam der Katzenjammer. Auf dem Bundesparteitag der Grünen in Hagen Ende des Jahres stritten die Delegierten aus elf Bundesländern über den zukünftigen Kurs. Zwei grüne Lager stehen sich gegenüber: Die radikale Durchsetzung gesellschaftspolitischer Programmpunkte ohne Kompromisse mit den etablierten Parteien wird von der „Fundamentalopposition" gefordert. Parlamentarische Mitarbeit und Verhandlungen in einzelnen Sachfragen zur Realisierung ökologischer Politik wird von den „Gemäßigten" vertreten. Einig sind sich die Grünen in der Ablehnung der Atomkraft und der Stationierung von Raketen in der Bundesrepublik.
Im Kampf gegen die Arbeitslosigkeit gibt es für die Grünen kein Patentrezept. Mehr Investitionen in Großprojekte oder Autobahnen führt nicht aus der tiefgreifenden „Strukturkrise" der westlichen Industrieländer. Ökologie und Ökonomie sind kein Widerspruch. Denn die Anwendung von „intelligenter Technik" in industriellen Produktionsprozessen läßt Umweltbelastungen für Luft, Wasser und Boden erst gar nicht entstehen.
Die Entwicklung neuartiger Verfahren zur Energiegewinnung macht kleinere dezentrale Kraftwerke möglich, die Strom und Wärme billiger ins Haus bringen. Und auch die Mikroelektronik vernichtet nicht nur Arbeitsplätze, sondern schafft neue Aufgaben in ressourcenschonenden Dienstleistungsberufen.
Das grüne Wirtschaftsprogramm fordert neue Werte. Die Zukunft der Arbeit liegt darin, daß es weniger Arbeit für Menschen und mehr Arbeit für Computer geben wird. Flexible Arbeitszeiten, Job-sharing, Verkürzung der Wochen- und Lebensarbeitszeit sind ein Weg, um die knapper werdende Beschäftigung besser zu verteilen.
Der utopische Entwurf wird sich dem rauhen Wind der Bundestagswahl am 6. März 1983 aussetzen. Nach den demoskopischen Umfragen haben die Grünen gute Chancen, zum erstenmal in den Bundestag einzuziehen.
Bei den Bürgerschaftswahlen in Hamburg bekam die „Grüne-Alternative Liste" (GAL) am 19. Dezember 6,8 Prozent der Wählerstimmen. Die Neuwahl war notwendig geworden, da die GAL sich in den Verhandlungen über ein Regierungsbündnis mit SPD-Bürgermeister Klaus von Dohnanyi unnachgiebig zeigte. Jetzt kann allerdings die SPD in Hamburg wieder allein regieren – sie erhielt 51,3 Prozent der Stimmen, die CDU 38,6.

Titel: Jean-Paul Goude, AP, Annie Leibovitz/Contact/Focus, Robert Lebeck, Gamma, Maria P.L. Voigt, Dennis Wall/Skyline Features, dpa, Lorenz Baader.

Seite: 8/9 Claus F. Lallo (3). 10/11 Volker Hinz. 12/13 Volker Hinz. 14/15 Jack Gladback/Black Star (5). 16/17 Emonts-Pohl. 18/19 Siccoli/Gamma. 20/21 Keystone. 22/23 Sygma/Pandis. 24/25 Horst Haske, Tom Jacobi. 26/27 Harald Schmitt (2). 28/29 Bildarchiv Jürgens, Katja Havemann. 30/31 Harald Schmidt (3). 32/33 Z. Zamboni/AP. 34/35 Amadeus Gummersbach. 36/37 Manchete (2). 38/39 Zeichnung: Otmar Goller, GSF München. 40/41 Ute Mahler/ADN. 42/43 dpa, Helmut Jüliger (2), BUNTE. 44/45 Alberto Calcinai, Sygma/Pandis. 46/47 Gamma. 48/49 Press Association. 50/51 Press Association. 52/53 STERN. 54/55 Press Association, La Prensa, Sygma. 56/57 dpa, Camera Press (2). 58/59 Günter Peters, Foto Press. 60/61 Foto Press (2), Jürgen Gebhardt. 62/63 dpa (2), Reporters Associati, AP (2). 64/65 Annie Leibovitz/Contact/Focus. 66/67 Aaron Rapoport/Wheeler Pictures. 68/69 Sven Simon, Fred Ihrt. 70/71 UPI, AP. 72/73 Maria P.L. Voigt. 74/75 AP, Mainichi Sambursha. 76/77 Lennart Nilsson (3). 78/79 Ivor Hansen, Robert Lebeck. 80/81 Volker Hinz. 82/83 Jeff R. Werner/Outline, Randy Quiroz, Photoreporters Inc./Action Press. 84/85 Dorothea Schmied. 86/87 Tobey Sanford. 88/89 Peter Thomann. 90/91 Jeff R. Werner/Outline. 92/93 Lorenz Baader. 94/95 WEREK, Norbert Rzepka. 96/97 dpa. 98/99 Robert Lebeck, Museum of Modern Art N.Y. 100/101 Leni Riefenstahl. 102/103 Dieter Blum. 104/105 Bert Stern. 106/107 dpa, Sven Simon, GAUL, AP. 108/109 Axel Carp. 110/111 Gamma. 112/113 Sven Simon, Ralph Crane/People Weekly (c) Time Inc, AP, Paramount. 114/115 Helmut Newton, STERN. 116/117 dpa, Ernst Kainerstorfer. 118/119 Donar-Press, Pierre Balmain, Dr. Mario Peloncini, Ian Cook, Jürgen Gebhardt, Michael Ruetz, Sven Simon, Bauer, Conti-Press, Hermann Roth. 120/121 Center Press, Klaus Drinkwitz, Hanns-Jörg Anders, Interpress, Werner Ebeler, Warner Columbia, Volker Krämer. 122/123 dpa, Jürgen Gebhardt. 124/125 AP (2). 126/127 Associated Newspapers Group Ltd, Camera Press, STERN. 128/129 Press Association. 130/131 T. Graham/Sygma. 132/133 Gamma. 134/135 Camera Press, De Telegraaf. 136/137 H.D. Klein/G. Kraffert. 138/139 H.D. Klein/G. Kraffert. 140/141 Sygma. 142/143 Sipa. 144/145 STERN, Sipa. 146/147 Jean Guy Jules/GEO. 148/149 Keler/Sygma. 150/151 UPI, Zvi Roger, Havakuk Levison. 152/153 Jean-Paul Goude. 154/155 Zeitmagazin/Frieder Blickle, Klaus Drinkwitz. 156/157 Mihaly Moldvay, 158/159 Robert Lebeck, Sygma/Pandis. 160/161 Axel Carp. 162/163 Robert Lebeck (4). 164/165 Dirk Reinartz. 166/167 Berthold Schmid, AP. 168/169 Dirk Halstead/Gamma Liaison. 170/171 STERN. 172/173 Alex Webb/Magnum. 174/175 Ledru/Sygma, (c) Jill Krementz. 176/177 Jay Ullal, Shabtai Tal, Gamma. 178/179 Franco Zecchin/Leticia Battaglia. 180/181 Roberto Liberati. 182/183 Dieter Heggemann. 184/185 Alexander Tsiaras. 186/187 Helmut Newton. 188/189 André Berg. 190/191 Steve Hiett. 192/193 Peter Rondholz (3). 194/195 Ken Regan/Camera 5. 196/197 Herbert Schulz. 198/199 Tom Jacobi. 200/201 Magnum (2), Sipa. 202/203 Nogues/Sygma/Pandis. 204/205 Sygma/Pandis. 206/207 Sipa, AP (2). 208/209 AP. 210/211 Privat, dpa, Polizei. 212/213 Fotomontage STERN. 214/215 Herbert Peterhofen. 216/217 Poly Press. 218/219 Sven Simon. 220/221 Ladislav Perenyi, Nordbild. 222/223 Co Rentmeester, Zeichnung: Günther Radtke. 224/225 Zeichnung: STERN. 226/227 Wolfgang Knapp, Rolf Westing. 228/229 Dennis Wall/Skyline Features. 230/231 STERN, Uwe Reuter. 232/233 Hist. Darstellung Magdalene College, Cambridge, Camera Press, Sygma/Pandis. 234/235 Horst Müller, Sven Simon. 236/237 AP, Sipa. 238/239 Zeichnung: Robinson. 240/241 AP. 242/243 Tass/Sovfoto, dpa, Lothar Kucharz, Sven Simon, Camera Press, Harald Schmitt, Gamma, Volker Hinz. 244/245 Tass/Sovfoto. 246/247 Jacque Pavlovsky/Sygma. 248/249 Sygma/Pandis. 250/251 STERN. 252/253 STERN. 254/255 Kurt Will. 256/257 Domenech/Paris Match (4). 258/259 Willie De Klerk, Robert Tshabalala. 260/261 Franz Ruch (2), Thomas Grimm/AP, STERN (3). 262/263 Paris Match, ANSA. 264/265 Gamma. 266/267 Gamma. 268/269 BUNTE. 270/271 Alfred A. Haase. 272/273 STERN, Axel Krause. 274/275 Francis Apesteguy/Gamma, Volker Hinz, Kirkland/Contact/Focus, Doug Bruce Picture Group Inc 276/277 Jean-Pierre Laffont/Sygma 278/279 Jeff Lowenthal/Newsweek, 280/281 Perry Kretz, AP. 282/283 dpa, Robert Lebeck. 284/285 Arnulf Hittrich. 286/287 Karin Rocholl, Thomas Grimm, Zeitmagazin/Jo Röttger, Sven Simon.

Eine synchronoptische Tabelle der Ereignisse von Tag zu Tag

das war 82

	Deutschland	Ausland	Kultur/Wissenschaft	Sport
1. Januar	Zum Jahresbeginn treten einige wichtige Gesetzesänderungen in Kraft: In den Bereichen Arbeits- und Ausbildungsförderung, Sozialhilfe, Beamtenbesoldung, Familienlastenausgleich sowie beim Mutterschutz und in der Krankenversicherung werden staatliche Leistungen eingeschränkt.	In Polen werden die Preise für Industriegüter und Dienstleistungen freigegeben. Am folgenden Tag wird der Zloty gegenüber dem Dollar um 57 Prozent abgewertet.		Der Kolumbianer Victor Mora gewinnt zum vierten Male den traditionellen Silvesterlauf von São Paulo. Der Frankfurter Jürgen Dächert wird als bester Deutscher 37.
4. Januar	Bundeskanzler Helmut Schmidt führt in Washington Gespräche mit US-Präsident Ronald Reagan über deutsch-amerikanische Meinungsunterschiede in der Beurteilung der Polen-Frage.	Richard Allen, der Sicherheitsbeauftragte von US-Präsident Reagan, tritt zurück, obwohl Bestechungsvorwürfe gegen ihn entkräftet worden sind. Sein Nachfolger wird der bisherige stellvertretende Außenminister William P. Clark.		
5. Januar		In Seoul und den meisten anderen Landesteilen Südkoreas wird das seit 36 Jahren geltende nächtliche Ausgehverbot aufgehoben.		
7. Januar	Die Nürnberger Bundesanstalt für Arbeit legt den Arbeitsmarktbericht für Dezember 1981 vor. 1 703 900 Arbeitslose (Quote: 7,3%), 505 500 Kurzarbeiter, 118 400 offene Stellen. Im Jahresdurchschnitt hat es 1 271 600 Arbeitslose gegeben (Quote: 5,5%).		Über importiertes Viehfutter gelangt das Pestizid DDT noch immer in deutsche Nahrungsmittel. Dieser chlorierte Wasserstoff ist in der Bundesrepublik als Pflanzenschutzmittel seit Jahren verboten.	
8. Januar	Hessische Behörden bestätigen, daß in Kalbfleischprodukten erneut Rückstände verbotener Östrogene gefunden worden sind.			
9. Januar			Rudolf Bing, ehemaliger Chef der Metropolitan Opera New York, wird 80. Das Württembergische Staatstheater in Stuttgart präsentiert die Uraufführung der „Iphigenie" des DDR-Autors Jochen Berg als Beitrag zum Goethe-Jahr 1982.	
11. Januar	In Berlin wird zum zweiten Mal in diesem Winter Smog-Alarm ausgelöst.	In Brüssel vereinbaren die Außenminister der NATO eine Verschärfung des politischen Kurses gegenüber Warschau und Moskau. Sie kündigen diplomatische und wirtschaftliche Sanktionen an.		
12. Januar			Die Bundesregierung stimmt dem Internationalen Übereinkommen zur Verhütung der Meeresverschmutzung durch Schiffe zu (MARPOL).	In Bombay gewinnt Pakistan gegen Deutschland mit 3:1 das Endspiel der Feldhockey-Weltmeisterschaft der Herren und verteidigt damit seinen Titel.
13. Januar		In Washington kommen beim Absturz einer amerikanischen Boeing 737 78 Menschen ums Leben, nur fünf Insassen der Maschine überleben das Unglück, darunter eine Stewardeß. Die Boeing hatte kurz nach dem Start, wohl infolge von Vereisungen, eine Brücke gestreift und war in den zugefrorenen Potomac gestürzt.		

	Deutschland	Ausland	Kultur/Wissenschaft	Sport
14. Januar	In Kassel erklärt das Bundesarbeitsgericht befristete Arbeitsverträge für hessische Lehramtsbewerber für unzulässig.	Adil Carcani wird zum neuen Regierungschef Albaniens ernannt. Sein Vorgänger Mehmet Schehu hatte am 17. Dezember 1981 Selbstmord begangen.	Pastor Martin Niemöller, der langjährige Präsident des ökumenischen Kirchenrates, feiert seinen 90. Geburtstag.	Der bei der Rallye Paris–Dakar in der Sahara vermißte Mark Thatcher, der Sohn der britischen Premierministerin, wird gesund aufgefunden.
15. Januar	In Berlin-Wilmersdorf wird auf das israelische Restaurant „Mifgasch Israel" ein Sprengstoffanschlag verübt. Ein 14 Monate altes Mädchen stirbt, 24 Menschen werden verletzt. Ohne mündliche Verhandlung erklärt der hessische Staatsgerichtshof ein geplantes Volksbegehren gegen den Ausbau des Frankfurter Flughafens für verfassungswidrig. Mit einem solchen Begehren würde in Zuständigkeiten des Bundes eingegriffen.	Der vierköpfige Generalstab der spanischen Streitkräfte wird neu besetzt. Gründe: der bevorstehende NATO-Beitritt Spaniens sowie der für Mitte Februar geplante Prozeß gegen die am Putschversuch vom Februar 1981 beteiligten Offiziere.	Der 1946 von dem Psychoanalytiker Wilhelm Reich geschriebene Essay „Rede an den Kleinen Mann" wird in den Münchner Kammerspielen szenisch uraufgeführt.	
16. Januar		Großbritannien und der Vatikan nehmen nach mehr als 400 Jahren wieder volle diplomatische Beziehungen auf. Im Jahre 1535 hatte sich König Heinrich VIII. von der römischen Kirche losgesagt und die anglikanische Kirche gegründet.		
18. Januar	Hans Peter Bull, der Bundesbeauftragte für den Datenschutz, legt seinen 4. Tätigkeitsbericht vor. Bulls Kritik an Datenschutz-Verstößen bei den Sicherheitsbehörden wird vom Bundesinnenministerium nicht geteilt.			Der Tscheche Ivan Lendl gewinnt das Finale des „Masters"-Tennisturniers in New York gegen den Amerikaner Vitas Gerulaitis mit 6:7, 2:6, 7:6, 6:2, 6:4. Lendls Siegesprämien: 430 000 Dollar.
19. Januar	Das Bundesarbeitsgericht verweigert Gewerkschaftsvertretern das Zutrittsrecht zu kirchlichen Einrichtungen. Ein polnischer Luftpirat wird vom Landgericht zu 5½ Jahren Haft verurteilt. Er hatte im August 1981 eine LOT-Maschine nach Westberlin entführt.		Der erstmals vergebene Arno-Schmidt-Preis (50 000 Mark) wird dem Autor und Übersetzer Hans Wollschläger zuerkannt. Der Shakespeare-Preis (25 000 Mark) der F.v.S.-Stiftung wird der Schriftstellerin Doris Lessing zugesprochen.	
20. Januar	Die Evangelische Kirche Deutschlands verlangt für die 1984 anstehende Rentenreform ehe- und familienfreundliche Lösungen. Pro Kind sollen drei Erziehungsjahre als Beitragszeit gewertet werden.		Die Schauspielerin Paula Wessely begeht ihren 75. Geburtstag. In der Bundesrepublik steigt die Zahl der Herzinfarkt-Toten im Gegensatz zu den USA, Kanada und Finnland weiter an.	
21. Januar		In Wien werden zwei arabische Terroristen zu lebenslangen Freiheitsstrafen verurteilt. Sie hatten am 29.8.1981 ein Attentat auf eine Synagoge verübt.	Chinesischen Biochemikern ist zum erstenmal die Synthetisierung des Erbmaterials der Hefe gelungen.	Vor dem Training zum großen Preis von Südafrika in Johannesburg treten 29 der 31 Formel 1-Fahrer in den Streik.
22. Januar	Staatssekretär Heinz Ruhnau (SPD) wird vom Aufsichtsrat der Deutschen Lufthansa trotz Vorbehalten von Beschäftigten in den Vorstand des Unternehmens gewählt. Am 1. Juli soll Ruhnau die Nachfolge von Herbert Culmann antreten.			Walter Röhrl/Christian Geistdörfer gewinnen auf einem Opel Ascona die Rallye Monte Carlo.

	Deutschland	Ausland	Kultur/Wissenschaft	Sport
23. Januar	In Ludwigsburg einigen sich die südwestdeutschen Zeitungsverleger und die öffentlich-rechtlichen Rundfunkanstalten im Grundsatz über einen Kabelfernsehversuch mit privater Beteiligung.			Die Sowjetunion fordert von den Organisatoren der Olympischen Spiele 1984 in Los Angeles erhöhte Sicherheitsvorkehrungen für ihre Teilnehmer und droht andernfalls mit einem Boykott.
25. Januar	Im Bundeskabinett wird eine Novelle zum Arzneimittelgesetz beschlossen, mit der illegale Praktiken bei der Tierzucht eingedämmt werden sollen.	Der polnische Ministerpräsident Wojciech Jaruzelski kündigt auf der ersten Parlamentssitzung unter Kriegsrecht die schrittweise Lockerung oder vollständige Aufhebung des Ausnahmezustands möglicherweise bis Ende Februar an.	Der in Schweden lebende Schriftsteller Peter Weiss erhält für seine Trilogie „Die Ästhetik des Widerstands" den mit 10 000 Mark dotierten Bremer Literaturpreis der Rudolf-Alexander-Schröder-Stiftung.	
26. Januar	Den ständigen Westkorrespondenten in der DDR wird vom DDR-Außenministerium erstmals die direkte Berichterstattung von einer Kirchensynode untersagt. Der Beschluß wird nicht begründet.	Der finnische Ministerpräsident Mauno Koivisto wird zum neuen Staatspräsidenten des Landes gewählt. Er wird Nachfolger von Urho Kekkonen, der im Oktober 1981 nach 25jähriger Präsidentschaft seinen Rücktritt erklärt hat.		
27. Januar	Die „Volkssozialistische Bewegung Deutschlands/Partei der Arbeit" wird vom Bundesinnenministerium als neonazistische Organisation verboten.		Peter Turrinis Theaterstück „Die Bürger" wird in Wien uraufgeführt.	
28. Januar	In Stuttgart vereinbaren die Arbeitgeberverbände, die Gewerkschaft ÖTV und die Angestellten-Tarifgemeinschaft, daß es im kommunalen Bereich keine Einkommenskürzungen geben wird. In der Extremistenfrage entscheidet das Bundesarbeitsgericht, daß Behörden sich bei Anforderungen an die Verfassungstreue an der Art der vorgesehenen Beschäftigung des Bewerbers orientieren müssen.	Der amerikanische NATO-General James Lee Dozier, der am 17.12.1981 in Verona von Angehörigen der „Roten Brigaden" entführt worden war, wird in Padua von einem Sonderkommando der Carabinieri befreit.	Der polnisch-amerikanische Pianist Artur Rubinstein begeht in Paris seinen 95. Geburtstag. Der mit 25 000 Mark dotierte Petrarca-Preis 1982 wird der Schriftstellerin Ilse Aichinger verliehen.	
29. Januar	Der französische Ministerpräsident Pierre Mauroy erörtert in Bonn mit Bundeskanzler Schmidt die Polenkrise sowie Wirtschaftsfragen.		Nach den Vorstellungen der „Deutschen Gesellschaft für Humanes Sterben" sollen die ersten Sterbekliniken der Bundesrepublik in etwa sechs Jahren eingerichtet werden.	
30. Januar	Bei den bisher schwersten Auseinandersetzungen zwischen Polizei und Gegnern der sogenannten Startbahn West des Frankfurter Flughafens werden rund 140 Menschen verletzt.		Der amerikanische Filmschauspieler Henry Fonda erhält in Hollywood den „Golden Globe" des Verbands der Auslandspresse.	
31. Januar		In Österreich wird bei einem Lawinenunglück eine Gruppe von 18 deutschen Schülern und Lehrern verschüttet. Zehn Schüler und drei Lehrer kommen ums Leben.		Das bedeutendste Trabrennen der Welt, der „Prix d'Amérique", wird überraschend von dem neun Jahre alten Hengst Hymour mit Jean-Pierre Dubois im Sulky gewonnen.
1. Februar	Eine amerikanische Militärmaschine des Typs F-15 Eagle verliert über Schramberg im Schwarzwald eine mit TNT bestückte „Sidewinder"-Rakete. Sie wird erst am 5. Februar gefunden.	In Polen treten drastische Preiserhöhungen für Lebensmittel, Heizmaterial, Elektrizität und Benzin in Kraft.		

	Deutschland	Ausland	Kultur/Wissenschaft	Sport
3. Februar	Die Bundesregierung beschließt ein Beschäftigungs-Programm in Höhe von 12,5 Milliarden Mark.			
4. Februar	Der Bundestag beschließt eine befristete Porto-Befreiung für Geschenkpakete nach Polen.		Die Objektkünstlerin Meret Oppenheim erhält den mit 30 000 Mark dotierten Kunstpreis des Landes Berlin 1982. In Salzburg stellt der Club of Rome seinen neuen Bericht „Auf Gedeih und Verderb – Mikroelektronik und Gesellschaft" vor.	Zum erstenmal seit Kriegsende gewinnt ein Eiskunstläufer aus der Bundesrepublik, Norbert Schramm (Oberstdorf), den Titel eines Europameisters.
5. Februar	Der Bundestag spricht in namentlicher Abstimmung Bundeskanzler Helmut Schmidt das Vertrauen aus. Sämtliche Abgeordnete von SPD und FDP stimmen mit „Ja". Zwölf polnische Luftpiraten werden vom Berliner Landgericht wegen Entführung eines polnischen Flugzeugs nach West-Berlin zu Haftstrafen verurteilt.	Bei Bilbao/Spanien wird der deutschstämmige industrielle José Lipperheide gegen ein Lösegeld von mehreren Millionen Mark freigelassen. Er war von einem ETA-Kommando entführt worden.		Bei den alpinen Ski-Weltmeisterschaften in Schladming gewinnt die 19jährige Schweizerin Erika Hess die dritte Goldmedaille.
7. Februar	In einigen Kirchen der DDR wird für den „Berliner Appell – Frieden schaffen ohne Waffen" geworben. In dem Appell wird u.a. eine atomwaffenfreie Zone in ganz Europa gefordert. Bekanntester Erstunterzeichner ist der Regimekritiker Robert Havemann.	Bei den Präsidenten- und Parlamentswahlen in Costa Rica gehen der Sozialdemokrat Luis Alberto Monge und seine Partei als Sieger hervor.	In Schleiz im DDR-Bezirk Gera wird eine Gedenkstätte für Johann Friedrich Böttger eingeweiht, den Erfinder des Porzellans in Europa.	Die deutsche Tennis-Nationalmannschaft verteidigt mit einem 2:1 über die CSSR ihren Titel als Sieger im Kings-Cup. Der Schwede Ingemar Stenmark gewinnt in Schladming den Weltmeistertitel im Slalom.
8. Februar	Das Nachrichtenmagazin „Der Spiegel" beschuldigt Spitzenmanager des gewerkschaftseigenen Baukonzerns „Neue Heimat", u.a. den Vorstandsvorsitzenden Vietor, sich mit Hilfe von Strohmännern und Tarnfirmen persönlich bereichert zu haben.			
9. Februar		US-Präsident Ronald Reagan teilt dem amerikanischen Kongreß mit, die US-Regierung werde nach 13jähriger Pause die Produktion chemischer Kampfstoffe wieder aufnehmen. Es kommt weltweit zu Protesten.		
11. Februar	Die DDR-Behörden geben Erleichterungen für Westreisen in dringenden Familienangelegenheiten bekannt.			
12. Februar	Der Bundesrat stimmt dem 240,5 Milliarden-Haushalt des Bundes für 1982 zu. In einer weiteren Mehrheitsentschließung werden eine Neuverteilung der Mehrwertsteuer zugunsten der Bundesländer sowie ein Verzicht des Bundes auf Kindergeldausgleichszahlungen durch die Länder gefordert. Das Frankfurter Landgericht verurteilt den ehemaligen SS-Hauptsturmführer Friedrich Paulus wegen Behilfe zum Mord in mindestens 160 Fällen zu vier Jahren Haft.		In Berlin beginnen die 32. Internationalen Filmfestspiele. Der „Goldene Bär" wird an Rainer Werner Fassbinders „Die Sehnsucht der Veronika Voss" vergeben. Der „Berliner Elektronenspeicherring für Synchrotronstrahlung" (BESSY) wird seiner Bestimmung übergeben. Das 70 Millionen Mark teure Großgerät soll der Grundlagenforschung dienen.	Ein Schöffengericht in Duisburg ahndet die Herstellung gefälschter deutscher Reisepässe für kanadische Eishockey-Spieler mit Geldstrafen von insgesamt 36 500 Mark.

	Deutschland	Ausland	Kultur/Wissenschaft	Sport
13. Februar				In der Dortmunder Westfalenhalle verbessert der Hannoveraner Erwin Skamrahl bei den deutschen Leichtathletik-Hallenmeisterschaften den bisherigen Hallen-Weltrekord (21,05 sec) über 200 m auf 20,99 sec.
15. Februar	In der Lübecker Innenstadt werden auf einem unbebauten Gelände rund 1000 Giftampullen aus dem Zweiten Weltkrieg gefunden.	Vor Neufundland/Kanada kentert eine Ölbohrinsel im Atlantik. Alle 84 Besatzungsmitglieder kommen ums Leben. Einen Tag später sinkt im selben Gebiet ein sowjetisches Containerschiff; 32 Menschen finden den Tod.		
16. Februar	In Erding bei München wird das erste von insgesamt 322 Mehrzweckkampfflugzeugen der Bundesluftwaffe vom Typ „Tornado" in Dienst gestellt. System-Preis: rund 70 Millionen Mark.			Die Fernsehanstalten ARD und ZDF geben bekannt, daß sie insgesamt 95 Stunden lang über die Fußball-Weltmeisterschaft in Spanien berichten werden.
17. Februar	Die Bundesregierung beschließt eine Einschränkung der Bewegungsmöglichkeiten sowjetischer Diplomaten in der Bundesrepublik. Die Monopolkommission des Bundestages spricht sich ebenso wie das Bundeskartellamt gegen die Fusion der Verlagshäuser Axel Springer und Burda aus.		Rund 6000 Patienten stehen in der Bundesrepublik wegen mangelnder Kapazitäten auf einer Warteliste für Operationen an den Herzkranzgefäßen.	Die Europäische Rundfunk-Union gibt bekannt, daß sie für die Fernsehübertragung von den Olympischen Spielen 1984 in Los Angeles 19,8 Millionen Dollar zahlen wird.
18. Februar		In Irland kann bei vorgezogenen Parlamentswahlen keine der beiden großen Parteien die absolute Mehrheit erringen.		
19. Februar	Der Vorsitzende der SPD-Fraktion, Herbert Wehner, reist nach Polen (bis zum 26.2.). Er wird u.a. von Partei- und Regierungschef General Jaruzelski empfangen. Seine Reise wird von den Unionsparteien heftig kritisiert. Nach Abschluß seiner Gespräche mit polnischen Spitzenpolitikern spricht Wehner sich gegen Wirtschaftssanktionen gegenüber Polen aus.			
20. Februar		Großbritannien und die USA geben der Tschechoslowakei 18,4 Tonnen Gold zurück, die 1938 von den deutschen Besatzungstruppen beschlagnahmt worden waren.	Im Münchner Haus der Kunst beginnt die Ausstellung „Von Greco bis Goya – Vier Jahrhunderte spanischer Malerei".	
22. Februar	Berlins Sozialsenator Ulf Fink gibt bekannt, daß Asylbewerber zu Sonderarbeitseinsätzen bei der Straßenreinigung verpflichtet werden sollen. Die DDR erhöht die Zollfreigrenzen für Westbesucher auf 200 Mark pro Tag.	Die Republik West-Sahara wird das 51. Mitglied der Organisation für Afrikanische Einheit. Aus Protest verlassen anschließend 19 Staaten die Ministerratskonferenz der OAE in Addis Abeba/Äthiopien.		
23. Februar		Die Bürger Grönlands entscheiden sich in einer Volksabstimmung mit knapper Mehrheit für den Austritt aus der Europäischen Gemeinschaft.		

	Deutschland	Ausland	Kultur/Wissenschaft	Sport
24. Februar	Beim 39. deutsch-französischen Gipfeltreffen in Paris stellen Bundeskanzler Schmidt und der französische Staatspräsident Mitterrand außen- und verteidigungspolitische Gemeinsamkeiten fest: Die Rolle der Sowjetunion in der Polen-Krise wird verurteilt, der NATO-Doppelbeschluß zur Raketenrüstung wird verteidigt, und beide Politiker verurteilen die Hochzinspolitik der USA.			
25. Februar	Die Bonner Staatsanwaltschaft eröffnet Ermittlungsverfahren gegen Bundeswirtschaftsminister Graf Lambsdorff, Bundesfinanzminister Matthöfer, den Staatssekretär im Kanzleramt Manfred Lahnstein sowie andere Prominente aus Wirtschaft und Politik. Im Mittelpunkt des Verfahrens steht die behauptete Annahme von Geldern des Flick-Konzerns. In West-Berlin wird der vierte Smog-Alarm dieses Winters gegeben.	Das Zentral-Komitee der polnischen Arbeiterpartei billigt auf seiner ersten Sitzung nach Ausrufung des Kriegsrechts die Übernahme der Macht durch den Militärrat.		
27. Februar	In Frankfurt beginnt die Internationale Frühjahrsmesse, an der sich rund 3600 Aussteller beteiligen.		Die Kritikerpreise des Verbandes der Deutschen Kritiker für 1981: Sarah Kirsch (Literatur), Wolfgang Nestler (bildende Kunst), Elisabeth Trissenaar (Theater), Hans-Jürgen Bose (Musik), Birgit Keil (Tanz), Margarethe von Trotta (Film) und die Projektgruppe Nerostraße (Fernsehen).	
28. Februar				Bei den nordischen Ski-Weltmeisterschaften in Oslo stellen die gastgebenden Norweger mit sieben Gold-, vier Silber- und drei Bronzemedaillen die erfolgreichste Mannschaft.
1. März	Königin Beatrix der Niederlande besucht die Bundesrepublik. Bei diesem Staatsbesuch sollen das deutsch-niederländische Verhältnis gefördert und die gemeinsame Europa-Politik betont werden. Das Bundeskabinett verabschiedet den Berufsbildungsbericht. Er macht deutlich, daß das Lehrstellenangebot auch 1982 wieder unzureichend ist.	Der polnische Staats- und Regierungschef Wojciech Jaruzelski fliegt zu seinem ersten Besuch der Sowjetunion nach Moskau. Mit der Kreml-Führung vereinbart er einen Ausbau der „umfassenden Zusammenarbeit".		
2. März	Hans Langemann, der Leiter der Staatsschutzabteilung im bayerischen Innenministerium, wird vom Dienst suspendiert. Der ehemalige Mitarbeiter des BND soll Informationen für einen Artikel der Zeitschrift „Konkret" geliefert haben. Am 26.3. ergeht auf Antrag des Generalbundesanwalts Haftbefehl gegen Langemann wegen Verletzung von Dienstgeheimnissen.			

	Deutschland	Ausland	Kultur/Wissenschaft	Sport
3. März	Der Bundessicherheitsrat berät unter Leitung von Bundeskanzler Schmidt über neue Richtlinien für den Waffenexport. Das Bundeskabinett beschließt die Teilnahme an Handelssanktionen der EG gegen die Sowjetunion.	Am Jahrestag der Amtseinführung des südkoreanischen Präsidenten Tschun Du-Hwan werden 1400 politische Dissidenten und Kriminelle amnestiert. Die lebenslängliche Haftstrafe des Oppositionsführers Kim Dae-Jung wird auf 20 Jahre verringert.		
4. März	Die Berliner FDP verhängt Parteistrafen gegen vier Abgeordnete, weil sie trotz eines gegenteiligen Parteibeschlusses im Abgeordnetenhaus mit der CDU ein „koalitionsähnliches Verhältnis" eingegangen seien.		Der Schriftsteller Wolfgang Koeppen erhält den mit 20 000 Mark dotierten Münchner Kulturpreis 1982.	Franz Beckenbauer bittet HSV-Trainer Ernst Happel, ihn nicht mehr als Stammspieler in der Bundesliga-Mannschaft des HSV zu betrachten. Damit nimmt der „Kaiser" Abschied vom aktiven Sport.
5. März	Der Bundesrat beschließt eine Änderung der atomrechtlichen Verfahrensordnung, mit der Genehmigungsverfahren für Atomenergieanlagen beschleunigt werden sollen.		Der Fabrikant und Kunstsammler Peter Ludwig stellt in Moskau seine Sammlung sowjetischer Gegenwartskunst vor. Auf dem Deutschen Krebskongreß in München wird mitgeteilt, daß sich in der Bundesrepublik etwa 60 „Krebsmittel" auf dem Markt befinden, deren Wirkung höchst zweifelhaft ist.	Bei den Hallen-Europameisterschaften der Leichtathleten gewinnt der Leverkusener Dietmer Mögenburg im Hochsprung mit der neuen deutschen Rekordhöhe von 2,34 m. Er verfehlt den Hallen-Weltrekord um nur einen Zentimeter.
6. März		Im Prozeß um die Ermordung des ägyptischen Staatspräsidenten Anwar el-Sadat werden fünf Todesurteile verhängt. 17 Angeklagte erhalten Zuchthausstrafen, zwei werden freigesprochen.	In Nizza wird ein Museum für naive Kunst eröffnet.	Im Prager Achtelfinale des Davispokals werden die deutschen Tennisspieler von der CSSR mit 5:0 geschlagen und müssen gegen Argentinien gegen den Abstieg spielen. Bei der Handball-Weltmeisterschaft belegt Titelverteidiger Bundesrepublik einen blamablen 10. Platz.
7. März	Ergebnisse der Kommunalwahlen in Schleswig-Holstein: CDU 50,1% (1978: 49,2%), SPD 34,6% (40,5%), FDP 6,8% (7,3%), Grüne 3,1% (–).			
8. März	Elbfischer blockieren den Anleger der Dow Chemical-Werke in Stade-Bützfleth. Sie wollen mit dieser Aktion auf die zunehmende Verschmutzung der Elbe aufmerksam machen.		Die vier Bronze-Pferde vom Hauptportal des Markus-Doms in Venedig stehen im Mittelpunkt der Ausstellung „Pferd und Reiter", die im Berliner Martin-Gropius-Bau eröffnet wird.	
9. März	Yassir Arafat, der Vorsitzende der PLO, besucht Ost-Berlin. Die DDR sagt zu, die PLO-Vertretung in den Rang einer Botschaft zu erheben.	In Irland wird Oppositionsführer Charles Haughey zum neuen Premierminister gewählt.		
10. März		Der libysche Revolutionsführer Muammar el-Gaddafi trifft in Österreich zum ersten offiziellen Besuch in einem westlichen Land ein.		
12. März			Das Cleveland Orchestra benennt den Hamburger Opernintendanten Christoph von Dohnanyi als Nachfolger von Lorin Maazel. Das Theaterstück „Der neue Prozeß" von Peter Weiss wird am Dramatischen Theater in Stockholm uraufgeführt.	

	Deutschland	Ausland	Kultur/Wissenschaft	Sport
14. März	In Leipzig beginnt die Internationale Frühjahrsmesse mit 9000 Ausstellern, darunter 780 aus der Bundesrepublik.			Der Bundesliga-Club SV Darmstadt 98 entläßt seinen Trainer Werner Olk mit sofortiger Wirkung. Es ist die 113. vorzeitige Trainer-Entlassung seit Bestehen der Bundesliga. Neuer deutscher Eishockey-Meister wird der SB Rosenheim in einem Spiel gegen den Mannheimer ERC (4:0).
15. März	Dieter Stolte, Programmdirektor des ZDF, wird Nachfolger Karl-Günther von Hases als ZDF-Intendant.			
16. März		Der sowjetische Staats- und Regierungschef Leonid Breschnjew kündigt an, die UdSSR werde ihren Bestand an Mittelstreckenraketen im europäischen Teil des Landes einfrieren und den Austausch alter Raketen gegen neuere stoppen.		
17. März			Die Bundesregierung gibt bekannt, daß die Bundesrepublik mit einem Anteil von 2,7 Prozent am Bruttosozialprodukt die höchsten Beträge für Forschung und Entwicklung in der Welt aufwendet. Dieser Prozentsatz liegt noch vor den Werten in den USA und Japan.	Der DFB ist als einziger Fußballverband im Halbfinale des Europapokals mit drei Mannschaften vertreten: Bayern München, 1. FC Kaiserslautern und HSV.
19. März	Die britische Premierministerin Margaret Thatcher und Bundeskanzler Helmut Schmidt stimmen bei Konsultationsgesprächen in Chequers bei Oxford ihre Positionen zur Europa- und Weltpolitik ab.			
21. März	Bei der Landtagswahl in Niedersachsen erringt die CDU die absolute Mehrheit. Die SPD muß einen erheblichen Stimmenrückgang hinnehmen. Ergebnis: CDU 50,7%, SPD 36,5%, die Grünen 6,5%. FDP 4,9%.		In Scéaux bei Paris geht das vierte Internationale Frauenfilm-Festival zu Ende. Den 1. Preis erhält die Holländerin Marleen Gorris („The Silence about Christine M.").	Die deutsche Fußball-Nationalmannschaft verliert bei einem Länderspiel in Rio de Janeiro gegen Brasilien mit 0:1.
22. März	Die Bremer Bürgerschaft beschließt eine Änderung des Universitätsgesetzes. Demnach erhalten die Hochschullehrer und die Fachbereiche wieder größere Kompetenzen zu Lasten der „mitbestimmten" zentralen Universitätsgremien. Aus Protest tritt Rektor Alexander Wittkowsky am 23.3. zurück.		In Ost und West wird des 150. Todestages von Johann Wolfgang von Goethe gedacht.	
23. März	Das Bundesverfassungsgericht in Karlsruhe veröffentlicht einen Beschluß vom 9.2., wonach politische Parteien keinen generellen Anspruch auf Mitwirkung im NDR-Rundfunkrat haben. Damit wird ein Antrag der FDP abgelehnt. Das Bundesverwaltungsgericht in Berlin erklärt verlängerte Ladenschlußzeiten für rechtswidrig.	In Guatemala wird Staatspräsident General Romero Lucas García gestürzt. Eine Offiziers-Junta unter General Efrain Rios Montt übernimmt die Macht.		

	Deutschland	Ausland	Kultur/Wissenschaft	Sport
24. März	Das Bundeskabinett bewilligt eine Aufstockung der Bürgschaften für das Airbus-Programm von 2,85 auf 4,1 Milliarden Mark sowie weitere Zuschüsse zu den Entwicklungskosten.	Der Staatspräsident von Bangladesch, Abdus Sattar, wird vom Militär gestürzt. Armeestabschef General Hussain Mohammed Ershad verhängt das Kriegsrecht und übernimmt als oberster „Kriegsrechtsverwalter" die Macht. Neuer Staatspräsident wird am 26. März der damalige Richter Abdul Fazal Mohammed Hassanuddin Choudhury.	Bei Feierstunden in Ost und West wird an die Entdeckung des Tuberkelbazillus durch Robert Koch vor 100 Jahren erinnert.	
25. März	Die Volkskammer der DDR verabschiedet ein Wehrdienstgesetz, das die vormilitärische Ausbildung von Jugendlichen sowie im Verteidigungsfall die Einbeziehung von Frauen in die allgemeine Wehrpflicht verankert. Ein Gesetz über die Staatsgrenze regelt den Schußwaffengebrauch an der Grenze zur Bundesrepublik. Der „Schießbefehl" wird damit gesetzlich verankert. Karl-Wilhelm Berkhan, der Wehrbeauftragte des Bundestages, legt seinen Jahresbericht vor. Berkhan beklagt u.a. einen Anstieg des Drogenmißbrauchs in der Bundesrepublik sowie Fälle von Mißhandlungen Untergebener. Pierre Mauroy, der französische Ministerpräsident, besucht Bonn. Hauptthema der Gespräche mit Bundeskanzler Schmidt: eine Neufestsetzung der EG-Agrarpreise. Bei der Internationalen Abrüstungskonferenz in Genf legt die Bundesregierung einen Vorschlag zum Verbot des Einsatzes chemischer Waffen vor.			
26. März		In Polen wird das Recht der Bauern auf Privateigentum vom Parlament gesetzlich verankert.		
27. März			Ein drohender Konkurs des Berliner Renaissance-Theaters kann durch Senatszuschüsse abgewendet werden.	
28. März	In der Bundesrepublik und den meisten europäischen Ländern gilt wieder die Sommerzeit (bis 26.9.).			Die Münchnerin Sylvia Hanika gewinnt sensationell das „Masters"-Winterturnier in New York über die Amerikanerin Martina Navratilova mit 1:6, 6:3, 6:4. Siegesprämie: 100 000 Dollar.
29. März			In Hollywood erhält der englische Film „Chariots of Fire" („Die Stunde des Siegers") einen Oscar als bester Film. Der Preis für die beste Regie geht an Warren Beatty, Katherine Hepburn und Henry Fonda werden als beste Schauspieler ausgezeichnet, und István Szabos Film „Mephisto" erhält einen Oscar als bester fremdsprachiger Film.	

	Deutschland	Ausland	Kultur/Wissenschaft	Sport
30. März	Der Planungsausschuß von Bund und Ländern legt den neuen Rahmenplan für den Hochschulbau vor. Er sieht bis 1986 Neubauten in Höhe von 2,6 Milliarden Mark vor.	Bei ihrer Brüsseler Gipfelkonferenz anläßlich des 25jährigen Bestehens der Gemeinschaft verpflichten sich die EG-Staaten, jedem Jugendlichen beim Eintritt in das Berufsleben entweder praktische Berufserfahrung oder eine Berufsausbildung zu sichern.	Die amerikanische Raumfähre „Columbia" kehrt nach 129 Erdumkreisungen zur Erde zurück.	
31. März	In der dritten Tarifrunde für den öffentlichen Dienst werden in Stuttgart die Verhandlungen für gescheitert erklärt. Der Bundestagsabgeordnete Karl Hofmann erklärt seinen Austritt aus der SPD. Damit verfügt die Partei im Bundestag nur noch über 215 stimmberechtigte Fraktionsmitglieder.	In Vietnam werden bei einer Säuberung sechs der 15 Politbüro-Mitglieder ausgewechselt. Zu den Gestürzten gehört General Vo Nguyen Giap, der Sieger über Franzosen und Amerikaner in zwei Indochina-Kriegen. Vo Nguyen Giap behält jedoch die Position als einer von sieben stellvertretenden Ministerpräsidenten.		
1. April	Die vom Bundestag beschlossenen Steuererhöhungen für Sekt und Branntwein treten in Kraft.	Zwei polnische Militärpiloten flüchten mit einem Doppeldecker im Tiefflug über die CSSR nach Österreich. Bei einer Zwischenlandung hatten sie ihre Frauen und vier Kinder sowie noch einen Freund mit an Bord genommen.	In Stuttgart trifft das P.E.N.-Zentrum der Bundesrepublik zu seiner Jahrestagung zusammen. Neuer deutscher P.E.N.-Präsident wird Martin Gregor-Dellin als Nachfolger von Walter Jens. Im Madrider Prado-Museum wird eine große Ausstellung der Werke El Grecos eröffnet.	
2. April	Die DDR-Behörden ordnen Maßnahmen zur Bekämpfung der in den Nordostbezirken ausgebrochenen Maul- und Klauenseuche an. Der Seuche fallen schätzungsweise bis zu 30 000 Stück Vieh zum Opfer.	Argentinien besetzt die Falkland-Inseln. Die Falklands sind seit 149 Jahren britische Kronkolonie. Großbritannien bricht daraufhin die diplomatischen Beziehungen ab. Am 5. April läuft eine britische Flotte in den Südatlantik aus. Der britische Außenminister Lord Carrington tritt zurück. Sein Nachfolger wird der ehemalige Verteidigungsminister Francis Pym. Am 7. April erklärt London das Seegebiet um die Falkland-Inseln zum militärischen Sperrgebiet, später zur Kriegszone. Der Krieg um die Falkland-Inseln endet erst am 14. Juni mit der Kapitulation der argentinischen Truppen.		
3. April				Das 141. Grand National Steeple Chase in Liverpool-Aintree, das schwerste Hindernisrennen der Welt, wird von Jockey Dick Sounders auf dem neunjährigen Grittar mit 14 Längen Vorsprung gewonnen.
4. April	Ein Sprengstoffanschlag auf das Berliner Verwaltungsgebäude des Gewerkschafts-Konzerns „Neue Heimat" verursacht erheblichen Sachschaden. Zu dem Anschlag bekennen sich „Revolutionäre Zellen".			In Long Beach/Kalifornien gewinnt der Österreicher Niki Lauda auf McLaren den Großen Preis der USA/West und kommt damit bereits in seinem dritten Rennen nach zweieinhalbjähriger Rennpause zum ersten Sieg.
6. April	Nach einem Beschluß des Bundesverfassungsgerichts können die Rundfunkanstalten über die Festanstellung freier Mitarbeiter eigenverantwortlich entscheiden.			

	Deutschland	Ausland	Kultur/Wissenschaft	Sport
7. April	Die Bundesregierung beschließt einen sofortigen Stopp von Waffenlieferungen an Argentinien, das am 2. April die britischen Falkland-Inseln im Südatlantik besetzt hat.		Heiner Müllers Theaterstück „Quartett" wird in Bochum uraufgeführt. Das Berliner Bundesgesundheitsamt verfügt über 162 pyrazolon-haltige Fieber- und Schmerzmittel Anwendungsbeschränkungen. Sie dürfen ab 1. Juli 1982 nur noch unter Hinweis auf die möglichen Gefahren der Wirkstoffe für die Gesundheit verkauft werden.	
11. April	In Hohnstedt/Niedersachsen verbrennen fünf Jugendliche in einem Holzstoß für ein Osterfeuer. Der Holzstoß war von jungen Leuten aus einem Nachbarort vorzeitig angezündet worden.	Ein amoklaufender israelischer Reservist erschießt vor dem moslemischen Felsendom in Jerusalem zwei Araber und verletzt eine große Zahl anderer Menschen. Der Zwischenfall löst in Jerusalem, im israelisch besetzten Westjordanland sowie im Gaza-Streifen schwere Unruhen und Proteststreiks aus. In mehreren islamischen Staaten kommt es zu einem Generalstreik und zu Protesten gegen Israel.		
12. April				Die Ostafrika-Safari-Rallye wird zum fünften Male von dem Inder Shektar Mehta aus Kenia in einem Datsun gewonnen. Exweltmeister Walter Röhrl aus Regensburg auf Opel wird zweiter.
15. April	Die Bundesrepublik Deutschland und die USA unterzeichnen in Bonn ein militärisches Abkommen über die „Unterstützung durch den Aufnahmestaat in Krise und Krieg". Demnach ist die Bundesrepublik im Krisen- oder Kriegsfall verpflichtet, den auf deutschem Boden stationierten amerikanischen Truppen Personal und Einrichtungen zur Verfügung zu stellen.			Bei der Eishockey-Weltmeisterschaft in Helsinki erringt die deutsche Nationalmannschaft im ersten Spiel einen unerwarteten 4:2-Sieg über den fünfmaligen Weltmeister CSSR.
16. April	In der Universitätsklinik Erlangen-Nürnberg wird das erste deutsche „Retorten-Baby" geboren.			
17. April		Die englische Königin Elizabeth II., auch Staatsoberhaupt von Kanada, unterzeichnet in Ottawa die neue Verfassung Kanadas. Die neue Verfassung tritt an die Stelle der britischen Nordamerika-Akte von 1867, des Gründungsdokuments von Kanada.		
18. April		Am zweiten Jahrestag der Unabhängigkeit Simbabwes wird die Hauptstadt Salisbury in Harare umbenannt. Am Vortag hatte Ministerpräsident Robert Mugabe neun Vertreter der weißen und schwarzen Opposition in die Regierung aufgenommen, um seine Politik der „nationalen Versöhnung" zu unterstreichen.		Der Deutsche Handball-Bund trennt sich von seinem jugoslawischen Trainer Vlado Stenzel, der acht Jahre für den DHB gearbeitet hat. Nachfolger wird der frühere rumänische Nationalspieler Simon Schobel. Den Weltcup der Springreiter in Göteborg gewinnt die britische Reiterin Melanie Smith auf Calypso mit null Punkten vor Paul Schockemöhle aus Mühlen.

	Deutschland	Ausland	Kultur/Wissenschaft	Sport
20. April				Beim Großen Preis von Brasilien in der Formel 1 werden Weltmeister Nelson Piquet/Brasilien und der zweitplacierte Keke Rosberg aus Finnland wegen Verstoßes gegen die Gewichtsbestimmungen disqualifiziert. Der Franzose Arnoux wird zum Sieger erklärt.
21. April	Auf dem X. Kongreß des DDR-Gewerkschaftsbundes FDGB in Ost-Berlin wird die Unterordnung der Gewerkschaften unter die SED bekräftigt.	Die israelischen Luftstreitkräfte bombardieren zum erstenmal seit der Feuereinstellung im Juli 1981 Palästinenser-Stellungen in Libanon.		Im Fußball-Europapokal erreichen der FC Bayern München und der Hamburger SV die Endspiele im Wettbewerb der Landesmeister bzw. im UEFA-Pokal. Der 1. FC Kaiserslautern dagegen scheitert im UEFA-Pokal-Halbfinale an dem schwedischen Verein IFK Göteborg.
23. April			Der mit 230 000 Mark dotierte spanische Cervantes-Preis wird dem mexikanischen Lyriker Octavio Paz in der Universität Alcalá de Henares bei Madrid überreicht. In Paris wird eine „Abtreibungspille" vorgestellt, die nicht den Eisprung verhindert, sondern die Einnistung des befruchteten Eis in die Gebärmutter. Die „Pille danach" kann bis zu acht Wochen nach Ausbleiben der Regel genommen werden. Sie soll in drei Jahren auf dem Markt sein.	
24. April	Etwa 200 Iraner, Anhänger des iranischen Revolutionsführers Khomeini, überfallen in einem Mainzer Wohnheim regimekritische iranische Studenten. 86 Angreifer werden festgenommen; 36 Iraner und 8 Polizisten werden verletzt.		Rolf Schneiders Goethe-Stück „Kur in Marienbad" wird an den Mainzer Kammerspielen uraufgeführt.	
25. April		Israel gibt den letzten Teil der 1967 im Sechs-Tage-Krieg eroberten Sinai-Halbinsel an Ägypten zurück. Damit werden die Vereinbarungen von Camp David vom September 1978 erfüllt. Am nächsten Tag einigen sich Ägypten und Israel darüber, wie der Streit über den genauen Grenzverlauf bei Eilat geschlichtet werden soll. Bei einem Großfeuer in den Räumen einer Antiquitätenmesse in Todi/Italien sterben 34 Menschen.		Fast alle britischen Rennställe boykottieren den Großen Preis von San Marino der Formel 1 in Imola/Italien, der von dem Franzosen Didier Pironi auf einem Ferrari gewonnen wird. Der Österreicher Franz Weber stellt in Selverion/USA mit 203,1 km/h einen neuen Geschwindigkeits-Weltrekord auf Skiern auf. Die Amerikanerin Marti Martin-Kuntz verbessert den Rekord der Frauen auf 179,1 km/h.
26. April		Ein Südkoreanischer Polizist bringt bei einem Amoklauf durch fünf Dörfer mindestens 69 Menschen um.		
27. April	Der Hamburger Senat beschließt, daß die Hansestadt über die Hamburgischen Electricitätswerke vorläufig ihre Beteiligung am Kernkraftprojekt Brokdorf aufrechterhalten werde. Dennoch werde Hamburg langfristig die Unabhängigkeit von der Kernenergie anstreben.		Leonard Bernsteins „Mass" wird in der Berliner Deutschlandhalle erstaufgeführt.	

	Deutschland	Ausland	Kultur/Wissenschaft	Sport
28. April	Bundespräsident Karl Carstens ernennt auf Vorschlag von Bundeskanzler Schmidt vier neue Minister: Manfred Lahnstein (Finanzen; Vorgänger: Hans Matthöfer), Heinz Westphal (Arbeit und Soziales; Vorgänger: Herbert Ehrenberg), Anke Fuchs (Jugend, Familie und Gesundheit; Vorgänger: Antje Huber) und Hans Matthöfer (Post, bisher Finanzen; Vorgänger: Kurt Gscheidle). Neuer Regierungssprecher wird Klaus Bölling.			
29. April	In München beschließt die Konferenz der Innenminister, den Bundesländern die Einführung des neuen CS-Reizgases bei der Polizei freizustellen. Die von der SPD regierten Länder wollen darauf verzichten. Zudem soll – ohne Beteiligung der Freien und Hansestadt Hamburg – beim Bundeskriminalamt ein Meldedienst „Landfriedensbruch und verwandte Straftaten" eingerichtet werden.	Nach einer Lockerung der Kriegsrechtsbestimmungen in Polen werden am 29. und 30. April 800 Internierte freigelassen und 200 unter Auflagen beurlaubt.	In der Essener Villa Hügel wird die Ausstellung „Ferne Völker, frühe Zeiten" mit herausragendem Kulturgut aus der Dritten Welt eröffnet.	Die Sowjetunion gewinnt in Finnland zum 18. Mal die Eishockey-Weltmeisterschaft. Das sowjetische Team ist als einziges ungeschlagen geblieben. Auf den nächsten Plätzen folgen die CSSR, Kanada und Schweden. Die Bundesrepublik Deutschland wird sechster und bleibt damit in der A-Gruppe. Olympiasieger USA wird achter und muß in die B-Gruppe absteigen.
30. April	Der Bundesrat verweigert dem Beschäftigungsprogramm der Bundesregierung seine Zustimmung; die von der Union regierten Länder sind vor allem gegen eine Finanzierung des Programms durch eine Erhöhung der Mehrwertsteuer.	Die Seerechtskonferenz der UNO nimmt mit großer Mehrheit den Entwurf für eine Internationale Seerechtskonvention an. Die USA und drei andere Staaten lehnen ihn ab.		
1. Mai	Der deutsche Gewerkschaftsbund fordert in seinen Kundgebungen zum 1. Mai „Arbeit für alle". Auf der zentralen DGB-Veranstaltung in Hannover sprechen Bundeskanzler Schmidt und der DGB-Vorsitzende Vetter. Die Deutsche Angestellten-Gewerkschaft (DAG) verlangt in Frankfurt Arbeitsplätze für alle Arbeitswilligen.		In Recklinghausen werden mit einem „Kultur-Volksfest" die 36. Ruhrfestspiele eröffnet. Sie stehen unter dem Motto „Frieden, Abrüstung, Entspannung".	Deutschlands einziges Weltpokal-Radrennen „Rund um den Henninger-Turm" wird von dem Belgier Ludo Peeters gewonnen, Gregor Braun wird als bester Deutscher Fünfter.
2. Mai				Der VfL Gummersbach wird mit einem 23:14 gegen die jugoslawische Mannschaft Zeljeznicar Sarajewo Sieger in dem zum erstenmal ausgetragenen IHF-Pokal im Hallenhandball.
3. Mai	Die Enquête-Kommission „Jugendprotest im demokratischen Staat" des Bundestages legt ihren Zwischenbericht vor, in dem u.a. die Abschaffung der Gewissensprüfung für Wehrdienstverweigerer befürwortet wird. Der Parlamentarische Untersuchungsausschuß der Hamburger Bürgerschaft legt seinen Bericht über das Persien-Geschäft der stadteigenen Stadtentwicklungs-Gesellschaft vor. Bei diesem Geschäft sind Hamburg Verluste von rund 100 Millionen Mark entstanden.	Am Jahrestag der ersten liberalen Verfassung Polens aus dem Jahre 1791 kommt es zu den bisher schwersten Zusammenstößen seit Verhängung des Kriegsrechts im Dezember 1981. In Warschau gehen Polizisten gegen 25 000 Anhänger der Gewerkschaft „Solidarität" vor.		

	Deutschland	Ausland	Kultur/Wissenschaft	Sport
4. Mai	Die Bundesanstalt für Arbeit legt ihren Monatsbericht über den Arbeitsmarkt im April vor: 1 710 000 Arbeitslose, 491 000 Kurzarbeiter, 127 500 offene Stellen. Die Landesregierung von Rheinland-Pfalz beschließt die Ausweisung von Iranern, die im Vormonat in Mainz Landsleute in einem Wohnheim überfallen haben.	In der Volksrepublik China kommt es zur umfangreichsten Regierungsumbildung seit dem Tode Mao Xedongs im Jahre 1976. Mit ihr soll die Regierungsarbeit gestrafft und die Bürokratie abgebaut werden. Statt 13 gibt es nur noch zwei stellvertretende Ministerpräsidenten, die Zahl der Ministerien wird von 52 auf 41 verringert.		
6. Mai	Der Zentralbankrat der Deutschen Bundesbank hebt den im Februar 1981 eingeführten Sonderlombard auf. Statt dessen gilt ab 7.5. wieder der reguläre Lombardkredit von 9 Prozent.		Der Geiger Yehudi Menuhin wird mit dem Kulturpreis der deutschen Freimaurer ausgezeichnet.	
7. Mai	In Wilhelmshaven stellt die Bundesmarine die Fregatte „Bremen" in Dienst. Das Schiff (3800 Tonnen) verfügt über modernste Elektronik und Bewaffnung. Bis 1984 soll die Marine fünf weitere solcher Mehrzweckfregatten erhalten. Stückpreis: 600 Millionen Mark.		Im Universitätsklinikum Großhadern, München, ist eine neue Methode zur „berührungsfreien Zerkleinerung" von Nierensteinen entwickelt worden. In Berlin beginnt das 19. deutschsprachige Theatertreffen mit einer Inszenierung des Bochumer Schauspielhauses von Tschechows „Kirschgarten".	
8. Mai	Der Bundesverband Junger Unternehmer veranstaltet in Nürnberg eine erste Straßen-Demonstration. Die etwa 300 Teilnehmer protestieren gegen die Bonner Wirtschaftspolitik.			
9. Mai			Eine Veranstaltung zum „Tag des Buches", mit der an die Bücherverbrennung am 10. Mai 1933 erinnert werden soll, wird im Mainzer Theater von Demonstranten gestört.	
10. Mai	Bundespräsident Carstens und die dänische Königin Margarethe II. weihen in Hoyer/Nordschleswig den deutsch-dänischen Nordseedeich ein, der von Naturschützern erbittert bekämpft worden ist.			In Düsseldorf gewinnen die USA mit 2:1 gegen Australien zum erstenmal den Tennis World Cup.
12. Mai	Auf dem Deutschen Ärztetag in Münster werden die berufliche Schweigepflicht und die Notwendigkeit des Schutzes persönlicher Patienten-Daten bekräftigt. Forderungen nach einem Honorarverzicht und weiteren Sparmaßnahmen im Gesundheitswesen werden von den Ärzten mit Nachdruck abgelehnt.			Unter dem deutschen Trainer Udo Lattek gewinnt der FC Barcelona mit einem 2:1 über Standard Lüttich in Barcelona das Endspiel um den Fußball-Europapokal.
14. Mai		In Moskau geht eine fünftägige Friedenskonferenz der Kirchen mit Friedensappellen an alle Staaten und Religionsgemeinschaften der Welt zu Ende. Es haben fast 600 Kirchenvertreter aus etwa 100 Staaten teilgenommen. Die Konferenz stößt wegen ihrer sowjetfreundlichen Ausrichtung im Westen auf Kritik.	In Cannes beginnen die 35. Filmfestspiele. Am 26.5. werden der amerikanische Film „Missing" von Henri Costa-Gavras und der türkische Film „Yol" von Yilmaz Güney mit der „Goldenen Palme" ausgezeichnet.	

	Deutschland	Ausland	Kultur/Wissenschaft	Sport
15. Mai	Die am 18.12.1981 in Köln-Hahnwald entführte achtjährige Schülerin Nina von Gallwitz wird gegen ein Lösegeld von 1,5 Millionen Mark freigelassen.			Bei den Amateur-Boxweltmeisterschaften in München wird Kuba mit fünf Titeln erfolgreichste Nation. Die USA und die UdSSR stellen je drei Weltmeister, die Bundesrepublik gewinnt zwei Bronzemedaillen.
16. Mai		Als erster schwarzafrikanischer Staat nimmt Zaire die diplomatischen Beziehungen zu Israel wieder auf. Vier arabische Staaten brechen daraufhin ihre Beziehungen zu Zaire ab.		
17. Mai	Der Bundesverband der Deutschen Industrie bewertet die Konjunkturaussichten auf seiner Jahrestagung in Bonn pessimistisch. BDI-Präsident Rolf Rodenstock wird in seinem Amt bestätigt.			
18. Mai		Die Agrarpreise der Europäischen Gemeinschaft für das Wirtschaftsjahr 1982/83 werden zum erstenmal nicht einstimmig, sondern mit Mehrheitsentscheidung gegen ein britisches Veto verabschiedet.	Der mit 25 000 Mark dotierte Friedenspreis des Deutschen Buchhandels 1982 wird dem amerikanischen Diplomaten und Historiker George F. Kennan zugesprochen.	
19. Mai	Der spanische König Juan Carlos besucht die Bundesrepublik. Am 20.5. wird ihm in Aachen der Internationale Karlspreis verliehen. Die Bundesregierung beschließt eine Änderung des Wahlgesetzes. Künftig soll die Sitzverteilung im Bundestag nach einem anderen Verfahren berechnet werden. Das Wahlrecht für Auslandsdeutsche soll gleichfalls neu geregelt werden.		Die italienische Filmschauspielerin Sophia Loren tritt in Caserta/Italien eine 30tägige Haftstrafe wegen Steuerhinterziehung an.	Der Hamburger SV verliert im Hamburger Volksparkstadion das Final-Rückspiel um den UEFA-Pokal mit 0:3 gegen den IFK Göteborg, der als erster schwedischer Verein einen Europapokalwettbewerb gewinnt. Der HSV hatte schon im Hinspiel in Göteborg mit 0:1 verloren.
21. Mai	Der Stuttgarter Haushaltsgeräte-Hersteller Bauknecht beantragt die Eröffnung eines gerichtlichen Vergleichsverfahrens.	Britische Truppen landen auf den Falkland-Inseln und bilden einen Brückenkopf. Rund 5000 Soldaten werden an Land gesetzt. UNO-Generalsekretär Perez de Cuellar hat kurz zuvor das Scheitern seines Vermittlungsversuchs bekanntgegeben. Am 24. Mai verlängern die EG-Länder, mit Ausnahme Italiens und Irlands, die Wirtschaftssanktionen gegen Argentinien. Dänemark stimmt nur mit Vorbehalten zu.		
22. Mai	Ein Ehepaar mit zwei Kindern aus der DDR flüchtet mit einem Sportflugzeug von Ungarn nach Österreich. Die Fluchtmaschine vom polnischen Typ „Vilga" wird von zwei westdeutschen Fluchthelfern gesteuert.			
23. Mai				Der 23jährige Brite Daley Thompson stellt in Götzis/Österreich im Zehnkampf mit 8707 Punkten einen neuen Weltrekord auf. Er übertrifft damit den alten Weltrekord des Mainzers Guido Kratschmer um 58 Punkte.

	Deutschland	Ausland	Kultur/Wissenschaft	Sport
24. Mai	Der neue Ständige Vertreter der Bundesrepublik in der DDR, Staatssekretär Hans Otto Bräutigam, überreicht dem DDR-Staatsratsvorsitzenden Erich Honecker in Berlin sein Beglaubigungsschreiben. Bräutigam ist Nachfolger von Klaus Bölling.	Der sowjetische KGB-Chef Jurij Andropow wird zum ZK-Sekretär gewählt. Damit rückt er in den engen Kreis von vier Führungsmitgliedern auf, die neben Generalsekretär Leonid Breschnjew zugleich Politbüro-Mitglied und ZK-Sekretär sind.	Der Wiener Molden Verlag meldet Konkurs an.	
25. Mai		Nach 20monatigen Kämpfen gibt der Irak eine Niederlage im Golf-Krieg gegen Iran zu. In Bagdad wird bestätigt, daß die irakischen Truppen sich aus Khorramschahr zurückgezogen haben.	In Lüneburg beginnt die Frühjahrstagung der Deutschen Akademie für Sprache und Dichtung, die unter dem Thema „Die Künstlichkeit der Kunst" steht.	
26. Mai	Das Bundeskabinett billigt die am 28. April vom Bundessicherheitsrat verabschiedeten Richtlinien für den Waffenexport. Anschließend erteilt Bundeskanzler Schmidt Wünschen von Saudi-Arabien nach Lieferung von Kampfpanzern des Typs „Leopard II" eine Absage.		Der DDR-Schriftsteller Jurek Becker wird zum neuen Stadtschreiber von Bergen ernannt. Er erhält für ein Jahr einen monatlichen Ehrensold von 2000 Mark.	Im Amsterdamer Endspiel um den Cup der Landesmeister unterliegt Bayern München Aston Villa mit 0:1.
27. Mai	Der Bundestag verabschiedet ein Mietrechtsänderungsgesetz. Es soll den Baumarkt für Geldanleger anziehender machen. U.a. sollen Mieterhöhungen erleichtert werden. Außerdem beschäftigt sich der Bundestag in erster Lesung mit einer Neuordnung des Maklerrechts. Das Landgericht Augsburg verurteilt den katholischen Priester Anton Wagner wegen Diebstahls von Kirchen-Kunstschätzen im Wert von mindestens 310 000 Mark zu drei Jahren Freiheitsstrafe. Bundespräsident Carstens mahnt bei einem Festakt auf Schloß Hambach in der Pfalz aus Anlaß des „Hambacher Festes" vor 150 Jahren, die freiheitliche Ordnung zu bewahren und zu schützen.		Botho Strauß erhält den mit 10 000 Mark dotierten Mülheimer Dramatiker-Preis 1982. Das Bundesgesundheitsamt hält Tierversuche weiterhin für unersetzlich.	
28. Mai	In Bremerhaven einigen sich die Kultusminister der Länder auf eine Rahmenvereinbarung zur gegenseitigen Anerkennung von Gesamtschulabschlüssen.			
29. Mai				Der Hamburger SV wird zum fünften Mal deutscher Fußballmeister.
30. Mai		Spanien wird offiziell 16. Mitglied des nordatlantischen Verteidigungspakts NATO.		
31. Mai		In Washington und Moskau wird eine gemeinsame Erklärung der USA und UdSSR veröffentlicht, in der der Beginn der Verhandlungen über die Reduzierung der strategischen Atomwaffen (START) auf den 29. Juni festgelegt wird. Die START-Verhandlungen sind eine Fortsetzung der SALT-Gespräche.		

	Deutschland	Ausland	Kultur/Wissenschaft	Sport
1. Juni	In Frankfurt, Hanau, Gelnhausen und Bamberg werden Sprengstoffanschläge auf Einrichtungen der US-Armee verübt. Sachschäden: insgesamt 200 000 Mark. „Revolutionäre Zellen" bekennen sich zu den Anschlägen.		In Darmstadt beginnt der 72. Deutsche Bibliothekar-Tag. Die Delegierten wenden sich gegen die rigorosen Finanzkürzungen bei den wissenschaftlichen Büchereien.	Franz Beckenbauer beendet seine aktive Laufbahn mit einem Spiel des Hamburger SV gegen die deutsche Nationalmannschaft (2:4).
2. Juni	Heinz Kluncker, seit 1964 Vorsitzender der Gewerkschaft ÖTV, tritt aus Gesundheitsgründen zurück.	US-Präsident Ronald Reagan trifft in Paris ein, der ersten Station seiner Europa-Reise. Auf dem Programm stehen das Weltwirtschaftstreffen in Versailles, das NATO-Gipfeltreffen in Bonn sowie Gespräche mit den Regierungen in Paris, Rom, London und Bonn. In Havanna/Kuba wird eine Außenministerkonferenz der blockfreien Staaten eröffnet. Zum erstenmal seit 1973 nimmt auch ein argentinischer Außenminister teil.	Mechthild Nemeczek wird mit dem Bremer Kunstpreis ausgezeichnet (15 000 Mark).	
3. Juni		Der Oberste Militärgerichtshof in Spanien verurteilt die Hauptangeklagten in dem Prozeß um den Putschversuch vom 23. Februar 1981, die Armeeoffiziere Jaime Milans del Bosch und Antonio Tejero, zu je 30 Jahren Gefängnis und zum Ausschluß aus der Armee.	Golo Mann erhält den mit 20 000 Mark dotierten Aschendorfer Geschichtspreis.	Die Französin Michèle Mouton (Audi Quattro) gewinnt die Rallye Akropolis und erzielt damit nach dem Gewinn der Rallye Portugal den zweiten Sieg in der Weltmeisterschaft.
4. Juni	Der AEG-Konzern kündigt ein drastisches Sanierungsprogramm an. Die Tochterfirma Zanker soll Ende 1983 geschlossen werden. Bei Küppersbusch sind Massenentlassungen geplant.	In Versailles wird der 8. Weltwirtschaftsgipfel eröffnet.		Der Sowjetrusse Sergeij Litwinow stellt in Moskau mit 83,98 Metern einen neuen Weltrekord im Hammerwerfen auf
6. Juni	Ergebnisse der Wahlen zur Hamburger Bürgerschaft: CDU 43,2%, SPD 42,7%, GAL 7,7%, FDP 4,9%.	Bei einer Volksabstimmung in der Schweiz wird mit 50,4 Prozent ein neues Ausländergesetz abgelehnt, das vom Parlament verabschiedet worden war und den Gastarbeitern eine bessere soziale Stellung sichern sollte. Die israelische Armee marschiert in Libanon ein. Bis Mitte Juni dringen die Israelis bis nach Beirut vor und schließen die palästinensischen Kämpfer im Westteil der Stadt ein.	Nach Fertigstellung eines Erweiterungsbaus wird die Bremer Kunsthalle wiedereröffnet.	Der 17jährige Schwede Mats Wilander wird mit einem unerwarteten Sieg über den Argentinier Guillermo Vilas Sieger im Herren-Einzel der französischen Tennis-Meisterschaften. Der Franzose Bernard Hinault gewinnt in Turin den 65. Giro d'Italia.
7. Juni	Der ARD-Korrespondent in Washington, Lothar Loewe, wird zum neuen Intendanten des Senders Freies Berlin gewählt.		In London beginnt der erste interdisziplinäre Weltkongreß des Buches, mit dem die Verbreitung des Buches gefördert werden soll.	
9. Juni	US-Präsident Ronald Reagan besucht Bonn. In einer Rede vor dem Bundestag betont er die amerikanischen Verpflichtungen gegenüber Europa.		Bei der Frühjahrsauktion des Marburger Hauses Stargardt erzielen Postkarten und Manuskriptzettel von Johannes Brahms einen Preis von 80 000 Mark.	
10. Juni	In Bonn demonstrieren 300 000 bis 350 000 Menschen gegen das Wettrüsten. Anlaß der Demonstration ist der Besuch von US-Präsident Reagan sowie der NATO-Gipfel in Bonn.	Zum erstenmal auf deutschem Boden tagt in Bonn die Gipfelkonferenz der NATO. Staats- und Regierungschefs der 16 Bündnispartner nehmen an den Gesprächen teil.		Bei der Springreiter-Weltmeisterschaft in Dublin gewinnt die deutsche Mannschaft hinter dem neuen Weltmeister Frankreich die Silbermedaille.

	Deutschland	Ausland	Kultur/Wissenschaft	Sport
11. Juni		Johannes Paul II. trifft zu einem Besuch in Argentinien ein. Es ist der erste Besuch eines Papstes bei einer kriegführenden Nation.		
12. Juni	Die D-Mark und der niederländische Gulden werden um 4,25 Prozent aufgewertet.			
13. Juni			In Venedig wird die 40. Kunstbiennale eröffnet.	König Juan Carlos eröffnet in Barcelona die 12. Fußball-Weltmeisterschaft.
14. Juni	Bundeskanzler Helmut Schmidt erläutert vor der UNO-Vollversammlung in New York den deutschen Standpunkt zur Abrüstungs- und Rüstungskontrollpolitik.	Die argentinischen Truppen auf den Falkland-Inseln kapitulieren.		Bei der Fußball-WM in Spanien verliert Deutschland das erste Spiel gegen Algerien mit 1:2.
17. Juni	Die hessische FDP, Koalitionspartner der SPD im Bundestag, beschließt auf dem Parteitag in Darmstadt eine Koalitionsaussage zugunsten der CDU. Bundespräsident Karl Carstens nimmt in Dschidda an den Trauerfeierlichkeiten für den verstorbenen saudi-arabischen König Chalid teil.		In Dublin geht im Rahmen der Feiern zu Ehren des 100. Geburtstages von James Joyce eine 30stündige Lesung aus dem „Ulysses" zu Ende.	
18. Juni		Der argentinische Staatschef Leopoldo Galtieri tritt wegen der Niederlage im Falkland-Konflikt zurück. Sein Nachfolger wird General Reynaldo Bignone.	In Köln beginnen die Internationalen Literaturtage „Interlit '82".	
19. Juni	Der frühere Terroristen-Anwalt Jörg Lang kehrt nach Verjährung der ihm vorgeworfenen Straftaten in die Bundesrepublik zurück. Lang war 1974 in den Untergrund gegangen.	Britische Truppen besetzen die Antarktis-Insel Thule, deren Besitz zwischen Großbritannien und Argentinien umstritten ist.	In Kassel wird die Kunstausstellung „documenta 7" eröffnet.	
20. Juni				Beim 24-Stunden-Rennen von Le Mans belegen Porsche-Sportwagen die ersten fünf Plätze.
21. Juni		John Hinckley, der am 30. März 1981 den US-Präsidenten und drei seiner Begleiter bei einem Attentat durch Schüsse verletzt hatte, wird von einem Washingtoner Gericht für unzurechnungsfähig erklärt und in eine Nervenklinik eingewiesen.	In Sofia/Bulgarien beginnen die Veranstaltungen zum diesjährigen „Theater der Nationen".	
22. Juni	In der konstituierenden Sitzung des niedersächsischen Landtags wird Ernst Albrecht (CDU) als Ministerpräsident wiedergewählt.	Die Roten Khmer und die nichtkommunistischen Widerstandsgruppen in Kambodscha verbünden sich in Kuala Lumpur/Malaysia zu einer Exil-Regierungskoalition. Den Vorsitz führt der ehemalige kambodschanische Staatschef Prinz Norodom Sihanouk. Ziel: der gemeinsame Kampf gegen die vietnamesische Besetzung Kambodschas.		
23. Juni	Der Bundestag verabschiedet ein neues Weingesetz, das einen besseren Schutz vor Panscherei gewährleisten soll.		Amerikanischen Molekularbiologen ist es zum erstenmal gelungen, aus Bakterien Insulin herzustellen, das mit dem menschlichen Hormon identisch ist.	

	Deutschland	Ausland	Kultur/Wissenschaft	Sport
24. Juni	Erhard Eppler, Vertreter der Partei-Linken im SPD-Bundesvorstand, legt sein Mandat im baden-württembergischen Landtag nieder.			
25. Juni	Der Bundestag billigt einen Kompromißvorschlag des Vermittlungsausschusses zum Asylrecht. Er soll die Asylverfahren beschleunigen.	Der amerikanische Außenminister Alexander Haig tritt wegen Meinungsverschiedenheiten mit dem Weißen Haus über die amerikanische Außenpolitik zurück. Sein Nachfolger wird der frühere Finanzminister George Shultz.	Margarethe von Trottas Film „Die bleierne Zeit" wird mit dem „Filmband in Gold" (400 000 Mark) ausgezeichnet.	
27. Juni			Die amerikanische Raumfähre „Columbia" startet von Cape Canaveral zu ihrem vierten und letzten Testflug.	Bei einem Leichtathletik-Länderkampf in Durham/USA verlieren sowohl die deutschen Männer wie die Frauen.
29. Juni		In Genf beginnen die amerikanisch-sowjetischen Verhandlungen über eine Reduzierung der strategischen Rüstung (START).		
1. Juli	Im Brief-, Paket- und Gelddienst der Deutschen Bundespost treten Gebührenerhöhungen in Kraft, die durchschnittlich 30 Prozent betragen.	In mehreren Goldbergwerken Südafrikas kommt es zu schweren Unruhen wegen zu niedriger Lohnerhöhungen für die schwarzen Bergleute. In den folgenden Tagen gehen Polizei und Werkschutz mit Schußwaffen und Tränengas gegen Demonstranten vor. Mindestens sieben schwarze Bergleute werden getötet, 2000 werden entlassen.	Der Literaturpreis der Bayerischen Akademie der Schönen Künste (10 000 Mark) wird dem Schriftsteller Wolfgang Hildesheimer zugesprochen.	
2. Juli	Das Marinefliegergeschwader 1 in Jagel/Schleswig nimmt als erster Verband der Bundeswehr den Flugbetrieb mit dem neuen Kampfflugzeug „Tornado" auf. Die Ministerpräsidenten der Bundesländer beschließen eine Anhebung der Rundfunk- und Fernsehgebühren um monatlich 3,25 Mark vom 1. Juli 1983 an.			
3. Juli				Bei den deutschen Schwimm-Meisterschaften in Darmstadt stellt der Offenbacher Michael Groß mit 54,00 Sekunden einen neuen Europarekord über 100 Meter Schmetterling auf; zwei Tage später erzielt er mit 1:59,00 Minuten einen zweiten Europarekord über 200 Meter Schmetterling.
4. Juli		Sieger der mexikanischen Präsidentenwahl ist der bisherige Planungsminister, Miguel de la Madrid Hurtado. Er wird am 1.12. die Nachfolge von José Lopez Portillo antreten, der nicht wieder kandidiert hat. Israel verhängt über West-Beirut eine Hungerblockade, um den Widerstand der eingeschlossenen Palästinenser zu brechen. Sie wird erst nach einem massiven Eingreifen US-Präsident Reagans beendet.	Der große Hersfeldpreis 1982 für Schauspieler wird Gottfried John, Ernst Stankovski und Jörg Schneider verliehen.	Das Herreneinzel der All-England-Tennismeisterschaften in Wimbledon gewinnt Jimmy Connors/USA nach mehr als vierstündigem Kampf mit 3:6, 6:3, 6:7, 7:6, 6:4 gegen Titelverteidiger John McEnroe. Bei den Damen siegt Martina Navratilova/USA mit 6:1, 3:6, 6:2 über Chris Evert-Lloyd.

	Deutschland	Ausland	Kultur/Wissenschaft	Sport
5. Juli	Der Arbeitsmarktbericht der Bundesanstalt für Arbeit für Juni: 1 650 300 Arbeitslose, Kurzarbeiter 428 000, offene Stellen 117 700. Dies ist das schlechteste Juni-Ergebnis seit 1950.			
6. Juli		In Moskau kommen beim Absturz einer sowjetischen Passagiermaschine kurz nach dem Start etwa 90 Passagiere und Besatzungsmitglieder ums Leben, darunter fünf Bundesbürger.		
7. Juli	Das Bundeskabinett verabschiedet den Entwurf für den Bundeshaushalt 1983 mit einem Volumen von 250,5 Milliarden Mark. Die Nettokreditaufnahme soll auf 28,43 Milliarden Mark begrenzt werden.			In Oslo stellt der Engländer David Moorcroft mit 13:00,42 min einen neuen Weltrekord über 5000 Meter auf und bleibt damit fast um sechs Sekunden unter dem alten Rekord des Kenianers Henry Rono.
8. Juli	Der Nürnberger Oberbürgermeister Andreas Urschlechter erklärt seinen Austritt aus der SPD.			Bei der Fußball-Weltmeisterschaft in Spanien qualifiziert sich die Bundesrepublik Deutschland in einem dramatischen Halbfinalspiel gegen Frankreich nach einem 3:3 nach Verlängerung im Elfmeterschießen (5:4) für das Endspiel. Finalgegner ist Italien, das sich mit 2:0 gegen Polen durchsetzt.
9. Juli	Als letzte Instanz bestätigt das Bundesverwaltungsgericht den Standort für das Kernkraftwerk Krümmel bei Geesthacht. Damit werden Beschränkungen und Auflagen des Oberverwaltungsgerichts Lüneburg aufgehoben.	Beim Absturz einer amerikanischen Boeing 727 auf ein Wohngebiet in der Nähe von New Orleans kommen mindestens 153 Menschen ums Leben.		
11. Juli				Italien gewinnt das Endspiel um die Fußball-Weltmeisterschaft gegen Deutschland in Madrid mit 3:1. Italien gewinnt den Titel damit zum dritten Mal.
12. Juli		Der somalische Staatspräsident Siad Barre wendet sich nach Angriffen von Äthiopien aus wegen dieser „äthiopischen Aggression" an die Organisation für Afrikanische Einheit.		
13. Juli		Iranische Truppen marschieren im Irak ein. Damit flammt der im September 1980 begonnene Grenzkrieg am Persischen Golf mit neuer Heftigkeit auf. Schwerpunkte der Kämpfe: die Ölstadt Basra.	Nach Gesprächen mit seinem Pariser Kollegen Jean-Pierre Chevenement gibt Bundesforschungsminister Andreas von Bülow bekannt, der Bau der beiden geplanten deutsch-französischen Fernseh-Satelliten sei perfekt.	
14. Juli	Das Bundeskabinett verabschiedet das vierte Weltraumprogramm der Bundesrepublik, für das bis 1986 rund 3,9 Milliarden Mark ausgegeben werden sollen. Die Bundesregierung beschließt, die Rückkehr von Ausländern in die Heimatländer mit finanziellen Anreizen zu fördern und den Nachzug von Angehörigen zu erschweren.			

	Deutschland	Ausland	Kultur/Wissenschaft	Sport
16. Juli			Ein lange Zeit verschwundenes Gemälde des englischen Malers William Turner, die Darstellung eines antiken Tempels, wird im Londoner Auktionshaus Christie's für rund 2,8 Millionen Mark von einem New Yorker Kunsthändler ersteigert. Ein neues weltweites System der Schiffsvermessung tritt in Kraft. Brutto- und Nettoregistertonne werden durch Brutto- und Nettoraumzahl ersetzt. Das System gilt nur für neue Schiffe über 24 Meter Länge, die in der Auslandsfahrt eingesetzt werden.	
19. Juli	Bei Sprengstoffanschlägen auf zwei Baufirmen, die an der umstrittenen Startbahn West des Frankfurter Flughafens mitarbeiten, entsteht ein Sachschaden von rund 300 000 Mark.		In Madrid wird ein Dichter-Weltkongreß eröffnet, an dem rund 400 Lyriker und Literaturkritiker aus 62 Ländern teilnehmen.	
20. Juli	Die hessische Landesregierung benennt Frankenberg-Wangershausen als Standort einer Wiederaufarbeitungsanlage für abgebrannte Kernbrennstoffe.	In London kommt es zu zwei Bombenanschlägen irischer Terroristen. Es sterben insgesamt zehn Soldaten und Militärmusiker.		
21. Juli	Die DDR verweigert dem Ministerpräsidenten von Rheinland-Pfalz, Bernhard Vogel, eine Einreisegenehmigung zu einem privaten Besuch. Die Bundesregierung protestiert in Ostberlin.		Marcel Lefèvre, der französische Traditionalistenführer der katholischen Kirche, wird im Vatikan empfangen.	
22. Juli				Der Franzose Bernhard Hinault gewinnt nach dem Sieg im Giro d'Italia auch die 69. Tour de France. Ulrike Meyfarth überspringt als dritte Frau die Höhe von zwei Metern und stellt damit einen neuen deutschen Rekord auf. Erwin Skamrahl verbessert den 14 Jahre alten deutschen Rekord über 200 Meter auf 20,47 Sekunden.
23. Juli		Bei schweren Überschwemmungen in Japan kommen im Gebiet um Nagasaki mehr als 300 Menschen ums Leben.		
24. Juli			In Salzburg beginnen die Festspiele mit dem traditionellen „Fest zur Festspieleröffnung".	
25. Juli			Die Bayreuther Festspiele werden mit Wagners „Parsifal" eröffnet.	
26. Juli	Die „Cap Anamur", das Rettungsschiff des Deutschen Komitees Notärzte, kehrt nach dreijährigem Einsatz in Ostasien mit den letzten 285 geretteten Vietnamesen an Bord nach Hamburg zurück. Von dem Schiff sind insgesamt 9506 vietnamesische Bootsflüchtlinge aufgenommen worden.		In Mexiko-Stadt wird die zweite Weltkulturkonferenz der UNESCO, „Mondiacult", eröffnet. In Wien beginnt die erste UN-Konferenz über Probleme des Alterns. Vertreter der Entwicklungsländer schlagen als wichtigste Integrationsform für ältere Menschen die Großfamilie vor.	

	Deutschland	Ausland	Kultur/Wissenschaft	Sport
27. Juli	Ein Hilfsschiff des Deutschen Roten Kreuzes wird im Hafen von Beirut durch Artillerie schwer beschädigt. Ein Matrose wird getötet, weitere Besatzungsmitglieder werden verletzt.			
28. Juli				Wladimir Smirnow, ein 28jähriger sowjetischer Degenfechter, stirbt in Rom an den schweren Kopfverletzungen, die er am 19. Juli bei den Weltmeisterschaften durch die abgebrochene Klinge des Deutschen Matthias Behr erlitten hatte.
29. Juli	In einer Sammelunterkunft für 138 Vietnamesen in Göttingen wird von Unbekannten Feuer gelegt. Menschen kommen bei dem Brand nicht zu Schaden. Ein Starfighter der kanadischen Luftwaffe prallt in 150 Meter Höhe über dem pfälzischen Dorf Großniedesheim mit einem Privatflugzeug zusammen und stürzt brennend in das Dorf. Die beiden Insassen der Privatmaschine und ein Dorfbewohner kommen ums Leben. Der Pilot des Starfighters kann sich mit dem Schleudersitz retten.		Professor Wolfgang Thiel, Leiter des Staatlichen Veterinär-Untersuchungsamtes Krefeld, erklärt, daß rund 60 Prozent aller mit einer besonderen Kühlmethode behandelten Hähnchen Salmonellen enthalten. Nach Darstellung des Bundesgesundheitsamts sind durchgebratene Hühner ungefährlich. Aufgetaute Tiere sollten gut abgewaschen werden.	
30. Juli				Spitzenfunktionäre des Deutschen Fußballbunds äußern in Frankfurt vorsichtige Kritik am sportlichen Auftreten der deutschen Nationalmannschaft bei der WM in Spanien. Es werden erste Konsequenzen angekündigt.
31. Juli	Auf dem Flughafen München-Riem werden bei einer Sprengstoffexplosion sieben Menschen zum Teil schwer verletzt. Die Bombe wurde in einer Vorhalle gezündet.	Beim bisher schwersten Autobahn-Unglück in Frankreich auf der Strecke Paris–Lyon bei Beaune kommen 53 Menschen ums Leben, darunter 44 Kinder.		
1. August		In Kenia schlagen Regierungstruppen einen Putschversuch von Luftwaffenangehörigen gegen Staatspräsident Daniel arap Moi nieder.	Auf der Darmstädter Mathildenhöhe wird der bisher größte Überblick über das Schaffen des englischen Malers Graham Sutherland gezeigt. Die Ausstellung dauert bis zum 12. September.	
2. August		Der Vatikan gibt die Wiederaufnahme diplomatischer Beziehungen zu Dänemark, Norwegen und Schweden bekannt. Die Beziehungen waren vor vier Jahrhunderten abgebrochen worden, als die damaligen skandinavischen Herrscher protestantisch wurden.		
3. August	In der Panorama-Redaktion des BDR verschwindet während einer Live-Sendung ein Film, der geheime Dokumente des wegen Verdachts auf Landesverrat vom Dienst suspendierten bayerischen Staatsschutzchefs Hans Langemann zeigen sollte.			

	Deutschland	Ausland	Kultur/Wissenschaft	Sport
28. August			Ernst Jünger erhält in der Frankfurter Pauls-Kirche den mit 50 000 Mark dotierten Goethe-Preis der Stadt. In Venedig beginnt die 50. Film-Biennale.	Die deutschen Hockey-Junioren werden in Kuala Lumpur mit einem 4:1-Sieg über Australien zum ersten Male Weltmeister.
29. August				Der deutsche Dressur-Reiter Dr. Reiner Klimke gewinnt in Lausanne bei der Weltmeisterschaft im Einzel- und Mannschafts-Wettbewerb zweimal Gold. Die USA werden mit einem knappen 95:94-Sieg über die UdSSR neuer Basketball-Weltmeister.
30. August			Trotz der Erfolge mit künstlichen Substanzen nehmen pflanzliche Wirkstoffe einen bedeutenden Platz in der Arzneimittelherstellung ein. Beim 34. Therapie-Kongreß in Karlsruhe wird mitgeteilt, daß in der Bundesrepublik ein Fünftel bis ein Drittel aller Arzneimittelkosten auf pflanzliche Präparate entfallen.	
1. September	Die Bundesregierung verabschiedet den Entwurf eines Sozialversicherungs-Änderungsgesetzes. Er sieht neben der Selbstbeteiligung der Versicherten bei Krankenhausaufenthalten auch einen Belastungsausgleich der Krankenkassen untereinander vor. Bundeskanzler Schmidt erteilt Wirtschaftsminister Otto Graf Lambsdorff während einer Kabinettssitzung eine Rüge. Grund: Lambsdorff hatte in einem Zeitungsinterview den Fortbestand der Koalition in Frage gestellt.	In Peking wird der 12. Parteitag der Kommunistischen Partei Chinas eröffnet. Die wichtigsten personellen Entscheidungen: Verteidigungsminister Geng Biao scheidet aus dem Verteidigungsministerium aus, Hua Guofeng aus dem Politbüro. Deng Xiaoping wird Generalsekretär der Partei. Ferner beschließt der Parteitag neue Statuten sowie Maßnahmen gegen Personenkult und Privilegien für hohe Parteifunktionäre. Die mexikanische Regierung übernimmt die Kontrolle über die Privatbanken und den Devisenmarkt.	In Stuttgart wird eine Ausstellung zum 300jährigen Bestehen des Verlages J.B. Metzler eröffnet.	
3. September	Die August-Zahlen der Bundesanstalt für Arbeit: 1 797 100 Arbeitslose, Kurzarbeiter 325 900, offene Stellen 97 600.	Die sozialdemokratische dänische Regierung unter Ministerpräsident Anker Jörgensen tritt zurück. Sie scheiterte an ungelösten Haushaltsfragen. Neuer Ministerpräsident und Chef einer bürgerlichen Vier-Parteien-Regierung wird am 10. September der Konservative Poul Schlüter, der noch am selben Tag seine Regierung vorstellt. In Palermo werden der italienische Carabinieri-General und Präfekt von Palermo, Carlo Alberto Dalla Chiesa, und dessen Frau Emanuela in ihrem Privatwagen erschossen. Der Ermordete gehörte zu den schärfsten Mafia-Verfolgern Italiens. Am 8. September verabschiedet das italienische Parlament erstmals ein Sondergesetz zur Bekämpfung der organisierten Unterwelt.	Jurek Becker wird 9. „Stadtschreiber" von Bergen-Enkheim.	

	Deutschland	Ausland	Kultur/Wissenschaft	Sport
4. September				Bei der Military-Weltmeisterschaft in Luhmühlen/Nordheide überschlägt sich der Schweizer Reiter Ernst Baumann und zieht sich tödliche Brustkorbverletzungen zu.
5. September			In Düsseldorf geht der 87. Deutsche Katholikentag zu Ende.	Neuer Straßen-Radweltmeister der Profis wird im englischen Goodwood der Italiener Giuseppe Saronni. Bester Deutscher ist Klaus-Peter Thaler, der Platz 7 belegt. Die deutsche Reiter-Equipe gewinnt in Lüttich den Preis der Nationen.
6. September	Das Bundesverteidigungsministerium führt ein neues Organisationskonzept ein. Ein dem Minister direkt zugeordneter „Controller" wird alle Rüstungspläne abstimmen, Produktionsprogramme prüfen und den Verteidigungsminister laufend informieren.	In der marokkanischen Stadt Fes beginnt die 12. Gipfelkonferenz der Arabischen Liga. Es nehmen Vertreter von 19 arabischen Staaten sowie der PLO teil. Hauptthema: das Nahost-Problem.		
8. September		Stärkste Partei bei den Parlamentswahlen in den Niederlanden wird die Sozialistische Arbeiterpartei mit 30,4 Prozent der Stimmen, Christdemokraten und Rechtsliberale gewinnen jedoch gemeinsam die absolute Mehrheit (29,3 bzw. 23,1 Prozent der Stimmen).	Bei der Film-Biennale von Venedig wird Wim Wenders Film „Der Stand der Dinge" mit dem „Goldenen Löwen" ausgezeichnet. 1983 wird Ulf Merbold als erster Westdeutscher an Bord der amerikanischen Raumfähre „Columbia" ins All fliegen. Die Europarakete „Ariane" stürzt bei ihrem ersten kommerziellen Flug ab. Ursache: ein Schaden an der Einspritzpumpe der dritten Raketenstufe. Der nächste Start wird auf Ende Januar 1983 festgesetzt.	Bei den US-Tennismeisterschaften in Flushing Meadow/New York verliert Martina Navratilova im Viertelfinale gegen Pam Shriver und verliert damit nach ihren Erfolgen von Melbourne, Paris und Wimbledon die Chance auf den Grand Slam-Sieg. Bei den Damen siegt Chris Evert-Lloyd, bei den Herren Jimmy Connors. Zehn Jahre nach dem Olympia-Sieg in München stellt Ulrike Meyfarth bei den Europameisterschaften in Athen im Hochsprung mit 2,02 m einen neuen Weltrekord auf.
9. September	Bundeskanzler Helmut Schmidt legt seinen Bericht zur Lage der Nation vor. Er bekräftigt u.a. seine Entschlossenheit, die Kanzlerschaft nicht aufzugeben und setzt sich eindringlich für die Fortsetzung der sozialliberalen Politik ein.	Das mexikanische Parlament erklärt den Kandidaten der Regierungspartei PRI, Miguel de la Madrid, offiziell zum Sieger der Präsidentenwahl von 4. Juli. Der Nachfolger von José Lopez Portillo tritt sein Amt am 1. Dezember für sechs Jahre an.		
11. September	Ein amerikanischer Militärhubschrauber vom Typ „Giant Chinook CH 47" stürzt auf die Autobahn Mannheim-Heidelberg. Alle 46 Insassen kommen ums Leben. Die zivilen Fallschirmspringer hatten an den „Internationalen Luftschiffertagen" in Mannheim teilgenommen. In Bonn demonstrieren 30 000 bis 40 000 Beschäftigte des öffentlichen Dienstes gegen die geplante Verschiebung der Besoldungserhöhung für Beamte. Sie lehnen weitere „Sonderopfer" ab.			

	Deutschland	Ausland	Kultur/Wissenschaft	Sport
13. September		Der seit anderthalb Jahren flüchtige Chef der verbotenen italienischen Freimaurerloge „Propaganda 2", Licio Gelli, wird in Genf verhaftet. Er wird u.a. verdächtigt, Hintermann des Attentats auf den Bahnhof von Bologna im Jahre 1980 gewesen zu sein. Eine Staatsaffäre um die geheime Loge hatte im Mai 1981 zum Rücktritt des damaligen Ministerpräsidenten Arnaldo Forlani geführt.		
14. September		Beschir Gemayel, der gewählte Präsident des Libanon, kommt bei einem Sprengstoffanschlag auf das Hauptquartier seiner Partei in der Hauptstadt Beirut ums Leben.		
15. September	In Bochum erbeuten der mutmaßliche Terrorist Christian Klar und drei Frauen bei einem Banküberfall rund 124 000 Mark.	PLO-Führer Jassir Arafat kommt auf Einladung der in Rom tagenden Interparlamentarischen Union zu einem Besuch nach Italien. Er führt Gespräche mit italienischen Politikern und wird auch von Papst Johannes Paul II. empfangen. Israelische Truppen marschieren in den von Moslems bewohnten Westteil Beiruts ein, um nach der Ermordung Beschir Demayels „mögliche Zwischenfälle zu verhindern".	In der Werkstatt des Berliner Schiller-Theaters wird Walter Höllerers erstes Drama „Alle Vögel alle" uraufgeführt.	
16. September		In Teheran wird der ehemalige Außenminister Sadegh Ghotbzadeh hingerichtet.	Wolfdietrich Schnurre erhält den mit 25 000 Mark dotierten Kölner Literaturpreis. In München werden Verträge über ein Kabelpilotprojekt unterzeichnet.	
17. September	Die vier FDP-Minister der Bundesregierung Genscher (Äußeres), Baum (Inneres), Graf Lambsdorff (Wirtschaft) und Ertl (Landwirtschaft) treten zurück. Der Rücktritt wird mit Meinungsverschiedenheiten in der Wirtschafts-, Finanz- und Außenpolitik begründet. Bundeskanzler Schmidt kündigt seine Bereitschaft an, über die Vertrauensfrage den Weg zu Neuwahlen zu öffnen.			
18. September		Während eines Gottesdienstes zum jüdischen Neujahrsfest feuert ein Mann aus einer Maschinenpistole auf eine vor der Brüsseler Synagoge versammelte Menschengruppe zahlreiche Schüsse ab. Vier Personen werden verletzt.		
19. September		Die schwedischen Sozialdemokraten gewinnen die Reichstagswahl nach sechs Oppositionsjahren mit 166 Mandaten. Zusammen mit den 20 Mandaten der Kommunisten verfügen sie über die Mehrheit.		Deutschland wird zum fünften Mal hintereinander Weltmeister im Faustball. Brasilien wird im Endspiel mit 35:28 geschlagen.

	Deutschland	Ausland	Kultur/Wissenschaft	Sport
20. September	Oppositionsführer Helmut Kohl (CDU) wird von der CDU/CSU-Fraktion zum Kanzlerkandidaten für das auf den 1. Oktober angesetzte konstruktive Mißtrauensvotum gegen Helmut Schmidt nominiert. Am selben Tag beginnen Koalitionsgespräche mit der FDP.			
21. September		Der 40jährige Amin Gemayel, der Bruder des am 14. September ermordeten Beschir Gemayel, wird zum neuen Staatspräsidenten des Libanon gewählt. Er tritt sein Amt am 23. September an.		
22. September				Im ersten Fußball-Länderspiel nach der WM in Spanien trennt sich die deutsche National-Elf in München von Belgien mit einem 0:0.
25. September		Bei der größten Demonstration in der Geschichte Israels fordern die rund 400 000 Teilnehmer den Rücktritt der Regierung Begin und die sofortige Einsetzung eines staatlichen Untersuchungsausschusses über das Blutbad an Palästinensern in West-Beirut. Christliche Milizen waren mit Wissen der israelischen Armee in Palästinenser-Lager in Beirut eingedrungen.		
26. September	Bei der Landtagswahl in Hessen erhält die CDU 45,6 Prozent der Stimmen, die SPD 42,8 Prozent. Die FDP scheitert an der 5-Prozent-Klausel. Nach der hessischen Verfassung führt Ministerpräsident Holger Börner die Amtsgeschäfte weiter.			Zum erstenmal in der Geschichte der Formel 1 wird mit dem Finnen „Keke" Rosberg in einem Williams ein Skandinavier Weltmeister. Rosberg verweist den Iren Watson auf McLaren und den Franzosen Pironi auf Ferrari auf die Plätze. Beim Großen Preis von Deutschland auf dem Hockenheimring wird Toni Mang auf Kawasaki Weltmeister in der 350-ccm-Klasse und Schwärzel/Huber Weltmeister bei den Gespannen.
28. September	CDU/CSU und FDP einigen sich über eine Koalitionsvereinbarung. Die FDP-Bundestagsfraktion billigt das Koalitionspapier mit 32 gegen 20 Stimmen bei zwei Enthaltungen. Die Vertreter der Bundesregierung und der DDR einigen sich über die Reinigung von DDR-Abwässern, die nach West-Berlin fließen. Dies ist die erste vertraglich geregelte bilaterale Umweltschutzmaßnahme der beiden deutschen Staaten.	Israel zieht seine letzten Einheiten aus West-Beirut zurück. Damit wird der Weg frei zur Stationierung einer internationalen Friedenstruppe aus italienischen, französischen und amerikanischen Soldaten.	In Kassel endet die „documenta 7". In Großbritannien kommt es zu einer scharfen öffentlichen Auseinandersetzung um Retortenbabys, nachdem Dr. Robert Edwards, einer der Pioniere dieser Technik, zugegeben hat, menschliche Eizellen in Reagenzgläsern beobachtet zu haben. Er soll auch von „Experimenten" mit Eizellen gesprochen haben. Wissenschaftler der Gesellschaft für Schwerionenforschung (GSI) in Darmstadt entdecken beim Beschuß von Wismut mit Eisen das Element 109. An der GSI war bereits das Element 107 nachgewiesen worden.	

	Deutschland	Ausland	Kultur/Wissenschaft	Sport
29. September	FDP-Generalsekretär Günter Verheugen tritt von seinem Amt zurück.			
1. Oktober	Der Deutsche Bundestag wählt Helmut Kohl (CDU) mit einem konstruktiven Mißtrauensvotum zum sechsten Bundeskanzler (256 Ja-Stimmen, 235 Nein-Stimmen, 4 Stimmen Enthaltung). Noch am selben Tag wird Helmut Kohl als Nachfolger von Helmut Schmidt vereidigt.	Bei einer Bombenexplosion vor einem Hotel in der Innenstadt von Teheran werden 80 Menschen getötet und etwa 700 verletzt. Vor der schwedischen Marinebasis Muskö bei Stockholm wird ein fremdes U-Boot geortet. Versuche, das Boot zum Auftauchen zu zwingen, schlagen fehl.		
2. Oktober		In Spanien wird ein für den 27. Oktober geplanter Militärputsch vereitelt. In Madrid werden drei hohe Offiziere festgenommen.		In Buenos Aires verliert Deutschland im Davispokal gegen Argentinien mit 0:3 und spielt 1983 nicht mehr in der Hauptrunde von 16 Nationen.
3. Oktober	In Niedersachsen gründen linksliberale FDP-Mitglieder eine „Liberale Vereinigung".			
4. Oktober	Die erste Regierung Kohl wird vereidigt (8 CDU-Minister, 4 CSU- und 4 FDP-Minister). Schleswig-Holsteins Ministerpräsident Gerhard Stoltenberg tritt mit seinem Kabinett zurück. Stoltenberg wechselt als Bundesfinanzminister nach Bonn. Sein Nachfolger in Kiel wird am 14. Oktober Uwe Barschel.			
5. Oktober		Der linksorientierte Hernán Siles Zuazo wird zum neuen zivilen Staatspräsidenten Boliviens gewählt.	Die 34. Frankfurter Buchmesse wird eröffnet. Am 10. wird der amerikanische Historiker George F. Kennan in der Paulskirche mit dem Friedenspreis des Deutschen Buchhandels ausgezeichnet.	
6. Oktober			Die EG und die USA wollen bei der Beseitigung von Atommüll verstärkt zusammenarbeiten. In Brüssel wird ein entsprechendes Abkommen unterzeichnet.	
7. Oktober	Diether Stolze, einer der Herausgeber der Wochenzeitschrift „Die Zeit", wird als Leiter des Informations- und Presseamtes der Bundesregierung nach Bonn berufen.			
8. Oktober	Der vom früheren Innenminister Gerhart Baum vorgelegte Gesetzentwurf zur Auflockerung des Extremistenbeschlusses wird vom Bundesrat abgelehnt.		Im Madrider Prado-Museum wird ein umfangreicher Überblick über das Schaffen des spanischen Malers Murillo gezeigt.	
10. Oktober	Landtagswahl in Bayern: CSU 58,3 Prozent der abgegebenen Stimmen, SPD 31,9, Grüne 4,6, FDP 3,5 Prozent. Als erstes deutsches Staatsoberhaupt trifft Bundespräsident Karl Carstens zu einem Staatsbesuch in Peking ein.		Papst Johannes Paul II. spricht den polnischen Franziskanerpater Maximilian Kolbe heilig.	Der Hengst Ataxerxes aus dem Gestüt Schlenderhan unter Jockey Tylicki gewinnt auf der Galopprennbahn in Köln den mit 510 000 dotierten Preis von Europa.

	Deutschland	Ausland	Kultur/Wissenschaft	Sport
11. Oktober	Der Sachverständigenrat geht in einem Gutachten davon aus, daß 1983 mit rund 2,5 Millionen Arbeitslosen zu rechnen sein wird.		Der Nobelpreis für Medizin geht an die Schweden Sune K. Bergström und Bengt I. Samuelson sowie an den Engländer John R. Vane für ihre Entwicklungen auf dem Gebiet der „Prostaglandine und nahe verwandter biologisch aktiver Substanzen".	
12. Oktober		Die Staatspräsidenten Ägyptens und des Sudan unterzeichnen eine „Charta der Integration", mit der eine allmähliche Verflechtung beider Staaten in den Bereichen Außenpolitik, Verteidigung sowie Wirtschafts- und Sozialpolitik eingeleitet werden soll.	Die Deutsche Akademie für Sprache und Dichtung in Darmstadt beginnt ihre Herbstsitzung. Am 15. Oktober wird der Büchner-Preis (20 000 Mark) posthum an Peter Weiss verliehen.	
13. Oktober	Bundeskanzler Helmut Kohl gibt seine Regierungserklärung ab. Er kündigt u.a. ein Sofortprogramm zur Belebung der Wirtschaft und Schaffung neuer Arbeitsplätze an.			70 Jahre nach dem Gewinn der Goldmedaillen im Fünf- und Zehnkampf der Olympischen Spiele in Stockholm wird der Amerikaner Jim Thorpe durch das Internationale Olympische Komitee rehabilitiert. Das IOC beschließt, die 1913 aberkannten Goldmedaillen wieder zurückzugeben.
15. Oktober			Im Berliner Martin-Gropius-Bau beginnt die internationale Ausstellung „Zeitgeist".	
18. Oktober			Der kubanische Schriftsteller Armando Valladares wird nach 20jähriger Haft entlassen. Den Nobelpreis für Physik erhält der Amerikaner Kenneth G. Wilson für seine Theorie über kritische Phänomene bei Phasenumwandlungen. Den Chemie-Preis erhält der Engländer Aaron Klug für die Entwicklung der kristallographischen Elektronen-Mikroskopie und die Entschlüsselung biologisch wichtiger Komplexe aus Nukleinsäuren und Proteinen.	
20. Oktober		Bei der Wahl einer parlamentarischen Versammlung in Nordirland wird kein Ausweg aus der politischen Sackgasse erreicht. In Südspanien kommen bei Überschwemmungen mehr als 40 Menschen ums Leben.		
21. Oktober	In Bonn beginnen die 40. deutsch-französischen Konsultationsgespräche. Außer Staatspräsident Mitterrand nehmen mehrere Minister teil. Beide Seiten betonen die militärisch-politische Zusammenarbeit und das Einvernehmen in Fragen der Europäischen Gemeinschaft.		Der Literatur-Nobelpreis 1982 (390 000 Mark) geht an den kolumbianischen Schriftsteller Gabriel García Marquez.	
23. Oktober	Auf Veranstaltungen des DGB demonstrieren in mehreren Städten rund 200 000 Arbeitnehmer gegen die Sozial- und Konjunkturpolitik der neuen Bundesregierung.			

	Deutschland	Ausland	Kultur/Wissenschaft	Sport
26. Oktober	Der bayerische Ministerpräsident Franz Josef Strauß wird vom neugewählten Münchner Landtag mit großer Mehrheit im Amt bestätigt und vereidigt. Der frühere Bundeskanzler Helmut Schmidt verzichtet aus politischen und gesundheitlichen Gründen auf eine Kanzlerkandidatur bei den für den 6. März 1983 geplanten Bundestagswahlen. Er teilt mit, sein Entschluß sei unumstößlich.	Das polnische Parlament verabschiedet ein Gesetz gegen Arbeitsunwillige. Alle Männer zwischen 18 und 45 Jahren müssen sich registrieren lassen, wenn Sie ohne triftigen Grund länger als drei Monate kein Arbeits- oder Ausbildungsverhältnis nachweisen können.		Kolumbien verzichtet offiziell auf die für 1986 übertragene Fußball-Weltmeisterschaft.
27. Oktober	Das Bundeskabinett beschließt den Bundeshaushalt 1983 und den zweiten Nachtragshaushalt 1982. Die Gesamtausgaben des Bundes erhöhen sich 1983 gegenüber dem Vorjahr auf 253,5 Milliarden Mark, die Nettokreditaufnahme erreicht 41,5 Milliarden Mark. Im Sozialbereich sind Einsparungen von 5,65 Milliarden Mark vorgesehen.	Die Volksrepublik China gibt bekannt, daß im Sommer 1982 bei einer Volkszählung im Land mehr als eine Milliarde Menschen gezählt worden seien.	Das deutsche Forschungsschiff „Meteor" läuft von Hamburg zu Untersuchungen der Erdöl-Kohlenwasserstoffe und Wasserbewegungen in der Ostsee aus.	
28. Oktober		In Spanien erringt die Sozialistische Arbeiterpartei unter Felipe Gonzalez bei den Parlamentswahlen die absolute Mehrheit. Sie erhält 201 der 350 Mandate im Abgeordnetenhaus, die rechtskonservative Volksallianz 106 Mandate.	Der Erasmus-Preis 1983 (je rund 91 000 Mark) wird Raymond Aron, Isaiah Berlin, Leszek Kolakowski und Marguérite Yourcenar zugesprochen.	
31. Oktober	Der ehemalige Bundesbildungsminister Björn Engholm wird vom SPD-Landesparteitag in Timmendorfer Strand zum Spitzenkandidaten für die Landtagswahl in Schleswig-Holstein am 13. März 1983 nominiert.			
1. November	Der Fraktionschef der Berliner SPD, Hans-Jochen Vogel, erklärt sich zu einer Kanzlerkandidatur für die zum 6. März geplanten Bundestags-Neuwahlen bereit.			Der Regensburger Walter Röhrl und sein Co-Pilot Christian Geistdörfer gewinnen die Rallye Elfenbeinkuste mit einem Opel Ascona und werden damit zum zweiten Mal nach 1980 Rallye-Weltmeister.
2. November	In Hamburg, Schleswig-Holstein, Niedersachsen, Nordrhein-Westfalen und Bayern beginnt eine Polizeiaktion gegen das organisierte Verbrechen sowie eine Rauschgiftfahndung. 19 Personen werden verhaftet, darunter zwei Beamte. Das türkische Generalkonsulat in Köln wird von einem Kommando der türkischen „Revolutionären Linken" gestürmt. Über 70 Personen werden als Geiseln genommen. Mit der Aktion wollen die Geiselnehmer gegen das Militärregime in ihrer Heimat protestieren. Nach 15stündigen Verhandlungen ergibt sich das Kommando ohne jeden Widerstand der Polizei.	In den USA vergrößern die Demokraten bei den Kongreßwahlen ihre Mehrheit im Repräsentantenhaus. Bei der Neuwahl eines Drittels der Senatoren erringen die Demokraten nur einen Senatssitz mehr.	Auf einem „Kaffee-Forum" in Mainz wird mitgeteilt, daß das Nationalgetränk Kaffee hinsichtlich Geschmack, Bekömmlichkeit und Inhaltsstoffen noch weitgehend unerforscht ist.	

	Deutschland	Ausland	Kultur/Wissenschaft	Sport
4. November	Oktober-Bericht der Bundesanstalt für Arbeit: 1 920 000 Arbeitslose, 828 400 Kurzarbeiter, 69 800 offene Stellen.	In Irland wird die Regierung unter Ministerpräsident Charles Haughey durch ein Mißtrauensvotum gestürzt. Bei den Neuwahlen am 24.11. verliert die Fianna Fail-Partei Haugheys sechs ihrer 81 Mandate.	Auf einer Tagung in Bonn erklären Wissenschaftler, daß Kadmium nach wie vor der bedenklichste Schadstoff in der Nahrung sei. Die Konzentration gebe jedoch bislang zu Besorgnissen keinen Anlaß. In Berlin beginnt mit einem Konzert in der Philharmonie das Berliner „Jazz-Fest".	
5. November	In Berlin beginnt der 33. Bundesparteitag der FDP. Beherrschendes Thema: der Koalitionswechsel in Bonn. Mit 210 gegen 181 Stimmen (7 Enthaltungen) spricht sich eine Mehrheit der Delegierten für den Koalitionswechsel aus. Hans-Dietrich Genscher wird als Parteivorsitzender wiedergewählt.	In den Niederlanden wird eine neue Mitte-Rechts-Regierung unter Ministerpräsident Ruud Lubbers vereidigt.	In Lübeck beginnen die 24. Nordischen Filmtage.	
6. November		Der spanische KP-Chef Santiago Carrillo legt nach den Verlusten seiner Partei bei den Parlamentswahlen sein Amt nieder.		
10. November			Die größte regionale Bücherschau der Bundesrepublik, die 32. Stuttgarter Buchwochen, wird eröffnet.	Die erste offizielle deutsche Fußball-Nationalmannschaft der Damen gewinnt ihr erstes Länderspiel in Koblenz gegen die Schweiz mit 5:1.
11. November	In der Nähe von Frankfurt werden die mutmaßlichen Terroristinnen Brigitte Mohnhaupt und Adelheid Schulz festgenommen.	In Tyrus/Südlibanon kommen beim Einsturz eines siebenstöckigen Hauptquartiers der israelischen Armee nach einer Gasexplosion 89 Menschen ums Leben. Ein Attentat liegt nicht vor.		
12. November				Die Europäische Fußball-Union verhängt die längste Sperre in der Geschichte des Europapokals: Der Rumäne Florea Dumitrache wird wegen schwerer Tätlichkeit bis zum 31. Dezember 1989 gesperrt.
13. November		Lech Walesa, der Vorsitzende der verbotenen polnischen Gewerkschaft „Solidarität", wird nach 11monatiger Internierung freigelassen. US-Präsident Ronald Reagan hebt die im Dezember 1981 wegen des Kriegsrechts in Polen verhängten Wirtschaftssanktionen gegen die Sowjetunion auf. Sie richteten sich vor allem gegen das europäisch-sowjetische Erdgas-Röhrengeschäft. Der italienische Ministerpräsident Giovanni Spadolini tritt zurück.	Die Konferenz der Evangelischen Kirchenleitungen der DDR wählt den Ost-Berliner Bischof Johannes Hempel zum neuen Vorsitzenden.	
14. November	Am Rande der Beisetzungsfeierlichkeiten für den sowjetischen Staats- und Parteichef Leonid Breschnjew trifft Bundespräsident Karl Carstens in Moskau mit dem DDR-Staatsratsvorsitzenden Erich Honecker zu einem Gespräch zusammen.			

	Deutschland	Ausland	Kultur/Wissenschaft	Sport
15. November			Der Schriftsteller Dominique Fernandez erhält den 80. Goncourt-Literaturpreis.	
16. November	Im Sachsenwald bei Hamburg wird der mutmaßliche Terrorist Christian Klar gefaßt.		Wolfdietrich Schnurre erhält den mit 25 000 Mark dotierten Kölner Literaturpreis.	
17. November				Fußball-Europameister Deutschland verliert im ersten Spiel der Qualifikationsgruppe 6 um die Titelverteidigung in Belfast gegen Nordirland mit 0:1.
18. November		Als erstes westliches Land trifft Österreich mit einem kommunistischen Staat, der CSSR, ein Abkommen, das eine gegenseitige Information über grenznahe Atomkraftwerke vorsieht.	In der Hamburger Kunsthalle wird eine umfangreiche Ausstellung mit Werken von Karl Friedrich Schinkel eröffnet.	
20. November	Die Verkehrsminister der Bundesrepublik und der DDR, Werner Dollinger und Otto Arndt, eröffnen die neue Autobahn Hamburg-Berlin. Die Reisezeit nach Berlin wird um mehr als eine Stunde kürzer.			Der Deutsche Fußball-Bund beschließt die Einführung eines Feldverweises auf Zeit (10 Minuten) mit Beginn der Saison 1983/84 für die erste und zweite Bundesliga.
22. November		US-Präsident Reagan gibt bekannt, daß 100 der neuen MX-Interkontinentalraketen auf engem Raum im US-Bundesstaat Wyoming stationiert werden sollen.	Günter Grass erhält den mit 175 000 Mark dotierten Feltrinelli-Preis	
23. November				Eberhard Gienger, einer der erfolgreichsten deutschen Kunstturner, zieht sich aus dem internationalen Wettkampfsport zurück. Er wurde am Reck mehrfach Welt- und Europameister und Weltcupgewinner sowie 36 Mal deutscher Meister.
24. November	Der Bundestag beschließt eine Senkung der Grunderwerbssteuer von 1983 an von sieben auf zwei Prozent.			
26. November		Einen Tag nach seiner Ernennung zum Vorsitzenden der Liberal-Demokratischen Partei Japans wird der bisherige Verwaltungsminister Yasuhiro Nakasone auch zum neuen japanischen Ministerpräsidenten gewählt. Er ist in beiden Ämtern Nachfolger von Zenko Suzuki.	Der Rat der Stadt Köln beschließt, dem Schriftsteller Heinrich Böll die Ehrenbürgerschaft der Stadt zu verleihen, auch in Würdigung „seines gesellschaftlichen Engagements". Eine israelische Zeitung berichtet, Israel wolle eine eigene Weltraumbehörde einrichten.	
27. November	Eine außerordentliche Bundesdelegiertenkonferenz der Jungdemokraten beschließt die Trennung von der FDP. Diesem Schritt schließt sich der Liberale Hochschulverband an.			Schwergewichts-Box-Weltmeister Larry Holmes (USA) verteidigt in Houston seinen Titel mit einem Punktsieg über seinen Landsmann Randy Copp.
28. November	Die Bundeskonferenz der „Liberalen Vereinigungen" gründet in Bochum eine neue Partei, „Liberale Demokraten".			Im Finale des Davispokals setzen sich die USA in Grenoble gegen Frankreich mit 4:1 durch. Sie gewinnen den Pokal zum 28. Mal. John McEnroe gewinnt beide Einzel und mit Peter Fleming auch das Doppel.

	Deutschland	Ausland	Kultur/Wissenschaft	Sport
29. November		Die 88 Mitgliedsstaaten des GATT bekennen sich nach einer fünftägigen Ministerkonferenz in Genf zum freien Welthandel und sprechen sich gegen den Protektionismus aus. Die einstimmig angenommene Erklärung wird jedoch unmittelbar darauf durch Vorbehalte vor allem der Europäischen Gemeinschaft verwässert.		
30. November		Die Verteidigungsminister der NATO bekräftigen in Brüssel ihre Entschlossenheit zu einer atomaren Nachrüstung in Westeuropa ab Ende 1983 für den Fall, daß die Sowjetunion nicht zu einem Abbau ihrer SS-20-Atomraketen bereit ist.		
1. Dezember	Der direkte Luftverkehr zwischen der Bundesrepublik und Afghanistan wird nach Auslaufen des alten Luftverkehrsabkommens am 30. November eingestellt. In Bergen-Lohheide (Kreis Celle) wird auf dem Gelände einer britischen Kaserne ein Massengrab mit 64 Skeletten ehemaliger KZ-Häftlinge entdeckt.	Der spanische Sozialistenführer Felipe Gonzales, dessen Partei (PSOE) am 28.10. die absolute Mehrheit bei den spanischen Parlamentswahlen errungen hatte, wird zum neuen spanischen Ministerpräsidenten gewählt und am folgenden Tag mit seinem Kabinett vereidigt. Italiens Ministerpräsident Amintore Fanfani stellt sein Kabinett vor. Fanfani bildet damit seine fünfte Regierung und die 42. Nachkriegsregierung Italiens.	In London wird ein renovierter Bau von John Nash aus dem 18. Jahrhundert als neuer Sitz des Deutschen Historischen Instituts in London eröffnet.	
2. Dezember	Der November-Bericht der Bundesanstalt für Arbeit: Arbeitslose 2 038 164, Kurzarbeiter 1 033 100, offene Stellen 61 500. Mehr als zwei Millionen Arbeitslose sind zuletzt im Februar 1950 registriert worden.		Der Amerikaner Barney Clark erhält als erster Mensch ein künstliches Herz.	
4. Dezember	Der CSU-Vorsitzende Franz Josef Strauß erklärt sich bereit, bei der geplanten Bundestagswahl am 6. März 1983 als Spitzenkandidat der CSU anzutreten.	Der chinesische Volkskongreß verabschiedet für die Volksrepublik eine neue Verfassung, die den in den vergangenen Jahren vorsichtig eingeleiteten Reformkurs bestätigt. Das 1975 abgeschaffte Amt des Staatspräsidenten wird wieder eingeführt.		Der Europapokal der Landesmeister im Wasserball wird zum erstenmal von einer bundesdeutschen Mannschaft gewonnen, den Wasserfreunden Spandau Berlin. Sie setzen sich im Berliner Rückspiel gegen den UdSSR-Meister Alma Ata mit 10:6 durch (nach einer 7:10-Niederlage in Moskau).
5. Dezember			In der Berliner Akademie der Künste beginnt die Ausstellung „O Kanada", eine kulturelle Selbstdarstellung des Landes.	
7. Dezember			Im Universitätsklinikum Großhadern (München) wird erneut eine Herzverpflanzung vorgenommen.	
8. Dezember	Die IG Metall verzichtet tarifvertraglich auf die Hälfte des Weihnachtsgeldes für die 20 000 Beschäftigten der Arbed Saarstahl. Damit gibt auch die Bundesregierung ihre Vorbehalte gegen weitere Staatshilfen für das vom Konkurs bedrohte Unternehmen auf.		Der Lyriker Karl Krolow erhält den mit 50 000 Mark dotierten hessischen Kulturpreis 1983.	

	Deutschland	Ausland	Kultur/Wissenschaft	Sport
9. Dezember		In Nicaragua kommen nahe der Grenze zu Honduras beim Absturz eines Armee-Hubschraubers 84 Menschen ums Leben, darunter 75 Kinder, die wegen der Kämpfe in diesem Gebiet evakuiert werden sollten.	Das größte, modernste und teuerste Polarforschungsschiff der Bundesrepublik, die „Polarstern", wird in Bremerhaven in Dienst gestellt. Das 10 900 BRT große Schiff bricht am 27. Dezember zur ersten Expedition in die Antarktis auf.	
10. Dezember	Der Bundestag billigt gegen die Stimmen der Opposition das „Gesetz zur Erhöhung des Angebots an Mietwohnungen". Damit sollen künftig die umstrittenen Staffelmietvereinbarungen ermöglicht werden, die jährliche Mieterhöhungen vorsehen. Auf der 3. UNO-Seerechtskonferenz in Montego Bay (Jamaika) stimmen die Vertreter der Bundesrepublik gegen die Schlußakte und die neue Seerechtskonvention. Gegen die Stimmen der Opposition bewilligt der Haushaltsausschuß des Bundestages weitere Militärhilfe für die Türkei in Höhe von 130 Millionen Mark.		In Stockholm werden die Nobelpreise 1982 überreicht.	Sportler des Jahres 1982: die Hochsprung-Weltrekordlerin Ulrike Meyfarth (Leverkusen) und der Schwimm-Weltmeister Michael Groß (Offenbach). Bei den Mannschaften fällt die Auszeichnung der Europameister-Staffel von Athen über 4×400 m zu.
11. Dezember				In der Bundesliga schlägt Titelverteidiger HSV den FC Schalke 04 mit 6:2 Toren und wird damit „Herbstmeister" vor Bayern München.
12. Dezember			Die Hebräische Universität in Jerusalem erhält das umfangreiche Privatarchiv Albert Einsteins.	Der vierjährige Hengst Orofino aus dem Gestüt Zoppenbroich wird zum zweiten Mal hintereinander „Galopper des Jahres".
13. Dezember	Regierungssprecher Diether Stolze bestätigt, daß die Bundesregierung seit dem Frühjahr darüber informiert sei, daß die USA für ihr europäisches Militärhauptquartier in Stuttgart ein Ausweichquartier in Großbritannien errichten wollen.	Ein schweres Erdbeben erschüttert die arabische Republik Jemen (Nordjemen). Die Todesopfer werden auf 3000 geschätzt, 700 000 Menschen werden obdachlos.	Der Lyriker Erich Fried erhält den mit 10 000 Mark dotierten Bremer Literaturpreis 1983.	
14. Dezember		Das irische Parlament wählt Garret FitzGerald zum neuen Regierungschef als Nachfolger von Charles Haughey.		
15. Dezember		Nach mehr als 13jähriger Blockade wird die Grenze zwischen Spanien und Gibraltar wieder für Fußgänger geöffnet, jedoch nur für Spanier und britische Bewohner Gibraltars.		
16. Dezember	Der Bundestag verabschiedet eine Änderung des Wehr- und Zivildienstrechts, mit dem die Gewissensprüfung für Kriegsdienstverweigerer abgeschafft und der Ersatzdienst verlängert wird. Ferner werden Härten beim Versorgungsausgleich nach dem neuen Scheidungsrecht gesetzlich gemildert.	In Buenos Aires demonstrieren rund 100 000 Menschen gegen das argentinische Militärregime.	Der seit zehn Jahren arbeitende Forschungsreaktor Neuherberg bei München wird aus Ersparnisgründen abgeschaltet. Amerikanische Wissenschaftler übertragen erstmals Erbfaktoren von einem Tier auf ein anderes und züchten damit „Supermäuse", die doppelt so groß sind wie normale Mäuse.	

	Deutschland	Ausland	Kultur/Wissenschaft	Sport
17. Dezember	Im Bundestag stellt Bundeskanzler Helmut Kohl die Vertrauensfrage. Bei der Abstimmung sprechen sich 218 der Anwesenden 474 Abgeordneten mit „Nein" und acht mit „Ja" aus. 248 enthalten sich der Stimme. Unmittelbar nach der Abstimmung schlägt der Bundeskanzler dem Bundespräsidenten die Auflösung des Bundestages vor, damit am 6. März 1983 Neuwahlen stattfinden können.			
18. Dezember			Im Wiener Burgtheater wird Martin Walsers „In Goethes Hand" uraufgeführt.	
19. Dezember	Bei der Neuwahl zur Hamburger Bürgerschaft erreicht die SPD mit 51,3 Prozent der Stimmen die absolute mehrheit. CDU 38,6, GAL 6,8 und FDP 2,6 Prozent.			Die 26jährige Amerikanerin Martina Navratilova gewinnt das Masters-Tennisturnier der Damen gegen Chris Evert-Lloyd (USA).
20. Dezember			In Saarbrücken wird die Wanderausstellung „Künstler gegen den Krieg" eröffnet.	
21. Dezember		Der neue sowjetische KP-Chef Jurij Andropow erklärt in einer Rede zum 60. Jahrestag der Sowjetunion, bei einem Verzicht des Westens auf die Nachrüstung würde die Sowjetunion in ihrem Machtbereich nur so viele Mittelstreckenraketen behalten, wie Großbritannien und Frankreich besitzen. Außerdem schlägt er den USA einen Abbau der strategischen Trägerwaffen vor. Das Angebot Andropows wird von den wichtigsten NATO-Ländern kühl aufgenommen.	Die DDR bürgert den Schriftsteller Joachim Seyppel aus.	
22. Dezember	Das Landgericht Nürnberg lehnt im sogenannten KOMM-Prozeß die Eröffnung eines Hauptverfahrens gegen 17 Beschuldigte wegen Landfriedensbruchs ab, weil die vorgelegten Beweise als nicht hinreichend befunden werden.		Die überraschend aufgetauchte Handbibliothek Kafkas wird von der Wuppertaler „Forschungsstelle für Prager deutsche Literatur" erworben.	
23. Dezember		In Polen werden alle Internierungslager aufgelöst. Nur sieben Führer der verbotenen Gewerkschaft „Solidarität" bleiben inhaftiert. Der südkoreanische Oppositionspolitiker Kim Dae Jung fliegt mit seiner Familie in die USA. Kim wurde 1980 wegen eines angeblichen Umsturzversuchs zum Tode verurteilt; nach Protesten in aller Welt war die Strafe in 20 Jahre Gefängnis umgewandelt worden.		
31. Dezember		In Polen wird das Kriegsrecht ausgesetzt. Bei einer Bedrohung der öffentlichen Ordnung kann es jedoch jederzeit wieder in Kraft gesetzt werden.		

13.Januar
Bruno Dieckmann (84), schleswig-holsteinischer SPD-Ministerpräsident 1949/1950.
Marcel Camus (69), französischer Filmregisseur.

16. Januar
Ramón José Sender (80), spanischer Schriftsteller.

22. Januar
Eduardo Frei (71), christdemokratischer Ministerpräsident Chiles 1964–1970.
Alfredo Ovando Candia (65), Ex-Präsident von Bolivien.

26. Januar
Michail Suslow (79), Chefideologe der KPdSU.

27. Januar
Alexander Abusch (79), DDR-Kultusminister 1958–1961, stellvertretender Ministerpräsident (bis 1971) und ZK-Mitglied der SED.

5. Februar
Hermann Goepfert (56), Bildhauer.

6. Februar
Ben Nicholson (87), englischer Maler.

8. Februar
Kurt Edelhagen (61), Jazzmusiker.

11. Februar
Eleanor Powell (69), amerikanische Tänzerin und Schauspielerin.

17. Februar
Lee Strasberg (80), amerikanischer Schauspiellehrer (Actor's Studio).
Thelonious Monk (61), amerikanischer Jazzpianist.

20. Februar
Gershom Scholem (84), israelischer Religionswissenschaftler und Philosoph.

25. Februar
Christian Schad (87), Maler („Neue Sachlichkeit").

7. März
Konrad Wolf (56), DDR-Filmregisseur.

10. März
Hugo Stinnes (84), ehemaliger Industrieller.

18. März
Wassilij Tschuikow (82), Marschall der Roten Armee, Chef der sowjetischen Kontrollkommission in Ostberlin 1949–1953 und später stellvertretender Verteidigungsminister der UdSSR.

29. März
Walter Hallstein (80), langjähriger Staatssekretär und Präsident der EWG-Kommission 1958–1967.
Fritz Eberhard (85), ehemaliges SPD-Mitglied des Parlamentarischen Rates und früherer Intendant des Süddeutschen Rundfunks.
Fatty George (54), österreichischer Jazzmusiker.
Carl Orff (86), Komponist.

5. April
Toni Stadler (93), Bildhauer.

7. April
Harald Ertl (33), österreichischer Rennfahrer, kommt beim Absturz einer Privatmaschine ums Leben.

9. April
Robert Havemann (72), Naturwissenschaftler, Publizist und Kritiker des DDR-Regimes.

10. April
Peter Brückner (59), Psychologie-Professor.

20. April
Archibald MacLeish (89), amerikanischer Lyriker.

1. Mai
Wolfgang Stammberger (61), FDP-Bundesjustizminister 1961/1962, Oberbürgermeister von Coburg 1970–1978.

5. Mai
Irmgard Keun (72), Schriftstellerin.

8. Mai
Gilles Villeneuve (35), Kanadischer Formel-I-Rennfahrer.

10. Mai
Peter Weiss (65), Schriftsteller.
Friedrich Schröder-Sonnenstern (89), Maler.

16. Mai
Hans Herzfeld (89), Historiker.

29. Mai
Romy Schneider (43), Filmschauspielerin.

30. Mai
Albert Norden (77), SED-ZK-Propaganda-Sekretär und Politbüromitglied 1958–1981.

2. Juni
Herbert Quandt (72), Industrieller.

3. Juni
Joachim Illies (57), Gewässerkundler.

10. Juni
Rainer Werner Fassbinder (37), Filmregisseur.

12. Juni
Karl Ritter von Frisch (95), Naturwissenschaftler und Nobelpreisträger.

13. Juni
Chalid (70), König von Saudi-Arabien.

18. Juni
Curd Jürgens (66), Film- und Bühnenschauspieler.
Djuna Barnes (90), amerikanische Schriftstellerin.

26. Juni
Alexander Mitscherlich (73), Psychologe, Neurologe und Schriftsteller.

28. Juni
Adolf Portmann (85), Schweizer Biologe.

29. Juni
Pierre Balmain (68), französischer Modeschöpfer.

7. Juli
Hermann Thimig (91), österreichischer Schauspieler.

10. Juli
Maria Jeritza (94), Opernsängerin.

13. Juli
Edith Heerdegen (69), Schauspielerin.

14. Juli
Heinrich Schnitzler (79), Theaterregisseur, Sohn des Schriftstellers Arthur Schnitzler.

18. Juli
Roman Jakobson (85), Sprachwissenschaftler.

25. Juli
Gabriele Tergit (88), Schriftstellerin.

29.Juli
Sep Ruf (74), Architekt.

31. Juli
Wladimir Zworykin (92), gebürtiger Russe, amerikanischer Fernseh-Pionier.

5. August
Dieter Borsche (72), Schauspieler.

7. August
Georg Picht (69), Religionsphilosoph.

10. August
Peter de Mendelssohn (74), Schriftsteller.

12. August
Henry Fonda (77), amerikanischer Filmschauspieler.

20. August
Ulla Jacobsson (53), schwedische Schauspielerin („Sie tanzte nur einen Sommer").

21. August
Sobhuza II. (83), König von Swasiland.

25. August
Gerhard Krause (70), Theologe.

29. August
Nahum Goldmann (87), früherer Präsident des Jüdischen Weltkongresses.
Ingrid Bergman (67), schwedische Filmschauspielerin.

1. September
Wladyslaw Gomulka (77), früherer polnischer KP-Chef.
Clifford Curzon (75), englischer Pianist.

5. September
Rolf Scharre (56), Pantomime.
Werner Scholz (83), Maler.

12. September
Franz Grothe (73), Komponist.

16. September
Sadegh Ghotbzadeh (46), ehemaliger iranischer Außenminister, wird in Teheran hingerichtet.

21. September
Josef Wittlich (79), Maler.

24. September
Richard Müller-Lampertz (72), Dirigent.

1. Oktober
Wilhelm Rudolph (93), Maler und Grafiker.

4. Oktober
Glenn Gould (50), kanadischer Pianist.
Ahmed el-Bakr (68), früherer Irankischer Staatspräsident.

8. Oktober
Anna Freud (86), Psychoanalytikerin (Tochter Sigmund Freuds).

9. Oktober
Wilhelm Kempf (76), ehemaliger katholischer Bischof von Limburg.

11. Oktober
Jean Effel (74), französischer Zeichner.

16. Oktober
Mario del Monaco (67), italienischer Operntenor.

18. Oktober
Pierre Mendès-France (75), ehemaliger französischer Ministerpräsident.
Hans Selye (75), österreichisch-kanadischer Wissenschaftler (Entdecker des Streß-Syndroms).

27. Oktober
Valerio Zurlini (56), italienischer Regisseur.

1. November
King Vidor (88), amerikanischer Filmregisseur.

4. November
Jacques Tati (75), französischer Filmkomiker und Regisseur.

7. November
Bully Buhlan (58), Schlagersänger.

10. November
Leonid Breschnjew (75), Generalsekretär der KPdSU
Elio Petri (53), italienischer Filmregisseur.

12. November
Rudi Baerwind (72), Maler.

18. November
Heinar Kipphardt (60), Schriftsteller und Dramatiker.

22. November
Max Deutsch (90), Komponist und Musikpädagoge.

24. November
Horst Schlötelburg (51), Schriftsteller.

1. Dezember
Marty Feldman (49), englischer Filmkomiker.

7. Dezember
Harry Jerome (42), ehemaliger kanadischer Weltrekordhalter über 100 Meter (zusammen mit Armin Hary).

9. Dezember
Fritz Usinger (87), Schriftsteller.

12. Dezember
Günter Fruhtrunk (59), Maler, einer der Hauptvertreter der „Konkreten Kunst".

15. Dezember
Clara Malraux (85), französische Schriftstellerin.

16. Dezember
Colin Chapman (54), englischer Automobilkonstrukteur und Eigentümer des Formel-I-Rennstalls „Chapman".

17. Dezember
Philipp Jarnach (90), Komponist.
Leonid Kogan (58), sowjetischer Violinist.

20. Dezember
Artur Rubinstein (95), polnisch-amerikanischer Pianist.

24. Dezember
Louis Aragon (85), französischer Schriftsteller.

26. Dezember
Maxi Böhm (66), österreichischer Schauspieler und Kabarettist.

28. Dezember
Erwin Bootz (75), Pianist („Comedian Harmonists").

29. Dezember
Walter Tappe (80), Schauspieler und Regisseur.